▲宁波诺丁汉大学党委书记、教授华长慧强调：培养高
水平国际化人才，道德素质、组织伦理培育应先行

▲浙江省缙云县县长王正飞组织全县各级干部群众抗击台风

▲企业听觉效应实验：小提琴演奏家盛中国与中国科学院
心理研究所刘光明研究员合作开发企业AI系统

New Development of Corporate Culture Research

企业文化研究的▶新发展

刘光明 高 静◎著

——新丝绸之路与文化包容性：12种观点的碰撞与交融

New Silk Road and Culture Inclusion：
The Collision and Blending of 12 Views

经济管理出版社
ECONOMY & MANAGEMENT PUBLISHING HOUSE

图书在版编目（CIP）数据

企业文化研究的新发展——新丝绸之路与文化包容性：12种观点的碰撞与交融/刘光明，高静著.
—北京：经济管理出版社，2019.12
ISBN 978-7-5096-6810-8

Ⅰ.①企… Ⅱ.①刘… ②高… Ⅲ.①企业文化—研究 Ⅳ.①F272-05

中国版本图书馆 CIP 数据核字（2019）第 165988 号

组稿编辑：勇　生
责任编辑：勇　生　姜玉满
责任印制：黄章平
责任校对：赵天宇

出版发行：经济管理出版社
　　　　　（北京市海淀区北蜂窝 8 号中雅大厦 A 座 11 层　　100038）
网　　址：www. E-mp. com. cn
电　　话：（010）51915602
印　　刷：三河市延风印装有限公司
经　　销：新华书店
开　　本：787mm×1092mm/16
印　　张：17.5
字　　数：330 千字
版　　次：2020 年 1 月第 1 版　　2020 年 1 月第 1 次印刷
书　　号：ISBN 978-7-5096-6810-8
定　　价：68.00 元

本书编委会

主　任：刘光明　高　静

副主任：华长慧　王正飞　李全胜

　　　　吴凤武　孟　伟　张智超

编委会成员（按照姓氏拼音排序）：

常德传　陈　波　陈东升　陈红林　陈建成　陈荣珍　程新华

崔瑞福　丁　方　丁　亿　杜桂福　段玉贤　黄克凌　李洪峰

李明巍　李美霖　李庆良　李如成　李　源　李中灵　梁　爽

刘鹏凯　刘圆圆　楼明星　鲁　生　沈　谷　施继兴　史及伟

宋晓东　孙龙德　王米成　王淑敏　王学俭　胡宝玉　徐庆平

张　帆　魏　敏　曾金珍　徐水连　邹宏伟

序一

《企业文化研究的新发展》一书融合了企业理念系统、企业行为系统、视觉识别系统、听觉识别系统四个系统，从创新的视角构建了独特的企业文化框架，使企业发展获得新活力。同时全书还列举了大量企业案例，做到了理论与实践的结合。

本书的意义及影响体现在：如果说企业的视觉形象是通过人的视觉功能而建立起来的一个有形的实体，那么听觉形象就是利用人的听觉功能而建立起来的一个无形的实体。正是有形的实体和无形的实体二者结合才产生了具体可感的企业形象。企业听觉识别系统在传播过程中，引起受众的情感交流，甚至比视觉识别系统更具亲和力。听觉识别系统的建立是对企业识别系统理论的补充，丰富了企业文化的内涵。从实际意义上来讲，听觉识别的建立有利于重建企业文化，增强产品竞争力，并且有利于企业的多元化、国际化经营，对于企业来说则可以更加容易获得消费者的认可。

刘光明、高静在撰写本书的过程中，先后考察了几十个国家和地区，调研了数百家国内外企业和企业设计协会，收集了大量的第一手资料，极大地丰富了本书的内容。

鉴于《新企业伦理学》和《工业文化》等著作的影响力，中央电视台《发现之旅》栏目邀请刘光明担任CCTV《工业旅游·美丽中华行》节目企业类的总策划、总顾问。

本书是作者多年学术研究积累的成果，从新丝绸之路与文化包容性视角，阐述了12种观点的碰撞与交融，它不同于一般的企业文化著作，也不同于一般的企业文化设计或工艺美术设计书籍，它是管理心理学、经济伦理、文字学、音乐、美学、书法、绘画等学科的知识体系在企业文化和管理中的具体应用，对新时期企业转型升级具有特别重要的意义。人们说，科学和艺术是相通的，同样，管理学的微观层面—企业管理学与艺术也是相通的。在当代中国，把一大批中国艺术家的成就以及他们在视觉识别系统和听觉识别系统中的创造性智慧应用到企业中去，是刘光明和高静对企业文化、企业设计和企业识别（Corporate Identity，CI）创新的一大贡献。

自从进入中国社会科学院工业经济研究所博士后流动站，刘光明就致力于CI的创新研究，他把国内外能够收集到的中外文CI书籍、资料全部收入自己专设的"CI资料库"，把中国著名书画家马一浮、沙孟海、潘天寿、徐悲鸿、徐庆平、吴作人、启功、黄胄、叶浅予、靳尚谊在视觉识别（Visual Identity，VI）中的突出贡献和著名音乐家盛中国在听觉识别（Auditory Identity，AI）中的艺术探索与创新成果，统统汇集起来，进行系统开发，并根据不同企业的不同特点，因地制宜地运用到各个企业的文化建设、企业形象工程之中，开创了新企业文化、企业文化建设和CI再造的先河。

作者还特别注重从基础理论到方法论的创新，并把这种新时代的创新落地到荣事达、雅戈尔、鸿雁电器、珠房、洛钼集团、江苏电力、东方通信、西子控股、万向集团、杭州解百、中石油塔里木油田、江苏电力、青岛港、海尔、天工艺苑、华茂、圣达、宁纺、瑞福、黑松林、兖矿、金誉、芒果之恋、杭邵笔庄等大、中、小各类企业之中，使企业的投入产出超出1：227的经济效益。中央电视台、《人民日报》等200多家媒体纷纷报道了上述公司，在刘光明的指导下，通过实施CI系统工程，实现了这些企业经济效益和社会效益双丰收。

近年来，刘光明在与中央电视台《发现之旅》栏目合作中，不仅写作出版了《企业文化理论新发展》《新经济伦理学》和《工业文化》等颇具影响力的著作，而且还推出了《工业旅游——中国工业文化的先驱张之洞》《工业旅游——中国工业文化的先驱张謇》《美丽乡村》和《特色小镇》系列节目，通过CCTV《发现之旅》栏目和香港卫视在150多个国家和地区同时播出。

作者的多部著作还被翻译成英、法、日、韩文作为国外著名大学管理学教材。刘光明被中国科学院心理研究所、韩国成均馆大学、英国曼彻斯特大学聘为管理学教授、博士生导师。

由中央电视台2套节目摄制、中国科学文化音像出版社出版，作者主讲的8小时光盘《如何创建自己的企业文化》近年来五次再版。

作者顺应了我国作为世界工厂、企业转型升级、绿色管理的国际潮流，进一步推动中国制造由"量"的优势向"质"的优势转变。

作者对国内外，特别是中国的企业文化、企业管理、工业文化的发展进行了40多年系统跟踪，发现了一些极其重要的规律性现象：国内外大多数企业经营者都逐步认识到企业文化、企业设计、企业理念（Mind Identity，MI）、企业行为（Behaviour Identity，BI）、企业视觉（VI）、企业听觉（AI）对企业管理、企业品牌、企业创新和企业转型升级的重要价值。

作者对 CI 创新——把全新的企业视觉系统、企业听觉系统与企业文化建设、企业管理、企业形象设计相融合，作为一种崭新的信息传递系统，得到了企业界、工业设计界的普遍重视，同时也成为新时代企业文化、企业管理、企业 CI 设计的重要标志，它不仅使企业得到信息增值，而且可以大大提升企业的品牌影响力。

作者与著名音乐家盛中国，前中央美术学院院长靳尚谊，徐悲鸿纪念馆馆长徐庆平，中国人民大学艺术学院院长丁方，企业家孙龙德、常德传、施继兴、段玉贤、李如成、王水福、鲁冠球、程新华、俞建新、王米成、李中灵、崔瑞福、刘鹏凯、陈红林、李庆良等人，在企业视觉系统、视觉效应、听觉系统、听觉效应等方面，进行了深入的探索和实验，通过这些创新实践活动，为我国的企业适应新时代的转型升级、企业品牌提升做出了积极的贡献，得到参加多伦多国际企业品牌设计委员会评审专家的高度评价。

从大学本科生、研究生、博士生到中国社会科学院博士后，刘光明在从事企业管理、企业信用、企业文化、企业形象、企业经营战略、品牌战略等方面的研究过程中，把管理学与心理学、企业设计、艺术美学、视觉系统研发、听觉系统研发相结合，为中石油、中石化、中国电网、洛钼、青岛港、杭州鸿雁、西子联合、金誉、芒果之恋、青岛海尔等公司实施的企业形象战略，以及 2010 年 2 月出版的《企业社会责任报告的编制、发布与实施》《中国企业社会责任报告》分别获联合国企业社会责任委员会学术委员会优秀案例、优秀著作一等奖。在 2018 年 10 月 22 日举行的多伦多第 19 届国际企业文化与企业品牌年会上获 CI 创新一等奖。

听觉识别系统具有较强的激励作用，这是因为听觉识别中最重要的部分是音乐。音乐是教化人类最有的工具，如国歌、军歌、企业歌曲等。从传播效果看，加上音乐的广告片与不加特定音乐的短片，人们感受到的效果是大不一样的。心理学研究表明：人的感觉之间有一种相互沟通的现象，音乐带给人的感性体验是高于视觉刺激又超越理性认识的一种高层次的心理活动。所以说，音乐推动了人们的心理运动，具有良好的激励性。

胡 平[①]

2019 年 12 月 10 日

---

① 原国家商业部部长、中国企业文化研究会名誉会长。

序二

中国"一带一路"倡议的提出，给沿线国家的企业带来了蓬勃生机，同时，也给企业文化研究的新发展注入了强劲的活力，通过12种新观点的碰撞和交融，展示了强大的文化包容性，它正在"一带一路"沿线地域甚至世界范围内产生着影响。这种碰撞和交融所产生的文化包容性，正在各国企业中生根发芽，它终将为"一带一路"沿线国家的企业发展和企业文化催生新的萌芽。因为通过12种创新观点的碰撞，印证了企业文化有两个重要功能——企业文化是企业前进的方向盘和"心力管理"的发动机。和平崛起的中国企业和欧美、日本等经济强国的企业，其背后的文化有力地推进着这些国家及其企业的经济发展，证明了"今天的文化是明天的经济"，"经济和文化是同一因果链的两个侧面，经济是表象，有什么样的经济表象，就有什么样的文化力在背后做推动和支撑"。我们应当重视崛起的中国以及欧美、日本的企业中形成的新的管理思想。

文化自信表现在企业文化中，一方面是坚定不移地继承中国传统文化中优秀的文化成果，特别是优秀管理文化的继承和弘扬，另一方面是在吸收借鉴西方企业的丰富管理经验基础上而形成的管理文化。

怎样进行企业的文化建设和企业形象塑造？本书将给我们以全新的启示。专家学者研究表明，企业要实现自身的振兴，我国企业要超越国际优秀企业，从而增强我国的综合国力，就一定要借助文化力，重塑企业的文化。在当今，哪个企业拥有自身的特色文化优势，哪个企业就拥有了竞争优势、绩效优势和未来发展优势。忽略企业文化建设，企业就没有属于自身的企业文化，也就没有科学的管理来实践企业的经营战略和经营哲学，超越国际优秀企业就是无稽之谈。因此，我国企业必须提高对企业文化建设的重要性和紧迫性的认识。一个国家的繁荣和发展，需要一种生机勃勃、积极向上的精神，同样，一个企业的快速发展，需要有一种积极向上的正能量，那就是企业的文化。一个的文化对于企业自身乃至国家经济的发展都是重要的。企业文化不仅是一种管理手段和方法，从更高层面上讲，更是一个企业的灵魂。企业文化所提炼出的企业理念，可以说是一种企业价值观，这个理念或价值观培育着企业员工的精气神，促使员工保持精益求精的工作作风、献身事业的工作态度。

每一个企业都有自己的"企业灵魂"，这个"企业灵魂"就是企业世代延续、不断发展的文化传统。建设我国企业文化必须吸收中华民族一切优秀文化传统，它是我国企业文化建设的基石。在西方企业界，我国古代的《孙子兵法》被奉为商界的取胜之道和经营法宝，它对于我国今天的企业发展仍有重要的现实意义。在世界各地的华人企业家，以其科学精湛的管理、突出的经营成绩令世人惊叹，他们所取得的成功与企业的文化，特别是我国传统文化所孕育的勤劳勇敢、积极进取、脚踏实地、坚忍诚信的创业精神是分不开的。这些正是我们开创中国百年企业的精神财富，同时对我国企业文化建设具有深远的意义。虽然企业文化这一理论来自西方，但是它的价值是有目共睹的，作为共同的精神财富，我国企业要积极学习西方先进的企业文化，尤其是在当今激烈的市场竞争下，我国企业亟须不断地更新价值观，不断地汲取新知识，形成企业的核心能力，打造自身的企业文化。未来，企业唯一持久的竞争就是学习能力，看谁比自己的竞争对手学习得更快，并快速在企业内部形成一种不断创新的价值观念和文化氛围。打造具有中国特色的企业文化，必须遵循我国传统的文化，同时在此基础上进行变革和创新，吸收外域企业文化的先进成果。

现今，世界各国各种思想文化相互激荡，我国的企业文化建设不能自我封闭，我们应该重视学习一切优秀文化成果，坚持以我为主、为我所用的原则，汲取和吸收各国企业文化的优点。当前，国外关于企业管理和企业文化的研究早已超越了纯科学化、理论化和显性行为管理的层面，企业管理、企业文化和企业行为的研究已深入诸如工作伦理、情绪商数、职业生涯规划、企业再造、组织学习、核心能力、文化创新、管理伦理、绿色管理等隐性因素方面。美国著名管理学家拉比尔·S.巴赛指出，21世纪有效的管理者在实施企业文化中应当充分注意情境管理等方面。世界管理学大师孔茨曾指出，企业文化就是使有正式组织形式的团体中的成员顺利完成工作的艺术；为组织、团体的成员创造一种环境，既能实现个人主动，又能让他们合作，实现整个团体目标的艺术；为特定行动排除障碍的艺术；有效地达到目标而使效率最大化的艺术。①我国企业必须领悟新时代下企业各方面的管理需求，牢牢掌握企业管理的艺术性，寻找文化的创新内

---

① 刘光明：《企业文化再造：增强企业的核心竞争力》，《经济管理》2002年第7期。

容，才能全力推动新时代召唤下企业的强大发展力。

经济全球化的今天已经是一个信息时代，它不断向我们发出知识的挑战，还冲击着我们企业旧有的文化体系，打造学习型组织是企业面临的一个转型升级问题，只有不断地加强学习，才能给企业引进新的技术和创新产品。要想提高企业整体的知识素养和生产效率，就必须加强企业对员工的教育和培训。为了迎合新时代的发展需求，企业所有员工都应该拥有坚韧的毅力、敏锐的嗅觉，并提升自身的学习能力，为企业做出更大的创新贡献，把握住时代给予的机遇，带领企业走向国际水平。

西方近年来所倡导的新型的企业文化，要求企业管理者在对待员工的问题上，要转变观念（从过去最早的"经济人"转变为"社会人"），现代企业不应该是由老板和下属组成，而应由平等的团队组成，在企业内必须建立一种平等地对待所有员工、充分尊重其个性，并鼓励他们民主参与管理的良好机制，这样才能充分调动其积极性，从而真正实现以人为本的管理。① 我国企业应该汲取西方企业优秀的管理经验和思想，把人作为一个重要的资源，营造一个平等友爱的组织气氛，充分发挥员工的潜力，将企业员工的职业规划和培训教育纳入企业的战略规划中，对员工进行不同阶段的培训和再教育，不断提高员工的知识和能力。

我国大部分企业积极打造自身的企业文化，尝试各种模式和方法，调动了企业员工的积极性，提高了企业所有成员的素质修养，发挥了员工的潜在能力，工作效率得到很大的提升，同时也提高了企业竞争力，但是，这些成果是远远不够的。新时代以信息为基础的企业，竞争越发激烈，鞭策着企业转变经营思路，不断向企业传统的理论知识和文化价值观发出挑战，时刻强调企业应该重塑贴近时代的企业文化和管理艺术，同时还要求企业在保有旧企业文化的基础上，创新文化内涵。经济全球化时代，也要求我国企业学习和借鉴国外成功企业的优秀先进文化，这些企业站在不同的国际视角，在经营自身企业的过程中提炼出新的企业理念、企业价值观、企业精神等，这些都是值得我们学习的。我国企业应该积极学习、善于学习，在结合多方面的因素的情况下，对自己的企业不断创新和变革，为我国参与经济全球化时代的竞争提供强劲的支持力量。

为了满足新时代的发展需求，企业必须通过打造学习型组织来提高企业的竞争力优势。企业应该怎样实现向学习型组织的转变？首先要考察和分析市场需求，确定企业的发展目标，在确定这个目标后，就要重塑引导企业行为的企业文化，实施一切可以有效

---

① 刘光明：《以先进文化指导企业工作》，《开放时代》2000 年第 10 期。

鼓励员工参与学习的方法，提高员工的自我素养、心智管理、学习能力、思考能力等，使得企业真正转变成一个学习型组织。重塑企业文化不仅仅是为了帮助企业降低成本，把事情做得更好、更快，更重要的是需要企业认真分析当下的局势，解读市场和消费者的需求，评判当下正在做的事情的意义和价值，应该如何改进和调整，这是一个思考和学习的过程。所以，重塑企业文化是一种理念转变的过程，企业需要打造一个文化变革的氛围，帮助企业重新定位，制定新的经营规则，树立新的对社会、消费者和员工的价值观。

无论是在企业的组织结构、经营理念方面，还是在员工队伍方面，21世纪的企业与20世纪的企业都有着很大的不同。新时代企业强调人与人之间平等的关系，保持着企业的活力，营造了一个自由和创新的氛围，其最重要的一点就是企业是一种以信息为基础的组织，是以知识为基础，由更多具有高知识、高智慧的人才组成，根据大量的信息资源，员工可以进行自主选择和自我管理。面对不断变化的社会经济和消费者需求，企业也将不断地进行调整和创新以适应市场的变化，在信息技术强压下，企业不得不勇于冒险，重塑企业文化，打造一个以信息为基础的学习型组织，从而适应社会发展。重塑企业文化还要重视企业健商——企业全面健康发展指数，诚信是企业良性发展的基石，企业没有了基石，就没有高的健商，最终会走向衰败。在企业发展的任何阶段，我们都应该保持诚实守信原则。

企业在进行文化重塑和理念再造过程中，应该提高企业可持续发展这一价值观的地位，它是企业持久发展的核心竞争力，企业可持续发展的关键是提高员工环保意识和企业社会责任感。企业的环保意识体现着企业要传递的文化，而在企业不同发展阶段，人们保护环境意识程度并不相同，这就需要企业不断地对文化进行重塑和理念的梳理，企业要想可持续发展，就必须对环境、对社会负责任。企业应该加强学习环境保护的知识，建立绿色管理机制，打造绿色生态链。我们研究的许多知名企业案例证明，那些通过重塑企业文化，引进绿色管理和坚持实施企业可持续发展战略的企业，或多或少都取得了一定的成功，市场占有率明显提高、消费者市场扩大、企业品牌影响力增强。21世纪，企业实施可持续发展战略不仅能给企业带来鲜活的力量，还能得到全社会和广大消费者的一致认可。企业可持续发展战略要求企业不能无限度地实施污染环境的行为，也不能乱采滥用大自然的资源，可持续发展的最低要求就是维持现有的环境和资源状态，不能做有损它们的事情。因此，为了使企业坚持可持续发展战略，就必须减少企业内部消耗，回收企业资源再利用，不断循环这个过程，实施全面、全过程的绿色生产和绿色管理。

企业应该积极实施"三统一"管理。所谓"三统一"就是在强化企业社会责任的同时实现企业利润性、社会性、伦理性三者的统一，这是实施企业可持续发展战略的前提。美国管理学家曼纽尔·G.维拉斯科兹指出，企业是现代社会承担生产和服务的基本经济单位，企业与顾客、供应商、雇员和社会之间应建立一种社会契约。企业管理创新首先要求企业兼顾生态效益和经济效益、短期效益和长期效益的统一；将企业生态成本纳入企业生态经济核算体系。[①]

就目前我国市场环境现状来看，企业应该积极保护大自然资源和生态环境，不断完善企业的发展环境，将环境保护这一概念融入企业从事的每一个活动中。企业应该建立一个环境评估部门，专门计算企业与环境之间的成本、生产、消耗和利润，使企业站在国家整体发展宏观面上，来考虑企业应该在环境保护措施上走什么样的方向、该怎么去走、最终达到一个什么成效等。在市场经济中，企业往往通过牺牲自然资源和生态环境来换取自身企业的经济利益，却不知，这是一个没有远见、暂时性的手段，最终使得企业失去开发其他途径的机会。大多数企业在利益驱动下，很少主动拿出大量资金用在环境保护措施上，环境评估部门的建立可以迅速计算出企业环境保护措施成本，提高企业员工的环境保护意识，协调企业与资源环境的关系，从而帮助企业找寻一条合理的发展道路，同时，降低"三废"的排出和污染，改善周边环境，挖掘企业的潜力，赢得社会和消费者的信任和支持，得以艺术化地实现企业环境保护的目的。

企业文化作为全球企业精神宝库中最灿烂的组成部分，凝聚着企业家、管理学者对人生、社会和时代的思考。在全球经济危机的今天，它为企业界展示了多彩的生存之道和成功秘籍。在全球经济危机的大环境下，从恐惧危机到敬畏、崇尚伦理化经营管理的国际大潮正在席卷全球，企业不但应该履行社会责任和义务，还应当创造新型的企业文化。

本书通过对12种观点的碰撞和交融进行梳理得出的结论有：第一，伦理化经营管理和伦理管理在经济运行和企业管理中决定经济的健康运行和企业的成败。从国际学术界、教育界看，伦理管理历来受到广泛的重视，它是哈佛大学、剑桥大学和牛津大学商学院MBA的第一门主课，金融危机后伦理管理更是受到特别的关注。第二，从世界范围看，解决金融危机、重塑金融秩序，有赖于伦理管理和建立健康的企业文化。第三，从中国近年来的企业现象看，企业缺失商业伦理会导致企业的灾难性后果。麻省理工学

---

① 刘光明：《企业文化再造：增强企业的核心竞争力》，《经济管理》2002年第7期。

院教授沙因在他的名著《企业文化》一书中强调，管理以文化为基础，企业的成功离不开文化，这个原理适合各类组织，因此，沙因和阿马蒂亚·森在 1996~2001 年撰写的《联合国人类发展报告》中把期望寿命、教育度、人均收入、民主度、自由度、克服人身依附、全面反映普通人的处境和综合状况作为"人类发展指数"的重要内容。2008 年 9 月 30 日在纽约召开的国际企业社会责任论坛上，联合国前秘书长安南呼吁：一是重申企业全球协议精神，二是重申金融危机下企业重建节俭的经济伦理、节能减排的经济伦理和人文精神、人文指标体系以及必须将伦理管理提到议事日程上来。

刘光明

2019 年 12 月 11 日

目 录

第一章 企业文化：国际商务中的诚信竞争 ···················· **1**

第一节 引言与合理内核 / 1

第二节 创新与贡献 / 4

　一、全球道德多元主义 / 4

　二、诚信问题 / 6

　三、公司文化 / 7

第三节 点评：观点的碰撞与交融 / 8

第四节 本章小结 / 10

案例：沧州鸿源食品有限公司——芒果之恋品牌战略和营销文化 / 12

第二章 企业文化：企业伦理学基础 ························ **21**

第一节 引言与合理内核 / 21

第二节 创新与贡献 / 26

　一、对话伦理学 / 26

　二、道德发展过程的三个阶段 / 28

　三、生态学与伦理学的关系 / 29

第三节 点评：观点的碰撞与交融 / 30

第四节 本章小结 / 32

　一、反思原则和对话原则 / 32

　二、领导必须具备伦理反思 / 33

　三、企业将生态学转化为策略 / 34

案例：杨村煤矿企业文化升级版 / 34

第三章 企业文化与价值观管理——21世纪企业生存之道 ……… 39

第一节 引言与合理内核 / 39

第二节 创新与贡献 / 45

一、价值观管理 / 45

二、实施文化转型：任务与转型阻力的管理 / 47

三、组织核心价值观 / 50

第三节 点评：观点的碰撞与交融 / 53

第四节 本章小结 / 56

案例：河北吴桥组织部的领导伦理 / 57

第四章 新企业文化——重获工作场所的活力 ……………………… 61

第一节 引言与合理内核 / 61

一、企业文化显著影响绩效 / 61

二、危机中的企业文化 / 62

三、重建强大的企业文化 / 65

第二节 创新与贡献 / 68

一、信念与行为 / 68

二、企业文化重塑 / 70

三、快乐工作 / 71

第三节 点评：观点的碰撞与交融 / 72

第四节 本章小结 / 74

一、平衡信念和行动 / 74

二、乐商的重要性 / 75

三、营造学习环境，适应全球化生活 / 75

案例：鑫洪珞品牌文化与实践文化自信 / 76

第五章 企业文化与伦理学 …………………………………………… 79

第一节 引言与合理内核 / 79

一、威胁伦理学的七大因素 / 79

二、种种道德观念 / 82

三、伦理学的理论基础 / 84

第二节　创新与贡献 / 86

一、利己主义 / 86

二、欲望与人生意义 / 89

三、最大多数人的最大幸福 / 91

第三节　点评：观点的碰撞与交融 / 93

第四节　本章小结 / 94

一、伦理是随着时代演进的 / 94

二、有所为，有所不为 / 95

三、德性需要培养 / 96

案例：三星集团——践行儒家企业伦理 / 96

第六章　企业文化：企业与伦理道德 ………………………………… **101**

第一节　引言与合理内核 / 101

第二节　创新与贡献 / 107

一、父道主义的兴衰发展 / 107

二、责任与利润 / 109

三、精神契约是劳动契约质的进步 / 112

第三节　点评：观点的碰撞与交融 / 114

第四节　本章小结 / 116

一、信任的重要性 / 117

二、今昔父道主义 / 118

三、企业的社会责任 / 118

案例：瑞福油脂股份有限公司实施伦理宪章，践行知行合一 / 119

第七章　企业文化与经济伦理 ………………………………………… **123**

第一节　引言与合理内核 / 123

第二节　创新与贡献 / 130

一、经济伦理的善与恶环境 / 130

二、公司责任——社会契约 / 132

　　　三、负责任的企业与可持续发展 / 134

　　第三节　点评：观点的碰撞与交融 / 136

　　第四节　本章小结 / 138

　　案例：浙江安邦护卫集团的企业伦理 / 141

第八章　企业文化与企业的社会责任 ………………………………………… **145**

　　第一节　引言与合理内核 / 145

　　第二节　创新与贡献 / 150

　　　一、说服性沟通的重要性 / 150

　　　二、制订企业社会营销活动计划 / 151

　　　三、企业做好事的六类选择 / 152

　　　四、最佳实践总结 / 154

　　　五、企业获得社会支持的十条建议 / 156

　　第三节　点评：观点的碰撞与交融 / 157

　　第四节　本章小结 / 160

　　　一、本章的两大价值 / 161

　　　二、企业对社会应该承担的责任 / 162

　　　三、企业社会责任规范化的三因素 / 163

　　案例：洛钼集团的绿色管理——循环经济模式 / 164

第九章　引爆责任感文化——帮助企业实现目标的金字塔法则 ………………… **167**

　　第一节　引言与合理内核 / 167

　　第二节　创新与贡献 / 174

　　　一、有效运用整个成效金字塔模型 / 174

　　　二、文化带来成效 / 176

　　　三、文化变革的三大技巧与三大步骤 / 178

　　第三节　点评：观点的碰撞与交融 / 180

　　第四节　本章小结 / 182

　　案例：东风汽车公司积极践行荆楚"和"文化 / 184

第十章　文化战略——以创新的意识形态构建独特的文化品牌 ························ **189**

　　第一节　引言与合理内核 / 189

　　第二节　创新与贡献 / 194

　　　　一、企业文化创新理念 / 194

　　　　二、文化战略六个阶段的模式 / 197

　　　　三、品牌官僚体制 / 199

　　第三节　点评：观点的碰撞与交融 / 201

　　第四节　本章小结 / 203

　　案例：青岛啤酒的文化营销 / 205

第十一章　企业文化：伦理学与生活 ·································· **209**

　　第一节　引言与合理内核 / 209

　　第二节　创新与贡献 / 213

　　　　一、儒家道德自我修养 / 213

　　　　二、道德伦理的五项基本原则 / 215

　　　　三、新全球经济与国际企业 / 218

　　第三节　点评：观点的碰撞与交融 / 219

　　第四节　本章小结 / 221

　　案例：浙江龙泉——借助千年地域文化，推动当地产业发展 / 223

第十二章　企业文化：经济学、伦理学和生态学的平衡 ·················· **227**

　　第一节　引言与合理内核 / 227

　　第二节　创新与贡献 / 233

　　　　一、企业战略管理从旧的范式到新的范式 / 233

　　　　二、企业战略管理新范式形成途径 / 236

　　　　三、团队学习的重要地位 / 238

　　　　四、加强团队建设的思路 / 239

　　第三节　点评：观点的碰撞与交融 / 241

　　第四节　本章小结 / 243

　　　　一、新全球范式 / 243

二、可持续发展的重要性 / 244

三、西方科学与东方智慧的结合 / 245

案例：地域文化与企业的结合——广东康氏实业有限公司的文化特色 / 246

参考文献 ………………………………………………………………… 251

后 记 ……………………………………………………………………… 259

第一章　企业文化：国际商务中的诚信竞争

第一节　引言与合理内核

本章讨论三个问题：一个国家的商务或是国际间商务，都不会比运作一个企业的个人更关注道德；有必要在处理国际商务的众多争端时采用伦理置换的方法；迫切需要充分的背景机制去制约各个层级市场、自由企业制度和可理解的私利产生的不公正倾向。

本章论证道德规范及制约性的国际背景机制（法律、惯例、非政府组织和工会）的可能性和必要性。在以风俗、习俗和法律为一方，与以道德为另一方之间，依然有重要的区别。风俗、习俗和法律是因国而异的，商务要想成功，就必须考虑这些差异，并丝毫不差地尊重它们。然而，可能有些相同的行事作风在一些国家是允许的，在另一个国家是不被允许的，但一些将问题过于简单化的评论家还是宣称，基本的道德不是因国而异的。捕捉这种微妙的差异一直是问题的症结所在。有些一般性道德规范适用于任何地方的任何商务运作，比如禁止任意杀害所属群体其他成员的指令、真诚老实、尊重所有权。跨国公司在国外应当像在国内一样行为诚信，不论在何处，谋求诚信行为的公司都应当具有对自身准则、道德想象和道德勇气的牢固意识。任何设立的道德准则或规范都不可能是面面俱到的，也不可能在特定处境中经常变换道德推论，更多的时候，个人和商家可以依据自己原有的直觉和是非观。不过，在困难和不寻常的处境中，仅凭伦理直觉是不够的。思想与关注则被要求去处理新的不同的事务。不论在国内还是国外，道德想象都是必要的，但它在新的环境中变得格外重要。受商务运作影响的非美国人对世界的看法，有别于大多数美国人，由此而生的争端是不容易理解的。要在国外环境中成功地运作，在尊重那些国家的人民和文化的同时，还要求投入感情。

国际商务的背景：一个国家的法律一旦到了其他国家，往往是受到限制，甚至是无效的，国家与国家之间、地方与地方之间所要求和期待的东西是不一样的，在哪个地方遇到事情，就必须以当地的法律法规作为第一遵循法则。在这种缺乏特定背景机制设置的情况下，不诚信的公司（无道德违禁的引申义）就寻求以它所可能采取的任何方法去增进自己的利益。在美国只受法律约束而不受道德约束的公司，在国际舞台上几乎没有受约束的感觉。抑制和再分配机制都有助于使美国经济体系合乎道德。但由于这两种机制缺乏全球背景，国际经济体系还是得合乎道德。诚信运作的公司在从事国际商务时会面临许多伦理问题。第一，诚信要求其按自称的价值去行动，这种价值不可能低于最低程度的伦理，但完全可以高过它。第二，诚信的公司除达到普遍适用的基本道德规范外，还必须坚持其他同样明显的道德准则。第三，基于这些共同准则之上的是公司因订立合同或做了许诺而承担的其他义务。第四，缺乏充分的背景机制，意味着跨国公司在国际领域内有特殊的义务。第五，商家通常有义务从伦理角度去考虑新的做法、方案和计划，并确定它们在道德上是否可行。道德判断的过程中不存在任何单一的规则系统或程序可供依循，判断只求公正。以诚信去判断常要求运用细心的分析和推理，同样也依靠人们的基本直觉。倘若遇到冲突的情况，诚信运作的公司要考虑后果、权利与公正，并对此做认真的权衡；最终的行动要与最佳的见解相一致。

美国跨国公司在发展中国家运作的七条具体准则。这些准则首先建立在一个被普遍接受的原则之上，即不应做故意直接的伤害。这七条准则是相互联系且由各种因素决定的，人们可以从多个高层次原则中引申得出它们，或找到依据为它们辩护。准则一：跨国公司不应做任何故意直接的伤害；准则二：跨国公司应当为东道国带来好处而不应该是任何方面的损失；准则三：跨国公司的行为活动原则应该遵循积极为当地发展事业做贡献；准则四：跨国公司应该尊重公司内那些来自其他国家的人的人权；准则五：跨国公司应该尊重当地的法律法规以及道德准则，接受、适应并融入当地文化协调发展；准则六：跨国公司应该按照当地税法，积极缴纳各种应该承担的税款；准则七：在发展和实施公正背景机制过程中，跨国公司应与当地政府合作。这七条准则并不能完全表达跨国公司在发展中国家应该遵循的行为道德伦理要求，但是任何一个跨国企业要想真正按照道德伦理去行事，这些准则的伦理要求就必须做到。这些准则尤其说明了诚信所要求的适合在发展中国家运作的那种方式。遵循这些准则也可能有助于美国跨国公司免受它们过去常遭受的行为不端的指责。国际商务中的伦理涉及美国商务中的伦理。国际商务及跨国公司行为的问题在经济与商务层次上被公认是复杂的，伦理道德解决不了商务问题。相反，伦理会约束公司企业的活动。伦理是一个筛网，唯有公司企业的决议是正当规矩时才得以通过。

本章通过考察国际背景下的贿赂，展示和论证了伦理置换法。对一个诚信公司来说，道德想象力和道德勇气是同样必不可少的。伦理困境有可能出现在人们与企业运作的任何层级上：个人的层级、企业或公司的层级、行业或其他企业集团的层级、国家的层级以及国际的层级。每个层级都有其自身的问题。然而，任何层级的伦理困境也许都依从于伦理置换的技巧。伦理置换是通过寻求某个层级上的帮助，去解决某个困境或者某个伦理问题，当然这个层级并没有卷入这些困境中。认真实施七条伦理准则并尊重他人可能实施的准则，绝非只是简单运用伦理直觉的问题，应当执行解决问题的方法和准则，而这些方法和准则只能由个人去执行，个人的道德信奉是与公司、行业、国家或国际的准则与政策相关的。各种各样的伦理冲突应当在较高层级上加以解决。通常有三种冲突：强迫个人违背个人规范；不相协调的文化规范；东道国与本国对立的利益与价值。任何一个企业都希望通过遵循道德伦理给企业带来一定的成功和收益，但是事实并非如此。有时候，企业遵循道德伦理原则却给公司造成了某种损失，甚至会威胁到公司的生存。

经济活动中经济伦理通常最关注的是腐败环境问题，诚信公司该如何运作，本章提出了这些诚信公司为维护自身利益而可以合法采用的十种策略，还举例说明了在不同类型的腐败环境里，可供跨国公司操作的一些策略。

公司至少要在四种不同类型的腐败环境中竞争，当然这些类型彼此间也有混合的地方。第一种环境是指某种具有不道德社会体制的社会；第二种环境说的是社会体制并不腐败，但政府和国家领导人有贪赃枉法的情况；在第三种环境中，体制仍清明健全，但那些颇具影响力的私人要素参与了非法的不道德的勾当，从而不时地对个人和正当的商务活动构成威胁；在第四种环境中，一个国家的政府机关并不腐败，但无力去实施它的法律。

应对腐败的十种策略：

（1）不要因回击不道德的行为而去违反你悉心加以维护的那些规范和价值，借此你正可断定你的对手的行为是不道德的。

（2）由于不存在对付无德之人的明确规则，你要运用道德上的想象力做出对策。

（3）当你对不道德的行为产生了正当的复仇心和抵抗力，你要用克制的原则去诉诸那些被合法确认可以还击的方式。

（4）请运用对等性原则评估你对某个无德之人做出的反应。

（5）运用伦理置换方法去回击不道德的势力。

（6）在对不道德的对手、体制或事件做出回应时，利用公开曝光来揭露其不道德行为。

（7）求得与他人联手以对无德之人进行回击，为创建新的、社会的、法律的、大众的体制架构而努力工作。

（8）应鼓起勇气对付不道德的行为。

（9）在对不道德的对手做出道德的回应时，所付出的代价有时是高昂的，这一点应有所准备。

（10）运用可说明性原则以回应不道德行为。

企业伦理准则对道德理想与公司美德提出了看法，并在一种国际框架内探讨它们在公司文化中的地位。诚信的公司用其产品来说话，它不仅要确保其产品无害，而且要尽可能使其产品臻于优质，以合理的价位出售产品；如果存在缺陷，则可加以退换或检修。诚信不仅要看公司怎么说，还要看它怎么干。要达到道德的目标，公司必须与其众多员工同心协力。公司必须阐明其目标，鼓励员工去追求它们，在公司中形成人人奋力的机制，并对杰出者予以褒奖。公司的道德理想也可以看作公司的美德，人的美德对应于人类的优点；公司的美德对应于公司的优点。效率是受到高度赞赏的公司的美德，但公司的美德很难说只有一种。无论人们选定什么理想加以强调并为之奋斗，道德勇气和道德想象力都不可或缺。一个人的个人价值观和他为之效力的公司的团体价值观的互相交融应能导向产生一种彼此互帮互促的结合体。诚信的公司不会侵害或盘剥他人，也不会不公平地占取他人的便宜。相反，它们为开发充分的背景机制出力，以使竞争能够公允合度。它们这么做既出于自我利益的考虑，更包含着利他的道德动机。

第二节　创新与贡献

一、全球道德多元主义

哪些做法是道德的，哪些做法是不道德的，这些共识甚至可以超出共同的基本道德规范的界域。这些共识就形成了国际商业贸易和协定的基础。由来自不同习俗国家的公司的合资经营正变得司空见惯。如果公司认为这样做无利可图或对自己不公平，它就不会参与这种经营。有关道德多元主义的主张常常混淆和夸大差异。道德差异包括多种类型的差异，其中，有些差异比另一些差异更值得注意。

首先，在双方或者多方都极端地坚持各自的道德观——这种极端的道德多元主义情况下，使得交流没有共同点，从而阻碍沟通的良好进行。倘使一个社会的成员之间也存在如此极端的差异，这个社会就将因缺乏凝聚的基础而夭折。一个国家的人民有时会拒绝与他国人民交往，因为他们对行为的认可有截然不同的看法。按照一些评论家的说法，仿佛世上所有道德多元主义都持这种主张，但事实恰恰相反。我们毕竟生活在同一个地球上，所以我们总是能找到一些共同点来进行沟通。而且大家有共同生存的愿望，这也会赋予他们某种共同点。一个民族如果只关心自己的生存，就会以此为借口，对其他民族为所欲为。这样，按极端多元主义的主张，唯一的选择只能是相互隔绝或战争。

其次，道德多元主义关乎不同国家的同种道德行为是否合理，应该如何评判这种行为是否道德。就好比，在沙特阿拉伯和美国两个不同的国家制度下，喝含有酒精的饮料这一行为，前者认为是不道德的，而后者认为是道德的。如果两国都不喝饮料，喝饮料也就不会被视为不道德，或者美国人在沙特阿拉伯戒掉喝含酒精饮料的习惯，也就丝毫不妨碍他们的诚信美德。

再次，道德多元主义认为，不同的道德理论或道德原则通常判定行为的道德性。一连串不同的道德原则可以对同一行为做一致的道德谴责。有时基本原则的差异导致对相同做法的不同评价，虽然这种差异并不总是存在。

最后，道德多元主义是生活方式的多元主义，个人的自由是自我发展所许可的。一些国家甚至更接受多样性，相反，另一些国家则少了些宽容。

从全球范围看，人们应当接受生活方式和文化的多样性。世界上不存在任何一种既定不变并且符合每个国家的所谓最好的文化，适合自己并不适合他人，而只有适合自己的才是最好的。任何国家、任何属性的企业都应该承认并接受文化的多样性，以一种包容和宽容的态度去接纳文化的不同。对于诚信运作的跨国公司，含有两层意思。首先，它不应当将自己关于生活方式的观点强加于它的东道国。其次，如果它的有效运作与当地人有关，它就应当适应当地有关生活方式的种种观点，但诚信也会限制商家可能适应的效果。

二、诚信问题

任何社会都不能容忍贿赂为一种普遍通用的做法，因为贿赂本来就包含卑劣不公正（以伤害一些人，去给另一些人不劳而获的好处），并且是偷偷摸摸进行的。倘使贿赂成了人人遵守的规则，它就可能不再是贿赂，而成了做某种生意的一笔开销，我们就很难区分什么是正常开销，什么是贿赂了。

贿赂之所以是不道德的行为，主要是违背了公平公正原则，破坏了以公平为基础的市场经济体制。市场是在公开竞争下形成的，因此要求所有的竞争行为都应该处于一个公正平等的位置。然而，贿赂行为使得一些不该得到好处的人得到好处，该得到好处的人没有得到，给人们带来了不公平的伤害。

贿赂的普遍存在尤其在涉及政府高级官员时通常是市场被谋划、操纵或其他种种反常行为的迹象。倘使一家企业除正规财务账外，还有可能去行贿，以求得某种回报，那就表明，这名义价并不代表实际的市场价。倘使名义价是市场价，那么，除标准价和依然保持竞争的价格外，任何企业都不会再出钱行贿。如果一个国家以低于世界市场价出售其原料，那么这个国家的领导人或那些主管经济的人就会索取贿赂，并仍然希望出售其国家的资源。其理由在于，总价（固定价+行贿款）未超出世界市场价。倘使超出世界市场价，公司就不会有任何动力去行贿。那些能制定价格的人，会将价格定得使他们个人受益，即从售出商品或被订购货物的实际价和所开价的差价中获取好处。在那些贿赂成风的国家，这种做法在基层是特别被容忍的，因为那些地位高的人也会分享到一份好处。因此，贿赂不仅有损市场的公平，还显现市场的反常。

同时，由于贿赂的款项不能作为合法的正常收入，因此它不能进入企业的账务系统。即使要记录，它也应当作为一笔付给个人的款项记录。如果这类付款是不允许的，它们就得隐匿掩盖。这两种处理方式都将违反任何国家的税法，给公司总部或股东造成不良影响。这类付款隐含着欺骗，否则，它们就不称为贿赂了。

任何国家都不会公开为索贿、行贿辩护，并将它们说成是道义上容许的。贿赂是做生意回避正规途径的一种手段。倘使贿赂真被公认是正规的，就应干脆成为做生意需付出的部分代价，它应当是公开的、正大光明的、必要的和法律认可的；它应当是不会引起任何伤害的，不需要任何欺骗的，这样也就不称为贿赂了。贿赂是获取优惠的一种方式，倘使它真属于做生意的正规方式，就不应当有任何优惠。倘使它不像贿赂的结局那样，导致有人遭受不公平对待，它就不必偷偷摸摸。贿赂也是个人采取非偿还商品与服务费用的惯常方式去攫取财富的一种手段。

三、公司文化

公司的守则可以将公司的文化具体化，可以把公司的理念传达给它的员工，影响到他们对于公司、对于与之交往的人们的态度。公司的守则和文化也就是公司的理想，近年来遇到了三种挑战。

首先，企业并购对企业文化的威胁。人们不可能对某家明天就要被吞并、出售或被肢解的公司怀有忠贞不二（或者关切）之心，在这类接收事件中它们会被当作随意丢弃的累赘。已被接收的公司的员工和感受到威胁的公司的员工均对公司产生了疏离感。要改变公司的文化并不那么容易。如果公司被接收，它过去的文化就不再起作用，存留下来的员工和经理们必须适应新的业主和新的形势。同时，接收的公司也不太容易用它的文化改造被接收的公司，它也不能径自维系着自己的文化。甚至那些自认为在理论上还对效率问题保留那么一点兴趣的接收者也很少为公司文化的丧失发愁。公司文化是触摸不到的，它并不记载在资产负债表上；它不是可售物，但它会被摧毁。诚信运作的公司必须具有自我认同的意识，它必须认同某种理想。在酝酿规划它的政策和行动时，它的目光不应囿于财务收支状况这样的底端。

其次，全球化对公司文化的威胁。作为某一国的公司，公司发展了某种认同性、文化和一套理念。正如一家公司的文化不易转化为另一家公司的文化一样，它也不易向外国转移。对公司文化的跨国性培植以及对公司理想的追求，都需要有意识地加以规划、做出努力。公司文化向外国转移的困难源于许多跨国公司的结构，源于公司所在地的不同的民族文化，源于国外的分公司一旦从心理和地理上脱离了总公司以后就很难发展同样的管理形式或营造同样的氛围这一事实。这里所举的各种困难都可加以克服，但这类困难的克服都需要思考、关心、规划和有意识地努力。当基本的目标和理想被移植，它们必须在各地为人们所养护，以带有当地特色的一般文化予以强固。

最后，跨国性公司结构对公司文化的威胁。跨国公司本身由许多国际性的工作部门构成。比如一家美国的跨国公司，从世界的某个地方购进原料，在另一个劳动力比较便宜的地方制造其产品，又在发达国家营销其产品，却在美国的公司本部加以遥控指挥。跨国公司全盘铺开，它在各国的各个部分执行着不同的任务。由于各个部分并不单纯是总公司的拷贝重演，总公司就难以将同样的文化传达给公司各个部分。总公司要做到使它的各个部分认识其与整体的关系，与这个整体及其价值观保持认同，也很困难。

诚信的公司面临的挑战在于，它要把许多地理上各个有别的部分整合起来，向它们注入同一种理念，在它们当中发展同样的公司文化。这就要求在不同的地点之间对许多人，特别是经理一级的人员进行频繁调配，这和军队维护其团体精神的做法非常相像。公司在其每一处都要要言不烦地传达有关公司理念和文化的守则、教材和训练计划。当公司置身于多种多样的文化背景时，它必须十分灵敏地将它的总的目标和理想转化为前后一贯的声音。它必须加强监督、积极落实，不断进行有效的沟通。采取这些步骤既费力又费钱，但公司若想将它的文化推及至它的众多分支，这些措施便必不可少。

第三节 点评：观点的碰撞与交融

在中国和平崛起和大力倡导"一带一路"的大背景下，研究企业文化与商业伦理具有十分重要的意义，尤其是与不同国家有业务往来的公司，我们首先应该了解不同国家市场环境的伦理要求。本章尤其强调了"诚信"这个商业伦理，为一些跨国公司在企业经营中制定了行事原则，帮助企业整顿不规范的市场环境，比如腐败环境等。跨国企业不仅要面对本国的法律法规，还要面对其他国家的行为约束，应该积极与当地政府进行合作，提前了解各项规章制度，尊重并适应当地的人文和社会环境。

关于国际商务中的诚信竞争问题，本章全面深入地探讨了跨国公司的伦理宗旨与策略。本章的几大特色，可以帮助更多的企业领导和员工进行深入的反思和学习，同时也为很多专家学者提供一个可以继续研究的视角。

一是理论与实践的纯熟结合。本章以诚信作为商务活动的伦理目标，批驳了商务非关伦理的错误观点，并提出建立与强化全社会的背景机制，作为推行诚信竞争的必要保证。在理论探讨的同时，依据对世界各类不同市场环境的考察，为跨国公司的商务运作制定了若干准则，讨论这些准则的应用与延伸，以彰显它们作为伦理规范，具有普遍适用的指导意义。

二是内容充实。本章内容是教授、学者与遍及世界各地的公司及商务机构的顾问，凭借广博的学识经验和第一手资料提炼得出，内容较丰富，概述了跨国公司应该尊重与适应当地文化习俗和民族发展，同时还描绘了跨国公司面临的其他种种挑战，为读者展示了国际商务的全方位景观。

三是为反腐活动提供新的策略指导。本章以较多篇幅讨论公司如何在腐败环境中开展诚信竞争的问题，并从现实经验中提升出打击罪恶势力、利用公开曝光揭露腐败行为等可具体操作的策略方法。

当然，今日要宣扬的诚信，其意义远远超出了对传统美德的恢复与提倡，它已注入现代性的气息与内涵。本章能为我们了解与借鉴国际经济的诚信规则，提供崭新的思想与内容。应当指出的是，随着我国经济的高速发展，"走出去"的跨国经营战略已经开始实施，国内一些大型企业集团，以及一些独资控股或合资控股的跨国公司，在利用国际空间和资源方面，迫切需要熟悉与适应国际商务运作的游戏规则；更重要的是，在我国"入世"后，几乎所有的企业都面临着提高诚信度与诚信运作的任务，本章无疑可以成为满足这方面需求的宝贵精神资源。

把社会主义与市场经济结合起来，是中国特色社会主义的一大创举。实际上，不仅是中国经济伦理研究者在建设有中国特色的经济伦理学时，已经意识到需要了解西方同行在这方面的研究成果，而且中国市场经济的实践主体——个人、企业和政府，它们在处理伦理难题时，也已经对国家处理这些问题的经验教训感兴趣。尤其是加入世界贸易组织以后，中国作为发展中国家将和这些发达国家成为全球市场上的竞争对手，更促使我们必须重视研究竞争对手在经济伦理方面的经验教训，从伦理方面加强我国在全球市场中的竞争能力。

那些关心在国际舞台上诚信运作的跨国公司经理可以参考本章，引导自己应对复杂问题，回答批评者提出的异议，并去发现公司在这些方面业已有所作为的实例。准则、辩论、方针和策略可以帮助相关人员和爱挑剔的公众整合复杂的问题，以便在进行道德谴责之前，就以一种伦理的观点，去评估跨国公司的活动。本章有助于制定示范法规及讨论合适的国家立法和国际协议。

北美和欧洲经济伦理学许多领袖，在过去 20 年里用各种方法从理论和实践方面来处理经济伦理挑战，他们证明了好的伦理对企业和社会在很大程度上是必不可少的，并且发展了企业家和组织的伦理行为如何得到改善的种种方法。这些经济伦理学研究和实践倡议，有助于纠正广泛但却是错误的观点，即认为西方企业只关心钱、效益和股东价值，同时转变我们许多旧有的观念及提供建议，以便发展我们自己对企业和经济伦理的真正的研究。在这个多元文化世界里，观念和经验的交流是极为重要的。随着经济愈益国际化，在经济伦理领域里的交流尤为重要。我们不仅可以学习他人的研究成果，还可以接受挑战来发展我们自己的研究。这对中国如此，对北美和欧洲也不例外。

第四节　本章小结

"诚信"包含了两层意思，一层是"诚"，另一层是"信"，两者互相成就，相互促进：一个是基础，另一个是结果；一个是前提，另一个是归宿。诚信是我国传统文化的优秀文化之一，在市场经济条件下要求我国企业应该尊重我国传统文化，遵循道德伦理应有的原则，提高全体员工的文化道德意识。现代社会，企业与企业之间通过签订某种协议来履行诚信的责任，这种协议还受到社会法律的认同和制度的保障，这种情况反映出我们诚信道德的缺失。真正的诚信道德原则，应该是没有任何外在形式，不需要任何外界干预，出自于主体真实的内在。作为一种道德原则，诚信规范调节了我国社会的关系，维护了市场发展秩序，促进了企业间健康良性的发展，但这些是远远不够的，我们应该把诚信提升到更高的层次，融入我们的血液和骨子里，做到诚实守信，不撒谎不欺骗，提高诚信道德意识，提高每个人的道德素养。诚信不仅具有法律属性，还具有道德属性，每个企业都不应该通过做违法违纪的活动来换取自身企业的利益。

第一，一国的商务或是国际商务，都不会比运作公司的个人更关注道德。诚信务实的公司很大程度上是公司中诚信行事的个人作用的体现。这就是实质所在，在公司这些真抓实干的人当中，高层主管是关键的行为人。除非他们是诚信的典范，对其员工循循善诱，并在公司中全力推行诚信行为，以诚信要求他们的雇员，并且公司全体员工都能维护他们，否则，公司是既不可能也不愿意做到诚信的，也就谈不上依从诚信之道来打理业务。诚信行为要求有道德上的想象力和勇气，还要求承认这样的事实，即这种诚信行为有时要付出昂贵的代价。然而，公司仅有个人诚信还是不够的。

第二，在处理国际商务的众多争端时有必要采用伦理置换的方法。伦理争端和伦理困境在其出现的那一层级并不总是能得到解决，由此所涉及的公司结构和政策才是实质性的。公司员工都受他们所在公司的编制、结构和政策的约束，这些编制、结构和政策既可以增强他们诚信行为的意愿，也可以挫伤这种诚信行为的意愿。这在企业的、行业的、国家的或国际共同体的每一层级都同样如此。希望诚信运作的公司可能发现自己不得不依随行业不诚信的做法，或者发现自己的运作受到这些做法的牵制。这种情况可能会重复出现在行业和国家的层级，并最终出现在全球层级。应当在合适层级上去寻求解决问题的办法。有德之人受到他们的组织、体制以及他们效力的公司的政策约束。这既能增进德行，但也会对德行造成掣肘。这种情况在各个层级都有反映。信守诚实之道的公司或许会不由自主地去追随不正当的行业实践，或许会发现它们的行为受到了行业惯例的约束。这类情况也在某一产业、国家以及国际层级不断重复着，必须在适当的、与出现问题的层级不同的层级上找到解决问题的办法。

第三，制约各个层级市场、自由企业制度和可理解的私利所产生的不公正倾向迫切需要充分的背景机制（back-ground institutions）。这些机制的目的是促成公平竞争的条件，以及抵消在国际与全球性的社会、政治与经济实力上相匹敌的跨国公司和跨国银行的势力，以便对市场的不公、自由企业制度的不公，以及在各个层级所察觉到的自私自利的趋向进行抗衡。此等社会的、政治的和经济的机制推动着公平竞争环境的形成，并对跨国性集团和全球性银行的那些蛮横作风加以抵制。

道德勇气是重要的。诚信要求人们，不仅要确定符合自己价值观的东西，而且自身行为也要符合这些价值观。按原则办事的代价有时是很高的。但是我们可以抱有希望，因为从长远来看，这样做是会得到回报的。甚至在短期内，按原则办事，也会优化公司的自身形象、鼓舞员工的士气，并且有助于提高公司的信誉。

不制造伤害的责任仅仅是一种消极的责任，每个人或每个企业都应该有着超越底线道德的积极责任。无论何时它都适用，也适用于所有人。任何公司，不管是地方性的还是跨国性的公司，都应依据其自身的目的对其尽最大可能带来利益的责任进行分析，它必须使生意保持有钱可赚，它要先对其股东、员工和其他共担风险者尽责，然后才谈得上去扶助他人。商家另一种超越底线的一般责任就是行善的责任，或者说就是在国内外施行扶危济困的义举。我们每个人都应该遵循道德伦理要求，达到至善的结果，企业是社会的一部分，不能只从社会中获取利益，应该为社会、为整个人类承担起一定的责任，积极履行企业的责任，从道德伦理视角，为社会做出一定的贡献。

无论什么社会都得允许有商业活动，因为整个人类从此等活动中受益。至关重要的并非企业的获利，而是社会的福祉。商业活动是谋取公众利益的途径，它们通过恰当的运作来限定或者疏通这条途径。如我们所见，主要的难点在于国际商务活动中缺乏满足社会利益的规制。如果它不能使社会得益，公众就没有正当理由对其退让和容忍。企业的要务当然是商业运营，但是这其中的终极含义却非各家企业所能一锤定音的，这项解释权掌握在允许企业运作的社会和全球共同体手中。我们更需要为国际性企业而非国家性企业制定道德的规范和准则，至少工业发达国家的情况是这样，那里大体已存在着充分的背景机制。道德规范为行动提供指导，也树立了一种标准，使我们得以对跨国公司

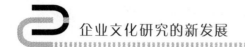

企业文化研究的新发展

的实践进行评估，从公众的反应中理清头绪，并要求进行道德制裁。

● 案例：沧州鸿源食品有限公司——芒果之恋品牌战略和营销文化

沧州市鸿源食品有限公司是前程集团旗下的食品饮料销售公司。前程集团是从事易拉罐制造和饮料灌装业务的专业集团公司。前程集团一直在关注中国饮料市场的发展现状和未来发展趋势，鉴于饮料消费趋向于自然、安全、健康的消费特征，集团欲开发一款健康的果汁饮品。由于芒果富含人体所需的多种维生素和矿物质，是当之无愧的热带果王。于是前程集团领导决定选用台湾、海南、广西、云南优质芒果进行芒果汁饮料的生产。为研发芒果汁饮料，前程集团决策者曾于 2008 年多次到中国台湾、马来西亚、泰国等地区和国家考察芒果产业并与当地芒果企业进行深入的沟通交流。2010 年根据集团董事会决定，先后在台湾、海南、广西、云南投资建立四大种植基地，并引进台湾先进技术进行芒果汁饮品的研发生产。鸿源食品致力于做中国最好的芒果汁饮品，成功研制出"芒果之恋"纯芒果汁、"芒果之恋"复合果汁等系列芒果汁饮品。鸿源食品立志将"芒果之恋"打造成中国芒果汁饮品第一品牌。

芒果之恋是前程集团产业链品牌经营的核心主体，前程集团是集马口铁包装装潢印刷及食品饮料研发生产销售于一体的综合性企业集团。集团有 20 多年的经营历史，总部坐落于全国著名的"武术杂技之乡"环渤海经济开放城市沧州，占地面积 13 万平方米，地处沧州市清池大道北首，东临渤海、黄骅大港，北靠京、津，交通十分便利。前程集团旗下印铁包装公司拥有世界最先进的日本富士 RIMEX-P452 马口铁双色印刷流水线四条，日本富士 FUJI-C452 涂布流水线三条，可承揽各类马口铁彩色印刷加工。拥有世界先进的瑞士苏德罗尼克 FBB 制罐生产线两条，可生产 5133#、6133#、691# 及 679# 三片罐。拥有世界先进水平的英国全自动数控制盖生产线两条，国产全自动数控生产线十条，可生产各种规格马口铁旋开式瓶盖。2015 年营业额达 15 亿元，根据公司整体运营情况，公司营业额还在逐年递增。

"芒果之恋"是前程集团产业链品牌，旗下鸿源食品公司专业生产经营芒果汁饮品，投资创建台湾、海南、广西、云南四大芒果种植基地，并引进台湾先进技术和人才成功研制出芒果之恋纯芒果汁系列饮品。多年来集团始终坚持"质量第一、信誉第一、用户至上"的原则，产品质量深受广大用户的认可和欢迎，并多次被沧州市委市政府评为重合同守信用单位。

一、芒果之恋的品牌文化

芒果之恋全系列产品包括芒果之恋—芒芒、芒果之恋—果果、芒果之恋—红罐、芒果之恋—PET 和芒果之恋—高罐。芒果节是鸿源食品有限公司推行的特有活动，也是变相地对经销商的一种福利活动，每年公司都会组织各地优秀经销商朋友，全程免费参加公司的芒果之恋基地参观采摘活动，同时还可以参加芒果节各种活动。

芒果之恋不仅是一款芒果饮料，它更是一个浪漫和快乐的符号。她知道年轻人在喝饮料的同时还想从饮料品牌中获得浪漫、快乐的情感体验。芒果之恋将营造浪漫快乐的氛围，使消费者感受到芒果之恋浪漫快乐的品牌内涵。

生活要阳光，心情也要阳光，阳光在如今的生活中几乎成为奢望。雾霾就像一张灰色的天幕遮住了蓝天，挡住了太阳，从此生活缺少了阳光。阳光在哪里？人们不断地寻找。幸好她出现了，她的前身是在天蓝景美的海南长大的芒果，她在碧海蓝天的世界接受每天长达 13 个小时的日光浴，因此她的肤色变成阳光的颜色。把她捧在手里就像手捧一束阳光，瞬间穿透阴霾，让我们的心情也阳光灿烂。这就是芒果之恋。

芒果之恋精选每一个产自海南的阳光芒果，原味鲜榨工序保留了芒果中的营养成分，并且还将果汁丰满的果肉融入其中。芒果之恋，把她捧在手里感受海南阳光的灿烂，也灿烂着我们的心情。

二、阳光雨林芒果之恋的两大优势

"中国果汁的新高度，黄金糖酸比，冷压榨工艺，原生果营养最大程度保留"，这是芒果之恋的独特卖点，这些独特的优势构筑了产品高端竞争力。

核心之一：泰国进口，台湾、海南、广西、云南四大种植基地鲜芒果：好果汁一定以好原料为基础，好原料，一定是要优质土地种植和培育。芒果之恋果汁只选用"原产地鲜果"，植物最初生长繁衍的地方，我们称之为原产地。这是自然选择的结果，说明那片土地蕴藏着适宜这类作物生长的力量。

核心之二：冷压榨先进工艺：好原料是好果汁的基础，但有好原料没先进的技术也是不行的。市面上的果汁分为冷压榨和热压榨两种，无论是从口感上还是营养成分上讲，冷压榨无疑都是最好的。芒果之恋芒果汁，鲜果采摘后及时冷压榨，把新鲜芒果的可食用部分，生榨成水果原浆，果浆中富含果肉、果纤维最大程度保留了水果的营养成分和水果纤维。水果纤维对人体有益，所以，果浆饮料比果汁饮料更加营养健康。芒果之恋芒果汁系列饮品，正是采用新鲜芒果鲜榨而成的芒果原浆制作而成的，其营养丰富，丰富的维生素 C 和 β-胡萝卜素不仅能够美化肌肤，而且还能缓解眼睛疲劳，改善视力。全程冷链管理，无任何添加剂，不浓缩还原，100%果汁，保留水果中的丰富营养。

三、产品基地

（一）产品基地——海南

鸿源食品有限公司与海南农业局、旅游局深度合作，投资建立海南三亚1200亩的原生态芒果种植基地，同时紧跟当下社会经济发展步伐，努力打造生态农业园旅游观光产业，在种植芒果的基础上进一步开发旅游项目，增加经济效益，促进产业园良性发展。种植基地引进高新技术做支撑，推动企业高效发展，打造一个绿色、安全、高品质的产品线。

公司成立专业合作社，把当地农户收入合作社，还专门聘请资深的芒果专家，为企业在科学种植、管理和技术方面提供有意义的建议，不仅确保企业产品的可靠质量和安全保障，同时还提高了当地农产收益。鸿源食品有限公司 海南芒果之恋生态农业旅游种植基地也被海南省农业厅列入省级标准示范园项目 推广。

（二）产品基地——广西

鸿源食品有限公司选择广西田东作为芒果种植基地之一，正是由于芒果正宗，源自田东，田东是久负盛名的中国优质芒果生产基地之一。田东县右江河谷，土地肥沃，日照充足，雨热同季，是我国芒果栽培最适宜的地区之一。天赋田东美，地道芒果香，田东芒果因果形美观、色泽诱人、肉质甜美、香味独特、营养丰富，深受消费者喜爱。

广西建成千亩富硒芒果种植基地。公司充分利用广西拥有丰富的富硒土壤资源优势，加快富硒农产品开发，将芒果生态种植基地打造成我国最大最优的富硒农产品产业基地和"中国富硒第一产地"。目前，公司正出台推进富硒农产品开发方案。同时与广西农业厅"广西富硒农产品开发领导小组"座谈研讨，安排资金扶持带领当地建设省级生产示范基地。

（三）产品基地——云南

云南芒果种植基地，位于红河附近，远离城市工业污染，气候湿润，阳光充足，利于芒果的生长，基地有"大金煌""澳芒"等十多个优质品种。同时带领当地农户，从品种改良，到基地建设，再到品牌推广，利用"组合拳"，大力促进芒果产业的发展，在进一步提升企业实力的同时也帮助当地农民提高收入，带动当地经济高速发展！

（四）产品基地——台湾

台南玉井拥有得天独厚的风土地利条件：首先，恰好的纬度使其3月份恰好达到芒果开花期最适宜的20~25℃，温和的气候，使爱文芒果缓慢成长，凝聚出绝好的口感，不至于因酷热生长太快而使质地风味流于松疏寡淡。其次，爱文芒果的种植地周围覆盖着一层独特的土质，含钙成分高，颜色浅白，有利反射日照，且含水量低，使生长速度减慢，肥料能够更集中往花与果输送，故而果味香浓甜美、质地更结实有弹性。

四、市场规划

（一）专业营销团队提供帮扶、全面的促销活动支持

鸿源食品有限公司除统一投放的央视和重点卫视广告外，地级市场铺货率达到70%，启动地方电视台宣传平台，进行市场宣传造势，加强全国著名商业报纸、杂志等软性宣传和区域硬性广告支持（包括但不限于车体、公交电视、地铁电视及其他终端媒体），为产品热销提供强势推动力。公司业务精英根据市场实际情况，为合作客户量身定制区域营销方案，协助经销商规范市场运作，拓展经营空间，保证利润实现。从全国到区域，从产品推广到品牌提升，为经销商提供成熟的促销模式，针对不同市场、不同渠道、不同时段制订有针对性的促销活动方案，帮助经销商提升市场实操能力，保证产品在区域市场的快速流通。

（二）严格封闭化市场管控，及时反馈解决市场问题

鸿源食品有限公司通过系统的数字化管控，限定产品在规定的区域/渠道内流通，公司严厉打击窜货现象，力求经销商的利益得到充分保障。为加强市场沟通时效，公司推行扁平化、双流通市场管理模式，经销商有任何问题可以通过当地区域经理解决，也可以直接与公司销售部和市场部对接，公司承诺一般性市场问题24小时解决，重大问题48小时回复。公司为经销商提供准确、快捷的售后服务，解决经销商后顾之忧。

（三）合理的调换货政策

（1）公司在保证一定安全库存的情况下，按订单生产，经销商必须根据自身市场环境和销售情况慎重下单，业务精英将提供专业建议。

（2）如因订单不当造成产品滞销、积压，公司将尽力为经销商解决难题，在产品外包装完好且在产品临期前三个月，经销商可向公司销管部提交书面申请，公司组织人员为经销商提供就近调货，原则上按购货价格的七折处理，申请调货的经销商承担相关运输费用。

（3）如产品出现重大质量问题，公司执行召回政策，所有费用由公司承担。

（四）系列产品的优先代理权，产品优化，平衡经营结构，拓展销售网络

经销商可根据自身优势和网络、渠道资源自主选定经销品种，经销商放弃的产品品种或放弃的区域、渠道，公司将和其他经销商展开合作，力求当地市场多元化，经销商之间相互帮衬，形成相互推动力。目前公司有两个系列七个单品供经销商选择，二期休闲食品系列、保健品系列正在研发中，预计很快就会成型，快速的新品研发能力，多样化的产品诉求，将丰富经销商的经营结构，促进经销商销售网络的平衡发展，实现网络优势最大化。规范区域/渠道/品类规划和管理，确保经销商获得长久、稳定的盈利。公司业务精英为经销商提供地域性帮扶，指导经销商组建二、三级经销网络，稳固提升经销商地区影响力，为产品快速进入分销渠道提供有力支持。

（五）丰富的广宣品支持、专卖店形象支持

针对不同产品、不同时节、不同市场提供种类丰富的广宣品、助销品支持。市场初期公司统一提供促销服、促销台、品尝杯、X展架、海报、开酒器、酒塞、各类高档酒杯等广宣促销物料，随货配发，未来经销商可根据市场需要向销售管理部和区域经理提交申请，当地采办相关广宣促销物料，公司提供相关图片并对批复的费用予以核销。专卖店门店装潢，按公司统一标准设计，经总部批准后，按实际投入，总部核销30%。

（六）宽松的经销条件，共赢的操作模式

公司根据不同区域设定不同的经销条件，制定切实可行的目标销售额，公司选定经销商的重点要素依次是有网络、有精力、有队伍、有资金，要求经销商把公司的产品作为主销产品在区域做推广，实现共生、共赢、共荣。鸿源投入大力度扶持经销商，也需要经销商以实际行动予以回馈。合作伙伴可到公司考察，游览芒果基

地, 享受田园采摘芒果的乐趣, 合作成功后公司核销首次来往费用。

五、品牌战略

芒果之恋品牌效应, 强大的主流媒体广告支持。2016~2020 年 2.5 亿元广告预算整合强势媒体资源, 全方位立体传播(见表 1-1)。芒果之恋品牌经过两年发展已初具规模, 2016~2020 年的五年时间里将重点进行品牌提升, 系统地进行品牌规划, 将在品牌属性、品牌结构、品牌内容、品牌范围、品牌愿景、品牌管理机制六个方面进行品牌塑造。通过五年的品牌塑造, 预计品牌市估值将从现在的 1.2 亿元增加到 2019 年的五亿元, 到 2020 年争取突破 10 亿元大关。

表 1-1 2016~2020 年广告预算具体分配

单位: 万元

央视	卫视	网络媒体	手机新媒体	户外	报纸	杂志	其他	合计
5000	10000	5000	1000	1000	500	500	2000	25000

(一)央视广告投资规划

公司选择 CCTV-1、CCTV-2、CCTV-7、CCTV-13 作为主要投放平台, 选择《朝闻天下》《新闻 30 分》《共同关注》《东方时空》等栏目做集中投放, 为企业品牌搭建最高规格、最高品质的传播舞台, 使品牌站得更高、传得更远。

央视广告投入重点打造良好的品牌形象。品牌价值的提升, 带动企业未来整体市场发展规划。国家电视台为企业品牌做后盾, 企业声誉好, 产品质量高, 使消费者放心; 最高端的央视媒体投放是企业综合实力的最佳体现, 使经销商放心; 最权威的媒体平台——CCTV 是企业品牌提升高度的最佳渠道, 使股东放心; 央视广告投放作为企业长期战略, 让员工方向明确, 积极性高, 斗志昂扬, 让员工放心; 央视广告投放的企业都是值得信赖的、积极承担社会责任的企业, 让政府放心; 强势登陆央视平台, 逼退竞争对手让对手揪心。

(二)地方电视台广告投放规划

公司选择湖南、浙江、江苏、天津、北京等十大卫视频道作为主要投放平台, 选择《快乐大本营》《天天向上》《爸爸去哪儿》《非诚勿扰》《中国好声音》《奔跑吧兄弟》《非你莫属》《我是歌手》《笑傲江湖》等当下最火爆栏目做集中投放, 市场开拓前期主要以广告插播的形式投放, 面向大众, 覆盖面广, 普及率高, 做到家喻户晓, 使产品品牌扎根于消费者心中, 后期会根据品牌规划选择适合品牌的节目以赞助或者独家冠名的形式去投入，进一步提高企业品牌知名度，带动全国销量大幅度提升，为开拓全国市场及海外市场打下坚实的基础（见表1-2）。

表1-2　2016~2020年广告投放规划

2016~2017 年	广告插播
2017~2018 年	特约赞助
2018~2019 年	参加冠名竞拍
2019~2020 年	参加总冠名竞拍

（三）网络媒体规划

面对当今形势下网络媒体的日益火爆，针对其传播范围广、保留时间长、目标受众人群多、成本低，效率高等优势，鸿源食品有限公司首先重点投放全国各大门户网站首页广告，如新浪、网易、腾讯、搜狐等，其次以贴片的形式投放视频媒体广告，如搜狐视频、腾讯视频、爱奇艺、土豆等，其中重点打造与湖南卫视旗下芒果TV的深度合作，从电视剧到综艺节目，网络视频等以插播、开头贴片的形式投入，精耕细作，积累目标用户群体，促成全国整体市场销量的提升，达到广告的最终效果。

六、销售支持

（一）首批进货支持

公司为体现扶持经销商的决心，兑现先期承诺，在经销商首批进货时，公司将根据首批货物的货值提供实物商品奖励。

（二）市场开发支持

公司支持经销商市场开发阶段的进店费、条码费。

公司业务人员将与经销商一起制订渠道开发计划。在渠道开发过程中所需的费用经公司确认后，经销商先行垫付，后由公司以货品形式分批返还经销商。

核销比例为：第一次发货时核销费用的50%，第二次发货时核销费用的30%，第三次发货时核销费用的20%。

（三）渠道终端和消费者促销支持

（1）公司提供全国性促销活动支持和地域性促销活动指导。

（2）公司给予经销商和区域经理充分自主权，经销商和区域经理可以根据市场环境制订促销方案，报市场部审批。

（3）对于优秀经销商提交的地域性促销方案，公司可以考虑与经销商进行1∶1费用互投，具体内容包括但不限于：

公司支持经销商在终端展示产品所需的端架费、陈列费用；

公司支持经销商在终端销售所需的导购员、促销员等人员；

公司支持经销商在零售终端所做的"主题促销活动"；

公司支持经销商在零售终端所做的常规促销活动，如特价、买赠、试饮、兑奖等。

（4）公司支持经销商根据市场情况定期或不定期举办品鉴会活动，品尝品、赠品全部由公司提供。

（5）公司支持经销商在终端管理上所需的各类信息支持，如产品信息、大客户信息、卖场信息等。

（四）持续的培训提升管理素质

向管理要效率是企业所倡导的经营理念，公司将不遗余力地为合作伙伴提供战略、营销、品牌等方面的知识培训，让合作伙伴与企业共同成长。

七、重点市场划分

重点市场是公司的旗帜，是公司倾力打造的核心样板，目前公司规划的重点市场包括：

（1）北京市，河北省；

（2）山东省；

（3）河南省郑州市及辐射地区；

（4）四川省成都市及辐射地区；

（5）安徽省及辐射地区；

（6）福建省及辐射地区；

（7）其他有必要设置为重点地区的城市。

鸿源食品有限公司会根据以上重点市场实际市场回款及经销商情况做出销售方案调整，不同地区的经销商有不同的合作共赢目标，有着成功产品的推广案例，强烈认同公司的发展理念，把本公司产品作为核心产品，强势推动销售。

第二章　企业文化：企业伦理学基础

第一节　引言与合理内核

本章从三个实际行为着手，这些行为都是非伦理范畴活动，论证了企业在实施经营行为的时候应该重视企业伦理的重要性，以及经济与伦理相结合的现实性。本章主要概述了伦理学的两个基本思想，以及企业在经营行为活动中应该遵循反思原则和对话原则。

本章对与企业伦理学相关的某些含糊观念做了概念性解释，阐述了作为企业伦理学支持者所必须承担的论证义务，还明确揭示它对企业管理的影响。

本章说明了经济伦理学和企业伦理学的现实性，在任何时代，企业都应该积极承担它们的社会责任，12世纪的格拉蒂安（Gratian）在其关于教规的教科书中说："上帝不会对商人或只付出辛劳的商人满意。"言外之意就是说，作为商人或者一个企业还应该承担更多的伦理责任。即使在20世纪，经济伦理学也一再成为学术研讨和公众论战的对象。确立经济伦理学与企业伦理学地位的努力，是在企业经济学与当代哲学之间的领域中进行的。尽管德国的企业经济学理论早些时候遭受了挫折，但美国和欧洲在该领域中的发展已从实践上完全证明，重新试图把企业经济学同其伦理基础联系起来是值得的。许多欧洲国家（德国、西班牙、意大利、荷兰）都建立了本国的"经济伦理学研究网络"，并积极响应该领域中业已提出的许多倡议。一些具体接触经济实践问题的不同机构、群体和个人已经开始加入探讨伦理学的行列，积极投身于经济伦理学的讨论，并倾听重要群众组织的意见。过去处于公众批判中心的一些行业性企业协会也开始设法制定行业行为规章，并以这种方式对经济部门的"道德重构"做出了自己的贡献，本章以化工行业为例。与此同时，在学术研究领域，道德讨论的传统守护者也特别强调：哲学始终关注着经济伦理学和企业伦理学问题，并从其专业传统出发来解释基本的伦理问题。对经济伦理学的挑战已产生一种广泛而持久的共鸣，它足以证明，对伦理学的研究和重视并非一时的赶时髦。

本章概述了伦理和道德的各含义，并对两者进行了概念上的区分。对区分后的伦理进行深层次的剖析，延伸出对话伦理学、分析伦理学、义务论伦理学、信念伦理学等伦理，并对概念进行了必要的先行划分。要想批判性地质疑关于经济道德的现行主流观点，首先必须对"伦理"与"道德"加以概念上的区分，这对于理解本章的中心思想是十分必要的。"道德"是属于文化的界定范畴，是一种现实存在的规范；而"伦理"属于哲学范畴，是一种理论，是对道德规范的思考论证，具有一定的科学性。在作为纯粹实际存在的规范（道德）与作为方法上严密的批判性质疑（伦理）之间进行概念区分，必须以必要的方式进行。道德与伦理的区分是有前提条件的，那就是在任何文化中都必然存在着一种（特定的）道德。关键问题决不在于道德观念在一种文化界中究竟是否有意义，而是始终在于究竟是哪种道德在一种文化界占据着主要地位，以及它是否应该加以改变。由此得出结论，我们应该先详细地认识到现有的道德观念，在这个基础之上，我们才能进行批判性的完善和改进。如果我们未能在全面了解现有道德观念基础上就进行某种意义上的改进，那么很大程度上会将人们带入一个极其危险的境地。区分"伦理"与"道德"并不意味着一种"要么全是，要么全不是"式的选择，而是隐含着一种切合实际的认识，即道德是处处起作用的，但原则上也是能够加以改进的。

本章概述了经济实践中的三个事实案例，这些实例可以帮助首次接触这一领域的人把握企业伦理学所涉及的问题所在。第一个例子是某一供货商准备建立长期供货关系，便向采购者提供某些个人好处，不过这家供货商并不是该行业中的佼佼者，特别是在生产技术对环境的影响和产品的使用成分方面，还时常因为糟糕的劳动条件与员工发生冲突，工资出奇的低，员工的流动性很大。经过长时间的反复权衡，采购者签署了这份重要的购货合同，虽然没有出现任何差错，一切十分完美，公司也对他表示了肯定，但是在他内心深处有着一种不太舒服的感觉，而且难以将其排解。第二个例子是旧金山海湾地区高速交通系统（BART），三位安全工程师的遭遇。一铁路系统的建造因为遇到众多技术难题而受到影响，成本也随之增加了。项目主管方在向公众宣称该铁路系统将是世界上最好的和最安全可靠的短途运输工具时，做出的承诺过于匆忙和草率。为了能够完成该项目，联合公司不得不采用了部分不成熟的技术，并将其引入系统之中，这些技术问题埋下了祸根，它们足以称得上是现代工程史上最能说明实际伦理问题的事例，成为事件受害者的是三位工程师，尽管在过程中反复提醒联合公司注意技术细节上的问题，但是他们的中肯意见并没有得到公司管理层的回应，在整个事件过程中，交流也都只是书面的。第三个例子是挑战者号载人航天飞机的失事，系统中存在技术上的薄弱环节，而这种技术隐患多年来一直是为世人所知的，两位工程师早已指出问题所在，然而有关领导层做出糟糕透顶的决策，导致事故发生，最终影响了这两位工程师一生的职业生涯。

本章描述了企业非伦理行为的一般根源，比如制度压力，是一种非伦理行为的根源，人们认为企业在激烈的竞争中，市场经济中的制度给企业带来了很大的压力，因此，企业只有疯狂地追逐利润，才能保证企业的长久发展。这是一种片面而非实质性的认知，面对复杂的市场经济活动，伦理问题似乎怎么都站不住脚，事实上，一个市场经济只有建立正确的道德观，比如诚实守信、公平公正、和谐发展等一些理念，才能稳定正常运行。所以，上述制度压力解释应该换一种说法，那就是企业为了获得竞争优势，违背了伦理原则。组织上的局限性：组织结构对于有目的地把握长期以来形成的分工行为是绝对必要的，这种分工行为使得企业编制了岗位职责说明书，明确提出了企业员工的工作内容和职责任务。从某种伦理意义上来看，事先规定员工必须做什么，不该做什么，本身就是违背了某种伦理，同时，还限制了员工们的发散性思维，将员工的行为和思想局限在一定的范围内，时间久了，就容易固化思想。从本质上来看，任何形式的组织其实都是一种有违伦理的行为，限制了人们的自由选择权。关于经理的道德，领导个人的价值观，尤其是企业的高层领导，他们的个人价值观影响着企业的行为决策，决定着企业经营方向，是企业员工都愿意效仿和学习的模范人物，因此，企业领导的个人行为和伦理标准是企业发展至关重要的一个因素，企业领导的道德素养促进了整个企业的伦理标准。

本章概述了方法论定向就是伦理学的批判潜力，随着多元化的发展，要求社会中的每一个企业或个人，都应该有一个更包容的心态，去宽容不同人的性格和不同的行为方式。如果没有这种包容性，整个社会和企业将变成战争不止的局面。当然，尽管实现了多元化，但为使共同行为成为可能，仍然需要确立某些决策规则。不同于所有那些演绎性的论证尝试，伦理学（作为政治学）已经具备了得以发展的一种非任意选择的基础。它必然以和平目标为其出发点，详尽阐述概念上的差别，并在具体的历史背景下为更好地解决冲突提供建议，在和平这一目标上，足以清晰地理解伦理学努力的意义，企业经济学既要思考企业管理的伦理基础，也要探讨作为竞争经济中盈利手段的企业经济战略的制定。作为指导行为的结构性准则，对话规则自然采用了"纯粹形式"，必须把对话的基本优先权作为解决冲突的伦理学原则。对话伦理学有三大基本特征可以从程序上引导规范的发展；对话伦理学能够找到更好的突破性理由，是一种理性伦理学；对话伦理学要求论证各方在对话中达成合理理解。如果规范化的对话被作为结构性准则，那么理想型规范与现实之间的差距是早已在"预料之中"的。任何承认对话伦理学是和平解决冲突程序的人都已经估计到，所推行的建议存在着某些缺陷。但不能将这种局限性曲解为是有意违背或自愿忍受结构性规则，而有些人却正是想以此来阻止生活实践的广泛成功。所以，故意破坏对话条件与因既定历史情景中的部分条件不具备是显然不同的，包括时间上的限制、事实上的限制、空间上的限制和人员上的限制。

本章对企业伦理学进行系统的概述，在经济行为活动中，企业伦理学起到了重大的影响。不把企业看作是一种可以无条件地贯彻对话原则的场所，而是应该把企业投入现代化的竞争市场，研究分析它在整个发展社会过程中的行为关系。在企业与经济秩序的发展关系中，应该将市场经济和竞争经济的作用与企业的道德伦理结合起来。这一沟通问题便是企业伦理学作为一门应用学科的核心所在。企业伦理学是一种关于企业理想规范的学说，应该把企业伦理学与经济行为结合起来，规范其行为的实施，只有这样，企业伦理学才能起到指导行为的作用，形成一种有着实质意义的规范，这种合理的规范使得企业在经营行为中和谐处理问题和矛盾，最终目标是达成共识度高的企业战略规划。企业伦理学要求根据具体情况应用盈利原则，与作为企业实质目标的（能取得共识的）企业战略相关，还与通过管理过程来实现企业战略有关，是以批判的、忠实的自我义务来补充法律。企业伦理学应该根据具体情况，在结合企业道德伦理原则后，实施合理的企业盈利行为，而且还要求对法律进行忠诚批判的补充，是对经济行为的传统调控机制（市场与法律）的补充。

本章从企业伦理定向的三个方面着手：一是大多数著述均涉及企业行为中现实的特殊冲突领域；二是与企业经济学相关，主要着眼于企业经营活动的特殊功能领域，这种功能性考察同时伴随着无法协调不同领域伦理定向的危险（分级的局域伦理学）；三是履行传统管理职能、旨在控制全部功能的企业管理层面，运用一种普遍适用的、超越各个部门功能的企业伦理学。谈到组织的伦理敏感化，就应该帮助企业在获取信息和处理问题上创造条件，使得企业能够尽早发展企业内外部存在的伦理问题，企业应该关注对这些问题的对话和讨论，再决定解决问题的行为方式并实施。由此可见，为了不抑制员工的伦理敏感性，支持其参与敏感伦理问题讨论的积极性，消除交往上的障碍，作为组织措施的一般目标应该是限制而不是废止结构。企业为了实现这一目标，可以选择三种方法来实现，第一种方法就是在企业内部成立伦理管理部门；第二种方法就是在企业外部成立伦理管理部门；第三种方法就是企业主动调整整个企业结构，积极揭示企业存在的伦理问题。文化（结构）作为社会生活制度，其载体始终是（许多）个人的行为。组织公民是人员发展措施的目标所在，使企业全体人员具备伦理反思潜力和对话能力。企业成员中对话定向的形成也意味着批判潜力的积聚，它可以切实用来解决伦理冲突。组织和个人发展只能是以一般规则和个人偏好为表现形式的潜在能力，并不是即时就能针对具体情景发挥作用的。根据具体情景调动蕴含在结构和人员内部的潜能，这种切合实际的潜能调动正是"领导"职能的使命。

本章概述了企业伦理学与相邻学科的关系及一些有待解决的问题。企业伦理学论述中占据着中心地位的是有关哲学、法学和心理学方面的内容，除此之外，还涉及同其他一些学科的交叉。企业经济学从一开始起就应该认真参与对经济伦理学和企业伦理学的讨论，进而由此批判性地重构其自身的规范性基础，有助于发展一种撇开经验规范特征的"纯"经济理论，进而揭示充满经济理性考虑的行为的特殊意义。因为经济秩序的确定也就意味着决定了企业的经济角色，所以也就需要解释它与企业行为伦理维度的关系，企业伦理学与经济竞争理论的整合是相当艰难的，企业经济学的任务就是将法律和经济的约束条件融进企业的经营行为，而并没有将伦理学放进其内容中。结合考察社会学，就能进一步了解道德，这也许是由于，社会学作为一门经验科学，它的任务在于描述和解释社会结构，而不是有目的地改善社会结构，经济伦理学就像法律一样起着间接的整合作用，即除了法律之外，伦理基础上的控制媒介（货币、权力）的制度化必定与生活世界的规范关系有着正式的关联。从经济伦理学的立场来看，彻底抛弃统一调控社会的想法是可取的，必须坚持这样的观点，即可能在对话式的理解过程中形成实践理性，使社会的制度构建完全可能经受得住合法性论证的考验，而这正要通过法制达到。生态学与企业伦理学之间，必须从对话伦理学的角度展开生态学讨论，企业应将生态行为的要求还原为一种经济上能够接受的责任，这也许能促使环境保护要求得到迅速的认同。

本章考察总结了企业伦理学的实质和形式问题，一方面，在任何特定情况下，要想能够发现什么东西在伦理上是适合这种情况的，就必须敏锐地认识具体的行为情景。另一方面，一种实质性伦理学即使能够成立，它在构思上也不可能是面面俱到的，因为它不可能随时在特定的行为情景中解答现在应该采用哪些规则的问题。从企业伦理学构思的出发点来看，企业伦理学必定具有形式化的性质，但也不允许粗暴地曲解这种认识，误以为可以不根据现实而放胆质疑一个社会的所有规范。即使是在一个后传统社会中，也应该追溯某些现存的实质性规范定向，因为这些规范定向可以用来妥善（往往是无意识）地协调行为，而又不会引发特殊的冲突。只有在出现重大冲突的地方，才必须借助论证理解来实现和谐，因此，用对话来确保和谐，这并非要求革命般地重构社会的规范体系，而是逐步改善生活条件的一种尝试。企业战略能否在爱护环境、男女平等、资本与劳动、技术、国际冲突、满足有效需求等方面达成共识？这些主题可能与改善我们的现状相关，对自身的企业战略提出这些问题，对于企业伦理学的未来具有重大的实质性意义，这些领域也许正是旨在协调战略的经济效率及其与社会可承受性之间张力的企业伦理学的未来用武之地。

第二节　创新与贡献

一、对话伦理学

对话伦理学——和平伦理学，必须提倡为了和平的伦理学，这一先于理论、来自生活体验的认识，现在应该是能够以正确的方式来教授和习得的。在激烈竞争的时代下，企业应该以一种什么方式做到和平共处和和谐发展？企业通过不同的社会经验提炼出不同的行为，使用不同的语言方式来达到和平的局面，这些语言方式就是论证性语言与呼吁性语言。企业通过实施对话原则使大家拥有了可以和平解决冲突的手段。

企业在任何情况下都应该通过对话机制来解决冲突，化解矛盾，但现代社会的关系很复杂，使得企业在协调问题上采取了回避对话。为了达到回避这一目的，企业总是会选择一些非论证的行为方法，采取大家投票表决的方式等，然而，采用这类非论证的或回避论证的协调机制是不够的。根据以往采用这种协调机制的经验，它必然产生一个问题，即在变化的历史条件下抛弃对话是否还会合理？这最终关系到旨在协调共同行为的所有社会机构的合法性。对于总是孕育着冲突的经济行为这一广泛领域，已经预先实施了这类调节，例如公司法或共同决定法对冲突的调节。它们从根本上表明，不可能从理论上预料在什么时候和在哪些情况下会出现新的冲突，而这些冲突使重新思考合法性问题成为必要。因此，企业应该提倡对话优先权，并且规避任何回避对话的条件和行为。

企业每一个人都应该认同这种对话的优先权，只有将对话优先原则作为企业解决冲突的行为原则，企业才能实现其与社会的协调统一发展，也是实现现代多元化生活方式和谐共处的基础。归根结底，仅靠任意方式来处理政治问题也不是不可能，但不开展论证，就必定难以实现对话所能带来的统一与自由的结合：要么是在多元化的社会里追求个人的自由，进而必然导致混乱和无序；要么是借助权力的运用来促成共同行为所需要的社会统一。最好的情况，就是由多数人对少数人实行统治，根本就不可能接纳少数人所主张的、也许是更好的理由。多数人做出的决定本身有其目的，似乎不用花费多大努力便可付诸实施。但事实与此相反，企业只有通过对话沟通，最终做出多数人认同的决定才是一种有效的行为方法，这种方式才能够从根本上解决冲突问题。

第一，对话伦理学可以引导企业经营行为的规范发展。作为一种科学的道德伦理，表现了这种规范的合理性，着眼于帮助企业解决发展问题。对话伦理学的目的在于在实践中形成具有实质性意义的行为规则，这种实质性意义的行为规则帮助企业解决行为冲突。例如，德国的化学工业协会（VCI）就在此意义上公布了一项行为守则，用来规范那些有可能成为化学武器原料的化学品的生产和销售。这种做法要求在实现对话原则的过程中形成某种具有实质性意义的规则。

第二，对话伦理学是一种为了寻找更好的理由的理性伦理学，它要求人们根据自身情况选择合适的行为。对话伦理学为某些规则的形成提供了具有说服力的依据，在实际操作中明确具有实质意义的规则，而不是靠个人纯粹的意愿和他人的权势威胁。"更好论证"与纯粹的"实际应用"之间的区别只是再一次确认了伦理与道德之间的分界线。我们应该进一步考察研究，促进一些潜在冲突行为所需的规则形成，并且还可以检验已经存在的行为规则的适用性。

第三，对话伦理学要求交流双方在进行对话中彼此达到一种合理的理解。为了确保双方能够达到这种合理理解，双方各自必须要求用理性交流的思维模式，这就要求双方在交流的过程中，遵循互相尊重、平等相处的原则。为了达到合理理解，交往伦理学告诉我们只有在交流过程中发自内心的赞同才能完成这一任务，而不是仅靠单方面的认可或寻找说服的理由。

对话伦理学是一种形式，这种形式不是教条式的，也不是独白式的，是双方交流达成的一个高度认同的行为规则。这种形式并不重点关注于交流的内容，而是在交流的过程中寻找到一个可以解决冲突的行为规则，以达到和谐。同时，对话伦理学是多数人认可的一个行为规则，一个人伦理观念只能偶尔促进关系的和谐，并不能带来长久的和平，只有得到大家认同的原则，才能在某种程度上真正促使关系的长久发展。对话伦理学不是靠权势的威胁达到一种行为规则，而是通过理性的思维来探讨和发现实现和平的多种行为规则。

理想型对话在实践中的局限性：

第一，时间上的限制。由于必须尽快做出决定，以致不可能再与相关者从容商讨。在"独力承担责任"不可避免的情况下，设法通过虚拟对话来听取相关者被预先推定的意见，并（如有需要）在事后向其做出解释，这样的做法才是合乎伦理的。

第二，事实上的限制。这方面尤其需要强调的是分工问题。高度发达社会中分工程度的不断提高，自然会对达成共识提出更高的要求，因为在需要协调的行为之间，其冲突的摩擦面会逐渐扩大。但与此同时，行为背景的复杂性程度也不断提高，以致不可能在方方面面都进行详尽的讨论，而是必须让行为人实行自主决定。

第三，空间上的限制。对话伦理学面临的另一个严重限制是，冲突范围在空间上日趋扩大。对话伦理学却按照其自身的结构逻辑，要求对冲突情况进行细分，它在解决冲突的能力上更倾向于一种"局域伦理学"：如果其他情况不变，所涉及的范围越小，空间越窄，迅速而和平地达成共识的机会就越大。

第四，人员上的限制。对话伦理学还面临着一系列常见异议，突出表现在三个方面：无法使所有的相关者都参与到对话中来；难以确定对话者是否和何时遵循对话的规则；对话规则对参与者普遍要求过高。

二、道德发展过程的三个阶段

道德发展的三个阶段是一个逻辑性强、系统化的发展理论，每个道德发展阶段都体现了两个发展层面：

第一个阶段就是习惯形成前的阶段，这个阶段人们都是根据自己心中的动机来遵循行为的规则，因为遵循这种规则，能够给我们自身带来好处，同时也正是我们对于"好"与"坏"的标准做出了反应。这个阶段包含了两个层面的内容：第一是害怕惩罚与屈从权势，人们因为害怕受到惩罚或是出于对权威的屈服而遵循行为规则。这种情况下并没有重视人的价值，仅仅是为了躲避惩罚。第二是天真的利己主义，个人遵循规则是为了能够更好地满足自身的物质和精神需要。通过遵循公正公平原则，与他人进行平等的交换，获得自身的需求。

第二阶段就是习惯已经形成的阶段，人们在自主遵循行为规则前，不再衡量遵循这些规则会给自身带来什么好处，每个人更关心的是对集团的忠诚和帮助。这个阶段包含了两个层面的内容：第一是人际相似特征，为了得到多数人的认同，效仿别人一样的看法和行为，别人遵循某种原则，我们也会跟着一样遵循，这种行为模式是为了与他人拉近关系。第二是法律与秩序既定，我们积极履行自己的义务，服从权威的行为规则，帮助社会维护好秩序。

第三阶段就是习惯形成后的阶段，最终达到一个努力遵循道德行为规则的习惯，不再担心任何势力的权威，也不再计较得到什么好处。这个阶段表明，这些道德行为规则是应该被人们接受，并且是值得人们去接受的。这个阶段包含两个层面的内容：第一是这些行为是正确合法的，是经过整个社会的检验和确认的，体现了所谓真正的道德行为。人们形成一种明确的个人行为模式，这种模式具有相对性的自我意识，在与他人交往中，都主动要求遵循行为规则来达成共识。第二是体现了个人良知的意识，每个人根据自身情况选择一定的行为原则，凭良知决定而不是依据所扮演的社会角色来判断行为的合适性。

三、生态学与伦理学的关系

在当前关于企业领导责任的讨论中，有两个原本希望密切联系起来的主题被相对孤立地处理着：生态学挑战和伦理学挑战。这两个挑战之间的差异主要体现在企业行为的实践层面上。当企业伦理学还或多或少受到怀疑时，人们就已经以相当大的决心把生态学的要求纳入了企业战略和企业的实际行为之中。对于生态学占据相对优势地位这种现象，一种浅显的解释是，生态问题在日常生活中十分令人烦恼，而其具体的解决措施也比较容易把握。例如，对有害垃圾的分拣处理作为对公正的一种反思，恰好提供了直接的正面经验。

但是，一旦对生态学概念的理论依据展开深入探讨，生态学与企业伦理学之间的这种表面差异就迅速淡化了。按照比恩巴赫（Birnbacher）的看法，可以区分出三种以生态学观点来对待大自然的主要态度："敬畏生命"的态度、"利用与保护"的态度和"与大自然伙伴关系"的态度。这三种意见在当前的讨论中都有一定的意义。

"敬畏生命"的要求及其各种表现形式是由阿尔贝特·施韦策（Albert Schweitzer）提出的，它作为一种严格的环境伦理原则促成了一种强烈的保守主义倾向，并由此得出了一系列很难为人所接受的结论（毫无例外地谴责控制人口、食用动物、使用杀虫剂和除草剂等）。尽管这种彻底的生态学观点近来也有所缓和，但它作为基本的定向规则却贯穿着这样一种思想：要求任何行为都具备无可非议的依据。

"利用与保护"正确地来理解，这里包含着一种对统治使命的"非专制性"解释，这种解释同那种倾向于"专制性"的解释截然不同，专制性解释认为人类有权以全面的剥夺方式来统治大自然。但是，"利用和保护"哲学与纯粹的敬畏自然也有所不同，它要

求人类干预自然，但这种干预不仅是为了保护自然，而且应该实现大自然的生产和美学潜能。

"与大自然伙伴关系"是一种着眼于人类与自然发展的思维模式。在较为激进的观点看来，这种伙伴尤其是在系统生态学的构想中具有一种对称关系：人类是大自然的一部分，对大自然的任何干预必定使人类自食其果。按照基督教的观点，人类似乎可以游离于自然循环之外——它只是这一世界的外来客，其使命在于发展这个世界，而对这种伙伴关系模式的新的世俗解释则突出强调了人类与自然之间必然的相互依存关系：人类只能来自这个世界，要想生存下去，就必须适应世界的进化条件。因此，关心和爱护自然是不容回避的要求，也始终符合被正确理解的人类自身的利益。相反，伙伴关系模式中一种不太激进的观点则否认人类与自然之间具有一种对称关系，而是着重强调人类拥有负责改造自然的潜力。因此，这种观点的中心思想是一种"有目的的进化"。

很显然，在企业为何和如何对环境负责的问题上，上述三种模式的回答是不同的。其中，主张将人类纳入自然循环过程的观点似乎在当前特别具有吸引力和说服力。因此，我们可以得出，经济学与生态学并不是相互制约的，相反，它们之间应该是一种相互促进的关系，企业的长久发展必然是受到良好生态环境的影响，如果企业为了利润破坏生态环境，最终企业也不能够长久生存。

第三节　点评：观点的碰撞与交融

本章有助于促进经济伦理学和企业伦理学的讨论。这也是"德国经济伦理学研究网络"所追求的目标。该网络作为"欧洲经济伦理学研究网络"（EBEN）的一个分部，其目标在于联合有志于讨论社会市场经济及其发展的规范基础的人员、机构和企业。

经济伦理学研究的核心问题是市场经济过程中应该受到哪些道德伦理因素的影响，在一个宏观视角上，探讨了市场经济应该遵循哪些基本原则。所谓的市场经济自由并不是绝对的自由，它必然受某些因素的影响和限制。市场经济有其自己的市场规则，这些规则复杂难懂，也就形成了一种自我负责的市场经济行为模式。企业伦理学研究的又是另一个层面的问题，站在企业的角度，探讨企业应该履行的社会责任，"自我负责"的市场经济行为模式越来越被更多的企业采纳，促使现代化企业积极关注自身的企业社会责任，使得企业在经营行为过程中，不再以盈利为主要目标任务，而是应该践行企业的社会责任，成为企业社会活动家，这些思想和活动的实施，也就逐步形成了市场经济的行为规则。

在全球快速发展下，企业伦理学促使了市场经济、企业和大自然的和谐发展，积极实现企业社会责任价值。我国是一个和谐大国，追求的最终目的，就是所有事物能够和谐共处。要让企业所有员工做到和谐相处，仅靠少数人的努力是不够的，它也需要一个和谐的市场经济氛围，我们应该积极打造一个和谐的社会，这样企业才能更好地发展，这也是企业伦理学的核心思想。

本章的目的在于，在以保罗·洛伦岑（Paul Lorenzen）为代表的"埃尔兰根学派"的建构知识论以及在"法兰克福学派"的卡尔—奥托·阿佩尔（Karl-Oto Apel）和于尔根·哈贝马斯（Jurgen Habefnas）的对话伦理学（讨论伦理学）的基础上，发掘一条连贯的论证线索。戴姆勒—奔驰公司的埃德扎德·罗伊特（Edzard Reuter）曾归纳出其中的基本思想：今天，只有在对话中才能意识到企业的责任。

本章所建议的企业伦理学可以被看作是这种重要基本思想的体现，最后，通过对话实现理解，作为一种核心思想最终有助于企业内部和外部的和谐发展，这种和谐发展既满足了经济伦理学的要求又遵循了道德伦理学的原则。本章从理念上区分了"伦理"和"道德"，对与道德分离后的伦理的理解，理应导致一种完全特定的伦理原则的构建，也就是围绕规范的论证进行理性的对话。这种构建过程假定，通过理性的运用，对于各种道德观念的争论，能够全面地给予合理解决。

市场经济活动，尤其是企业的经营活动，应该进行独立的伦理反思，是否在经济活动过程中违背了伦理原则。企业与那些潜在市场参与者一样，都应该成为市场经济活动过程中的一个行为研究对象，考察企业的经营中存在的违规问题。无论是在整体经济层面上，还是在企业层面上，资本主义经济制度始终都需要一种伦理基础。本章设法使企业在伦理学方面寻找到突破口，寻找企业真正的价值所在，不论市场经济活动是否涉及违规的秩序问题，要求任何企业都应该确立社会责任。对于了解市场经济合法基础所需的过程来说，我们对企业伦理学所做的概述应该是稍有帮助的。它特别有益于那些想深入了解这一问题的大学生们。本章着重阐述了伦理学反思原则和对话原则在企业层面上的运用。

第四节 本章小结

在不同文化之间的对话中，对企业伦理学的许多内容和要求不会从一开始就形成共同的理解和促成共同行为的新准则。为此，学习过程是必要的。世界著名哲学家于尔根·哈贝马斯（Jtlrgen Habernias）也必然体会到了这一点，他在访华期间在中国大学生中引起了巨大的反响，对此德国媒体也曾广泛报道。哈贝马斯的对话伦理学和寻求一致的哲学对我们的观点具有重大的影响，所以本章希望能将已经开始的对话继续推进下去，特别是不仅要使理论有所发展，而且更要令中国企业界的领导意识到他们对重大问题负有伦理责任。企业只有适度地践行市场经济赋予的自由，不超越界限，才能与人们的利益协调发展，反过来，也才能确定市场经济的合理性。

一、反思原则和对话原则

企业应该不断进行自我反思和完善，鼓励企业的所有员工反思自己的行为，每隔一个小阶段，企业就应该对自身的结构、体制、标准和行为准则重新界定，才能找到阻碍企业发展的影响因素，跟上社会发展的脚步，满足社会多样性的需求。企业遵循对话优先原则，能够规范企业的发展，为企业制定重大战略规划给予一定的参考性建议和充分的选择依据，并且还能让企业更多的员工自愿接受这些规划。能为企业规范和准则的确立提供更充分的依据，能使企业的规范和准则为更多的人所自愿接受。对话原则使得对话双方全面陈述自己的真实意愿，最终达成共识，使得企业内部和外部都能和谐发展，这也正是企业伦理学的最终目标。

与理性理解过程的组织前提相匹配，还必须在全体组织成员中创造个人前提，以真正有效地体现合理的思想。组织发展与个人发展的这种相互结合清楚地表明，文化（结构）作为社会生活制度，其载体始终是（许多）个人的行为。企业成员中对话的一致统一也意味着批判潜力的积聚，它可以切实用来解决伦理冲突。这里的关键显然在于，使每个组织成员发展成为具有对话能力的 "组织公民"。但是，按照我们的理解，尼尔森（Nielsen）所说的 "组织公民" 不仅享有通过组织予以保障的公民的权利和义务，而且还能够自觉地和内行地行使这种权利和义务。由此来看，组织公民就是人员发展措施的目标所在：使企业全体人员具备伦理反思潜力和对话能力。仅仅为高级管理人员构建一种适用于精英的"经理伦理学"，这绝非最终目的，由于组织中每个成员的职责不同，其对应的伦理责任也是不同的。根据组织成员的职责范围，他们的伦理责任对整个组织的意义是不同的。增强组织公民的伦理形象，已成为一种现实主义的想法，它可以有效地成为组织成员发展措施的实际基础。

二、领导必须具备伦理反思

对于企业的伦理敏感化，首先应该根据具体情景调动蕴含在结构和人员内部的潜能。按照管理学的经典理解，这种切合实际的潜能调动正是"领导"职能的使命。因此，领导职能同企业的伦理敏感化要求是直接相关的，领导伦理学成了企业伦理学的一个必要组成部分。由于领导被组织赋予一定的决策权，从领导伦理学来说，在这种权力驱使下领导就自然享有一定自由的活动空间。领导伦理学在企业发展关系中的意义很大，因为当领导的权力越大，其享有的活动空间就越大，对应的资源也就越多，其承担的责任也越重。通常，企业的领导作用有两种，一种是起到带头引导的作用，这主要是为了完成企业分配的某一任务；另一种是团结成员的作用，这种作用就是打造一个长期共存的群体关系。通常被具体化为两种职能：带头作用和团结作用。

领导的核心成员面临的并不是战略上的威胁，而是伦理上的威胁。领导应该具备一种敏锐的洞察力和危机意识，合适的时间让团队进行伦理反思，能够察觉到团队哪些人和哪些事站在了即将违反伦理原则的边界线，接着重新制定行为规则，遏制一些违背伦理原则的行为发生，转而正常地发展。这对于收集和评价伦理批判的信息也许是必要的和有用的，但也有利于在对话过程中做出采取进一步措施的决策，并达成共识和加以贯彻，无论在劳动集体本身就可以找到和运用一种解决方法，还是不得不把问题提交到更高一级的层面（伦理移位作用）。

伦理反思与领导作用的融合，使这种伦理移位作用向共和主义转变。设置作为伦理命令的外部目标，这在领导层面上是可行的，当然它也可以出自前述的企业行为的伦理和经济定向模式。与此同时，也可以在强调伦理命令的意义上决定战略职能要求与企业伦理职能要求之间的关系。

三、企业将生态学转化为策略

生态学挑战与伦理学挑战之间的差异主要体现在企业行为的实践层面上。当企业伦理学还或多或少受到怀疑时，人们就已经以相当大的决心把生态学的要求纳入了企业战略和企业的实际行为之中。对于生态学占据相对优势地位这种现象，一种浅显的解释是，生态问题在日常生活中令人十分烦恼，而其具体的解决措施也比较容易把握。例如，对有害垃圾的分拣处理作为对公正的一种反思，恰好提供了直接的正面经验。但是，一旦对生态学概念的理论依据展开深入探讨，生态学与企业伦理学之间的这种表面差异就迅速淡化了。

生态伦理学从伦理学的角度探讨研究了人与自然的关系。"生态伦理"不再仅停留在要求人们将道德从社会范畴扩展到整个自然环境层面，而是告诫人们应该建立一个人类与自然稳定发展的道德关系。根据生态伦理的要求，人类应该停止破坏生态环境的任何行为，而寻求一种与自然共生的相处之道。生态伦理学帮助人们协调人类与自然发展中存在的矛盾，并要求在解决这些矛盾的时候，要遵循道德原则。生态伦理学为"保护生态"这一道德要求赋予了道德理由和依据，当然，生态伦理学也具有一定的局限性，即使给出了具有说服力的理由或依据，也不能保证人们在行为活动中遵循道德要求。

按照理性伦理学对生态学观念的解释，必然也会提出如何将生态学认识转化为企业决策的问题。这里主要有三种观点，第一，生态学要求首先可以被当作部分人的利益而加以贯彻，如在最大化要求的前提下任命一位环境保护者在监事会中充当"自然的监护人"；第二，在"可持续发展"的设想中包含一条建议，即将生态学作为一个享有同等权利的目标纳入企业管理之中；第三，生态学应该用法律来规定，并实施自愿制定的标准，列入企业决策的（必要）附加条件。

● 案例：杨村煤矿企业文化升级版

山东是我国儒家代表学派孔子和孟子的家乡，兖矿集团杨村煤矿企业就位于人杰地灵的山东省济宁市，深受儒家传统文化的影响，东边有京沪铁路，西边有京杭运河，南濒微山四湖，北接日荷高速，交通便利，位置优越。主要经营煤炭开采、销售业务，杨村煤矿煤质优良，具有低灰、低磷、低硫、高发热、高挥发等一些优点，是炼焦配煤、动力用煤和煤化工的优良原料。

杨村煤矿积极贯彻习近平主席提出的"四个全面"——全面建成小康社会、全面深化改革、全面依法治国、全面从严治党,牢固树立和认真落实科学发展观,致力建设"安全高效、富民强企"幸福杨村,矿井安全发展、和谐发展、持续发展能力增强,综合形象不断提升。杨村煤矿企业坚持以党的十七大精神为指针,在牢固树立和认真落实科学发展观的基础上,建设以"人本、诚信、精细、创新"为核心价值观的企业文化,大力宣扬杨村煤矿的企业精神——"矿兴我荣、敢为人先",大力推进企业在科学、安全、成效以及和谐四个方面的稳健发展,使得杨村煤矿的发展目标快速实现。这一切都离不开优秀的企业文化指导。

杨村煤矿按照社会主义核心价值体系的总体要求,本着文化治企、精神育人的思路,针对职工群众对幸福生活的共同期盼和不懈追求,响亮提出建设"幸福杨村"的构想,初步确立了"安全高效、富民强企"的任务目标,提炼出"奉献光热、创造幸福"的企业使命,形成了"价值、创新、精细、幸福"的企业核心价值观,提出了杨村煤矿"幸福杨村"的新理念,并逐渐将其新理念划分出很多板块考核评价指标,比如企业的安全生产、原料成本、企业收益、职工收入、精神风貌、环境宜居、幸福家园等,积极地将企业安全生产、运营管理、反腐倡廉、美德建设融入企业文化建设过程中,最终形成了"四位一体"的"幸福杨村"文化体系——"方圆"的安全文化、"精细"的管理文化、"方正"的廉洁文化和"和谐"的美德文化。这四个板块文化是相互独立的,又是相互促进联系的,如同人的双手双脚一样,使得"幸福杨村"这个有机体正常地生活和发展。

结合兖矿建设国际化新型综合能源集团和产融财团的战略,深入了解兖矿集团实际发展情况,充分引导和发挥员工的智慧潜力,制定了杨村煤矿的《幸福杨村章程》,同时还确立了幸福杨村的企业文化识别体系(CI)——理念识别系统(MI)、行为识别系统(BI)和视觉识别系统(VI),编印《幸福杨村手册》,制作矿徽,印制矿旗,创作矿歌,确定矿树和矿花,设立"两节两周",美化"两园两场",命名道路楼房,具有时代气息、体现健康向上、各显煤矿特色的"杨村元素"应运而生,生动有力地提高了煤矿企业的幸福感和职工群众的幸福指数。

杨村煤矿结合"三严三实"专题教育,以科学发展观为指导,以落实"创效增盈年"五大创新创效系列活动为载体,全面打造幸福杨村升级版。杨村煤矿的企业文化的目标任务就是提升集团的核心竞争力,以天地人和的"责任文化"为统领,从安全文化、管理文化、廉洁文化、美德文化四个方面着手建立"3+6"的发展模式，通过实现企业使命、愿景、核心价值观、企业精神和企业视觉识别系统的"五统一"路径来健全企业的企业文化。把建设"主业突出、核心竞争力强的国际化公司"的发展愿景转化为干部职工的共同理想和追求，把"天地人和"的核心价值观转化为干部职工的行为规范，把"创新领先、合力致远"的企业精神转化为干部职工团结拼搏、勇创一流的自觉行动，把责任文化的各个要素转化为干部职工的庄严承诺和行为习惯，充分调动干部职工的积极性、主动性和创造性。

坚持"五统一"、遵循"四模式"、落实"四要求"、实现"三目标"。

（1）"五统一"：坚持企业使命、企业愿景、核心价值观、企业精神、视觉识别系统五方面的内容与兖矿集团、兖州煤业相统一。

（2）"四模式"：遵循责任文化体系中安全文化、管理文化、廉洁文化、美德文化的四个"136"模式。

（3）"四要求"：落实"理念融入管理、要素变成行为、行为固化习惯、制度体现文化"四句话的总要求。

（4）"三目标"：实现"唱响责任文化、传承天地人和、建设幸福杨村"三句话的目标。

通过"五四四三"总体架构的导向、约束、辐射和激励，全面构建遵"天时"、得"地利"、谋"人和"的责任文化建设新局面，为"安全高效、富民强企"幸福杨村建设提供坚强的思想保证和文化支撑。

为全面构建科学规范、适应矿井发展的企业文化运行体系，切实发挥企业文化的推动力、引领力和支撑力，杨村煤矿按照兖矿集团和兖州煤业关于责任文化建设的统一部署，结合矿井实际，制定了切实可行的运行办法。经过反复实践，形成具有杨村特色的企业文化——"三为六预"安全文化、"三自六精"管理文化、"三廉六端"廉洁文化、"三德六立"美德文化。这四个方面的文化体系形成了企业"四位一体"整体文化体系，分别以"136"模式分解细化。

（1）"三为六预"安全文化，突出一个"预"字。通过加强管理，超前控制，实现人、机、物、环境、系统的本质安全，构建安全生产长效机制，创建本质安全型矿井。

围绕1个目标：本质安全。

建立3个理念：以人为本、安全为天、预防为主。

实施6个行为：预教、预测、预想、预报、预警、预控。

（2）"三自六精"管理文化，突出一个"精"字。通过理念渗透、行为养成、激励奖惩，形成"人人明责任，事事有监督，各项工作规范化、制度化、有序化"的工作格局。

围绕1个目标：绩优高效。

建立3个理念：自觉、自动、自优。

实施6个行为：精心、精细、精确、精准、精益、精类。

（3）"三廉六端"廉洁文化，突出一个"端"字。大力开展"三廉六端"廉洁风险防控管理工作，重点突出"找""明""细""实"，进一步规范了干部职工廉洁从业行为。

围绕1个目标：风清气正。

建立3个理念：学廉、思廉、勤廉。

实施6个行为：端心、端身、端言、端行、端责、端权。

（4）"三德六立"美德文化，突出一个"立"字，旨在引导干部职工以德为先、崇尚和美，重视个人公德和职业道德的修炼，并将其贯穿到个人成长和企业发展的全过程。

围绕1个目标：德润和谐。

建立3个理念：重品德、树公德、修职德。

实施6个行为：立仁、立义、立礼、立智、立信、立俭。

第三章　企业文化与价值观管理——21世纪企业生存之道

第一节　引言与合理内核

本章详尽地介绍了价值观管理的理论和实施过程。重点介绍指令管理和目标管理模型引导组织走向成功。协助企业建立价值观管理的思想观念，使其找到在21世纪竞争中的生存之道。

世界上唯一不变的就是变化，这就告诫企业，其发展目标、经营模式和企业文化必须根据时代的变化而变化，只有这样，企业才能更好地发展。对于任何一个企业来说，价值观已经成为一个企业成功的关键因素，员工的个人价值观与集体价值观对企业的发展起到重要的影响。人力资源是新时代企业最重要的一个资源，优秀的员工比企业的技术研发和产品竞争会带来更高的回报，企业应该关注员工的教育程度和知识学习能力，增加在员工开发与管理上的投入。新时代下，企业的指令管理和目标管理模型不再能够帮助企业成功发展，企业应该寻找到一个正确的价值观管理，将员工的状态与企业发展联系在一起，并将这种价值观在企业实践经营中，帮助企业挖掘更大的市场潜力。

人们越来越认识到价值观对我们生活的重要性，但是我们却很难正确地对我们的价值观进行管理。价值观是一种观念和信仰，这种观念和信仰超越具体情境，受到大多数人不同程度的认可和赞同，这些观念和信仰帮助人们在选择和实施一些行为的时候给予一定的引导意义，最终达到人们的预期效果。价值观能帮助我们认识事情的真实意义与核心价值，帮助我们在人生道路上做出选择和判断，并最终影响我们的日常生活和工作。本章从三个方面对企业价值观进行归类，第一个方面是伦理与社会的关系，主要是指企业个人的职业素养的观念；第二个方面是经济主义和实用主义的关系，主要是要求企业应该以企业绩效来作为企业发展导向；第三个方面是个人情感和个人发展的关系，企业应该提供自我实现价值的机会。企业已经存在的和正准备采纳的新的价值观都可以此价值观分类为标准。在这一分类标准下，本章介绍了价值观管理对于现代企业的价值与意义，企业应该重视企业文化建设的创新性，本章阐述了企业发展与企业价值观管理的关系，企业应该正确实施价值观管理。总而言之，本章详尽地介绍了价值观管理的理论、价值观管理的实施过程以及在整个价值观管理操作过程中可能会遇到的问题。本章站在管理科学研究的基础之上，帮助读者更清楚和全面地认识和了解企业价值观管理，并且指导读者合理进行价值观管理。一个企业要实现现代化和国际化，就需要一个有所突破，能够真正为企业服务的新型价值观管理模式。

本章介绍了企业价值观管理的基本概念、含义和逻辑性，同时阐述了价值观管理在企业中的实际操作应用，还总结归纳了企业管理的发展进程——从企业最初的指令管理到企业目标管理，再到现在的价值观管理。尽管管理者曾经认为价值观"太软"，无法付诸管理实践，但现在，价值观已经成为组织战略的核心部分。价值观管理可以被认为既是管理哲学又是管理实践，重点是形成组织的核心价值观，并使其与战略目标保持一致。价值观管理重点关注三大要素：经济—实用、伦理—社会、情感—发展，价值观管理为我们提供了一个三维模型，该模型的重点是识别"公司核心"（核心价值观），并建立与这些价值观及组织战略目标一致的文件。价值观管理为企业持续不断地更新公司文化提供了灵活的框架，对激励员工投入地为集体工作非常关键。如果管理者仍然认为员工还持有与 20 世纪相同的价值观，并据此进行管理，他将无法有效调动员工的积极性，世界处于变化之中，为了在这种动荡环境中有效地履行职责，今天的管理者必须能够明确本组织的价值观体系；必须能够与内外部利益相关者沟通，让他们了解价值观在实现共同目标方面的关键作用；必须能够让组织结构、流程与价值观体系保持一致。个人与企业理念、价值观的协同在理解工作的意义，以及推动工作的完成方面起着至关重要的作用。价值观的协同能够使员工认识到工作的意义，在存在最低的可接受标准时，使员工能够尽自己的最大努力、尽职地完成工作。在这种情况下，员工不应该简单地以职责来判断，而应该根据自己的价值观来判断事情的发展，选择合适的行为方式。理想的情况是，企业里的同事与整个企业都在按照这种方式做事。

本章进一步介绍了价值观管理的本质以及企业文化的一般概念，并分析了价值观改变行为的力量。价值观不仅是一些词汇的堆砌，它还能指引我们的行为，影响我们的日常生活。根据价值观管理的概念，价值观可以分为三个维度：伦理——社会（个人关于行为操守的一些信念)、经济—实用 (以效率、绩效要求和纪律等为导向) 和情感—发展 (提供自我实现的动机),这三个维度构成了理解本章核心内容的基础:识别个人或者组织核心价值观的重要性,协同核心价值观与期望的目标,以及了解为什么要采用价值观管理。信念与价值观之间的关系非常密切,在价值观管理的实践中,"忘却"某些信念以替换或更新价值观,对个人及组织行为的改变具有积极影响。由于个人和组织的价值观不一致,当人们感到刺激不足或刺激过度时,会产生压力,并会影响到个人以及组织的绩效。价值观能够对个人的行为给予指导,同时提高人们的凝聚力,给组织带来共同的愿景。当人们运用价值观化解冲突、制定变革决策、刺激发展、创造性地解决复杂问题时,就更是如此。一个企业获得成功和拥有旺盛的生命力很大程度上依赖于企业的价值观,企业的创造性、积极灵活性和自主能动性,以及员工的责任心、信心和勇气等,都是企业发展的关键因素。正是因为这些,企业价值观需要被关注和管理,并且需要保护这些重要的资源。管理价值观就是对公司文化进行管理,并予以强化,使其充满活力地面对难以预测的未来。

本章探讨了企业进行文化变革的需要,以及在文化转型中变革的强度,文化的变革决定着企业的创新或死亡,不变革,就无法生存,最有能力面对未来的组织并不会安于现状,而是对自己改变现状的能力充满信心。价值观管理背景下的组织变革包括文化变革,从价值观的角度讲,真正的变革是有效管理和维持组织的文化,确保其与核心价值观及环境需求协同一致。

价值观管理为文化转型提供一种可行框架,文化转型包括渐进的变革和急剧的变革,有时称为一阶变革和二阶变革。21 世纪,面对随之而来的要求,为了能成功地航行,企业领导者必须知道如何监控环境的变化,迈向未来并推动企业创新。如果做不到这一点,就会导致企业过早的夭折。在分析是否需要变革时,要考虑两个主要问题:应该改变什么? 需要什么深度的变革 (适应性的或转换性的)? 组织变革需要对变革范围和层次做出决策,决定何时变革是一家公司战略发展的关键问题。增值过程取决于组织四个相互依存的"驱动力",包括战略、结构、内部流程与员工之间的正确"协同或连接"。如果其中之一出现问题,比如,保持不变或不能合成一体,那么其他的驱动力也就不可能真正发挥作用。一个商业组织的所有子系统彼此必须"匹配"或"正确塑造"。在"匹配"的基础上,价值观管理进一步补充指出,基本的信念和价值观就像润滑剂一样,使这些动力齿轮配合得更好,价值观的匹配能够推动组织内积极能量的持续转换,进而促使组织内的关键因素与环境和谐互动。

本章更深入地研究了控制型文化和发展型文化的逻辑差异,了解这些差异对于价值观重塑很关键，也是文化变革的必经程序，协调职权必须从最高层开始，不断沿着金字塔自上而下地广泛开展。组织一直努力在控制导向和发展导向的两种文化之间寻求平衡，21世纪的组织过度依赖控制和理性的流程，导致出现一种员工缺乏兴趣和灵感且过多依赖领导的环境。20世纪发展起来的经典管理范式已不再适合今天的组织；官僚主义只适用于有限的环境；为了有效发挥作用，社会—技术系统还需进一步完善。显而易见，在一个世纪内，组织将会成为我们生活的重心。随着学者们对这些组织体系的研究，我们从组织演变和组织运行中获得的知识也将影响管理者的行为。在管理理论发展的同时，管理实践也在不断发展。最后，我们会逐渐看到企业从极端的控制和官僚制向强调个人和组织发展的新模式转变。但是，组织的存在并不是非此即彼，大多数是介于这两个极端所形成的连续体之间。如果一个组织想实施价值观管理，所面临的挑战是充分了解个人和职业经验，并在此基础上了解这些相关理论是如何在当今的工作环境中付诸实践的。价值观管理不是要否定前人的理论和实践，而是要整合过去和最新的知识，以帮助我们走向未来。如果将价值观管理作为发展演变的框架，那么企业就应该把发展和变革作为企业文化的一部分。

本章阐述了价值观管理的时间，实施变革的基础，以及如何克服文化变革中的阻力。考虑到不同的战略，就需要强调必要的沟通技能。组织发展可以定义为，应用行为科学的知识来推动人文主义和社会技术运动。它通过改善支持个人、群体和系统发展的流程与结构，同时达到提升组织短期和长期效能的目的。组织和发展型文化的核心是六类价值观：礼貌和尊重；信任、沟通、相互支持和从错误中吸取教训；团队合作；等级扁平化和增加自主权；参与改革；注重生活品质。组织发展干预可以分为四大类：人际干预；人力资源管理干预；技术结构干预；战略干预。组织发展有一个根本的影响，那就是使企业的价值观和信仰更多关注为为所有员工创建心理健康的环境。想要在21世纪生存下去的企业，必须能让员工不断地去"忘记"和"再学习"；价值观管理正好提供了能增强这些能力的文化。组织发展背后的哲学是，激励组织利益相关者对目标和目的有更清晰的认识，更具凝聚力、创造性、灵活性、自主性和幸福感。组织越是致力于创造以学习和发展为核心的文化，就越有可能激发持续的改进。组织发展，价值观管理背后的理论支持，其焦点是创建两种公司：创新型公司和学习型公司。这两种公司密切相关，而且都是真正有活力的公司，深入理解这两类公司，有助于将公司的管理文化从控制导向转向发展导向。

文化变革中领导者所扮演的角色是不同的，并且都是关键角色。价值观管理的实施需要公司按照价值观管理的三维模型进行文化变革：经济实用方面、伦理社会方面和情感发展方面。改变一个组织的文化需要管理变革的能力和"变革代理人"清晰的角色及职责；如果忽略后者，变革成功的可能性就会降低。在变革过程涉及的各类角色中，变革型领导者的角色最为关键；另外，还需要强的领导力、愿景和一支负责变革实施的变革团队或指导。变革领导者必须熟悉现有的文化、变革阻力的主要来源，并学会如何应对。变革三部曲有计划的变革将变革阻力的管理阶段包括在内，变革主要被分为三个阶段：第一个阶段——解冻："解冻"人们对现状的满意度，变革的驱动者必须创造"要改变已经建立或者已被接受的工作方式"的需求，以"解冻"现状。第二个阶段——变革：借助"认知重建"来改变行为，认知重建是指变革参与者在心智层面的改变，要完成认知重建，必须借助两项活动，一是参与者必须仔细观察周围的环境，以获取新的相关信息；二是参与者找出可能的新的做事方式，在重建过程中，技术、心理和社会三个方面因素都会受到影响。第三个阶段——冻结：固化（或再冻结），这一阶段是变革的正规化和制度化阶段，工作的重心就是继续推进变革，并进一步消除各种阻碍，在变革项目付诸实施后，必须被固化或"再冻结"，那些临时的政策和行动将会被更加明确的政策与行动替代。除上述因素，成功的变革还需要有效的沟通管理、政策的配合实施和员工情绪的调动。文化转型和价值观管理的三项核心因素形成了一条依序相连的链条，需求变革：对变革呼吁或需求是以人们感知到的成本收益比为前提的；决定变革：员工是否参与变革直接取决于其能否胜任这份工作，这会更加坚定人们对变革的决心和信心；成功或真正变革的机会：企业文化变革的成功取决于变革过程中各种角色、各个阶段以及沟通的有效性，只有当文化变革符合价值观管理原则时，这种变革才会是成功且持久的。

价值观管理实施指南，具体讨论在组织中如何实施价值观管理——将之付诸实践。价值观管理是企业的一种文化变革过程，企业应该制定严谨的规划方案，使得整个企业进行一次独特有效的创新性学习，与其他以价值观为中心的项目不同，价值观管理是一个动态演进的过程，它随着时间的推移而不断发展进步，并且与组织学习有密切的联系，这是一个漫长的过程，包括提炼价值观、通过团队合作建立一致性、建立规章制度来维护新体制等不同阶段，同时还包括价值观管理的发起、巩固和维持阶段。本章将第一大支柱划分为三个相互独立的阶段，而第二大支柱也需要两项各不相同的工作，总共分为五个阶段，依次是零阶段——迫切需要有获得认可的领导者，之所以称其为零阶段，是因为它是变革必不可少的重要前提，即整个变革过程的必要条件；第一阶段——提炼共享的核心价值，一旦决定进行变革，资源分配也已经到位，价值观管理第一阶段的工作就开始了，这一阶段的主要任务是通过各层次员工的共同参与，重新提炼核心价值观，改变员工的思维与行为方式；第二阶段——项目团队的工作，将文化变革转变为工作态度、工作过程和工作任务的改变，将核心价值观转化为行动目标；第三阶段——建立新的规章制度，基于价值观设计人力资源政策（招聘和选拔）；第四阶段——审计组织对新价值观的承诺，通过文化审计监控经营价值观。有计划的文化变革这一核心架构依赖于两大支柱，一个是变革的实施过程（即将变革付诸实践）；另一个是通过评估不断地推进变革。价值观管理实施有五个主要阶段，价值观管理用三个词来表示就是：核心价值观、组织使命和未来愿景之间的协同一致。企业决定实施价值观管理，就要将其作为战略规划和流程的一部分，并使其根植于企业文化之中。

企业文化涉及实施价值观管理中的一些问题，主要针对变革的一些质疑和疑问，人们对于现状的依赖，对变革的抵触，这是事实，人类的惯性是种抵制变革的强大力量。然而如今，外部环境几乎每周都在发生变化，惯性并不是一成不变的；在特定的时间、特定的情况下，特定的某些人能够在他们所在的单位打破这种惯性，变革者应该借助各种机会来打破惯性、实现变革，当变革方案传达到中层的时候，需要中层管理者对变革产生热情，需要比普通员工更加积极的反应，要不然就会影响变革的整体效果。变革的结果会影响变革的作用，如果变革的结果都是变得更好，就没有必要谈论管理的变革了。有三种主要方法可以解决人们对变革表现出像条件反射一样的消极反应：第一，必须将文化变革理解为员工个体和整个组织之间的变革互动过程（组织的员工即使不能全身心地投入变革，也至少不抵制变革），除非组织和员工双方都满意，否则是达不成协议的。第二，明确说明变革带来的好处，这种好处能让每个人都感到满意，并且欣然接受。第三，虽然变革要求人们在工作过程中接受新事物，但也会使人们放弃旧事物。文化中新融入的价值观带来了全新的工作规则，而这就意味着要抛弃那些不合时宜的价值观和工作态度指导下的旧规则。

针对中国企业阐述中西文化碰撞时跨文化再造的经验。由于中西方文化差异和不同的政治经济环境，价值观管理在中国情境下的适用性也是需要考虑的问题，本章就是证明了价值观管理是一个适合中国企业的战略管理工具，可以使企业员工的价值观和组织目标协同一致。由于中国的商业环境正在发生翻天覆地的变化，价值观管理能够保护中国企业免遭混乱的外部环境所导致的威胁。价值观管理是企业的一种新型管理理念，是企业文化的主要驱动力，使得企业文化更持久，更有竞争力以及更加人性化。新时代竞争的激烈，使得企业的经营面临很多不稳定的、波动的和灵活的环境。现时代的企业应该积极打造与企业战略发展目标一致的企业文化，实现一种共享资源的文化，间接地指导员工日常的所有活动行为。如果能将"以人为本"作为战略基调，企业就可以生存并很好地发展，同时能够最大限度地获得经济回报并满足股东的利益。由于价值观管理是为了动态适应不断变化的环境而提出的，它在复杂情境下的适用性能在不同层面很好地满足了中国管理的要求。那些希望公司能够健康发展的在华跨国公司或者中国本土的企业会发现，价值观管理是测量和分析企业文化的合适工具，并且结合了企业的经营目标。今后的研究可以进一步检验价值观管理三维模型在中国快速发展的组织中的有效性。最后，还描述了价值观管理的发展轨迹以及对未来的展望，企业应该全面运用价值观管理，以充分发挥其潜能。

希望把这种方法应用到实践中，而不是仅限于口头，通过价值观调整和整合，创造更好的工作场所，提升人力资本。当价值观被塑造成企业文化的核心时，它一定能带领企业走向成功。

第二节 创新与贡献

一、价值观管理

（一）价值观管理的三个要素

价值观管理就是对能够影响人类行为价值观体系的三个要素进行管理，"价值观"（value 或 valor）一词有三种不同但又互补的含义：经济—实用价值观（economic-pragmatic，以效率、绩效要求和纪律等为导向）；伦理—社会价值观（ethical-social values，个人关于行为操守的一些信念）；情感—发展价值观（emotional-developmental，提供自我实现的动机）。价值观管理对价值观的分类适用于绝大多数组织。

（1）经济—实用性因素。对于一个组织来说，价值观的实用性是组织发展最核心的需求，组织通过对与效率、绩效标准相关的价值观进行评估分析，来制订和指导组织计划，确保企业的质量发展。从经济学角度讲，价值是衡量某一事物意义与重要性的标准，用来评估事物相对优劣性、足够性、稀缺性、价格或利益等标准。正是因为创新、对公司有信心、投入等价值观的存在，并对员工的行为与行动产生了影响，才得以实现产品的增值。

（2）伦理—社会因素。指导人们在团队/群体中的行为，遵守了优先选择原则，通过长时间慢慢习得、维持和相对稳定的战略经验，为了达到期望的结果，根据我们自身的理念、价值观和价值观体系指导我们的行为往好的方向发展。伦理社会价值观是帮助人们在生活工作的时候，选择正确行为方式的一些理念，这些理念与普通的社会价值观，比如诚实守信、和谐发展、自立自强等理念相结合。当一个人在遵循经济实用性和情感发展观原则行事的时候，伦理社会观就会凸显其影响力。

（3）情感—发展因素。这一因素可以为企业创造更多的新机会，关于情感方面，这一因素必然与个人的幸福、自由和自我价值实现感联系在一起，与个人的思想创造、自我价值评价以及生活适应性等相关。形成一个巨大的连续统一体，即围绕同一个主题，为人们创造有价值的生活。

价值观管理的核心正是这三个价值观的影响因素。一个组织的文化能够很好地反映出这三个因素的影响程度，价值观的管理使得这三个因素与组织的目标保持一致，并在不违背组织目标的基础上对这三个因素进行完善或调整。通用电气（GE）和荣德拉贡公司（Mondragon Corporation Cooperative，MCC）就是两个重视价值观管理的典范。价值观管理的三个因素给出了出色完成工作所需具备的条件——机会、能力和愿望。个人理念与组织理念，个人价值观与组织价值观的统一程度决定了个人是否愿意好好工作，是否会因为属于一个成功的组织而自豪。这类价值观包括：因为是最优秀企业的一员而自豪；在流程改善中的创造性。

如今，在不断变化和充满挑战的工作环境中，领导者、管理者和员工在达到企业目标的任何环节上思想必须达到一致，他们必须具有创新理念和责任感，更好地完成工作，为客户提供新的产品及服务。也可以这样说，所有的努力，如果能够与共享价值观一致，更有助于实现组织目标和个人的自我价值。

（二）价值观管理与企业伦理

价值观管理和企业伦理是两个相近而又不同的概念，价值观管理与正在兴起的企业伦理学不同，但又具有密切的关联。

为了增强创造力和竞争力而倡导"创造性"这一价值观，这是价值观管理的核心；而探讨少数民族的工作权利则是企业伦理的常见主题。

企业伦理更多的是指影响个人的决策，尤其是高层管理者个人决策的道德规范和道义，涉及四个核心方面的内容：

（1）制定商业决策时，经常会面临伦理或道德困境。例如，"我们是否应当对税务部门说谎，以保留工作岗位""我们是否可以不顾管理当局在食品生产卫生方面的要求，以保证产品的低价"或"某些国家支持酷刑，或者严重违反基本人权，我们是否应该去这些国家投资"。

（2）建立行为准则以防欺诈，正如许多银行所制定的规章那样，否则它们就会受到严格的政府规章制度的管制，甚至无法生存。

（3）必须尊重员工的基本人权，不能有种族、性别歧视，尊重员工的尊严和个人隐私等。

（4）尊重自然。显然，这一伦理规则是整个地球在中长期内赖以继续生存的基础。

一些分析家认为，伦理行为准则与利润最大化是不兼容的，自然也就存在准优先的问题。事实上，从可持续发展或未来"美好生活"这一角度来看，两者的目的是一致的。在商业生活中哪些是应有的行为操守，哪些是正确的游戏规则，这些都是企业伦理的具体体现。有时，为了生存和发展，至少从短期来看，企业并没有满足某些人或所有相关人员的利益。这就有可能导致出现另一种不同的道德困境，即不同伦理或责任之间的冲突。实际在这种情况下，企业需要平衡经济利益、员工和社会责任之间的关系，以确保公司的长期繁荣。最关键的是，必须明白，企业真正需要的究竟是什么。毕竟，下一期财务损益表所需的内容与中长期战略发展所需的内容有可能是不一样的。

伦理观念其实原本隐含在利益（benefit）一词中，利益指的是奖赏、利润、收入、薪资等。它源于拉丁语 bene-facere，就是说要努力工作，创造和生产出更多更好的产品或服务。企业中的任何阶段的任何行为都应该传递一种观念。"做正确的事情对公司来说就意味着盈利"，这一观念就为员工行为赋予了意义，并能激励员工采取积极主动的行为。

从伦理的角度来说，努力改善业绩的公司应当采纳的行为准则是，尊重所有内外部利益相关者（股东、员工、客户、供应商和一般公众）。不管对高层管理者还是对整个公司而言，企业采纳的行为准则与企业的战略生存能力应该完全一致。这也可以用来帮助管理者克服在处理企业道德问题时可能遇到的困难。

二、实施文化转型：任务与转型阻力的管理

（一）创新企业文化的意义

（1）企业文化的创新是创新企业对外的良好形象，还能够对内增强企业的凝聚力。

企业文化应该是企业发展的一部分，不能仅停留在文化的字面上，应该关注和满足企业发展的基本需求，在企业与员工一致认同的价值观指导下，团结一切可以团结的力量，满足企业各个环节的切实需求，推进企业的变革，使得整个企业的管理变革有效地运作。对于企业内部来说，企业文化的形成打造了和谐发展和积极进取的企业氛围，整合了一切有利于企业发展的资源，使得企业员工的凝聚力大大提升，这套企业文化体系促成了企业目标、愿景与个人发展的高度结合，形成了在经营过程中一系列的营销理念；对于外部环境来说，企业文化的转型提升了企业品牌的影响力，通过大力宣传企业文化，使得企业的客户、社会合作伙伴都受到了积极的影响，提高了企业品牌的竞争力以及知名度与美誉度，同时帮助企业提升了核心竞争力。企业具有持久的核心竞争力的关键因素就是打造企业优秀的文化形象，并将这种文化贯彻到企业活动的每个地方。

（2）创新企业文化可以提高企业的核心竞争力。企业文化是一种企业精神和价值观，企业经营的每一个环节以及活动都应该受到企业文化的影响。企业价值观是企业与员工共同认可的一种观念，为员工在生活和工作中指明了价值方向，明确了任务目标，促进了员工实现自我价值，同时帮助员工们拥有创新和勇敢的精神。企业文化强调企业要有团队奉献和开拓进取的精神，是企业员工好好工作的强大驱动力，不断鼓舞员工努力工作，提高企业的凝聚力，使每一位员工始终保持工作热情和旺盛精力，积极开拓创新产品，帮助企业更好地发展。创新企业文化是适应新时代的需求，创新有利的文化环境，打造高素质的学习型组织，同时开展一系列企业文化相关的活动，调动员工的积极性，激发员工的创造潜力，强化企业的创新因子，从而提高企业的核心竞争力。企业必须全面地对企业文化进行合理的建设，从而达到持久提高企业核心竞争力的目的。

（3）创新企业文化重塑企业品牌，提高企业品牌的美誉度。社会发展的每个阶段，都有着与之相对应的社会文化，同时也就有着对企业文化不同的要求。企业品牌要拥有持久的竞争力，就必须体现出品牌的新颖和优势，企业品牌的重塑必须结合时代的需求挖掘企业文化的精髓。企业品牌的建设是从企业文化中提炼得到的，企业品牌要想打得好，就必须深入地研究企业的文化，使得企业在发展转型中稳健发展。企业文化是一种无形的精神力量，而品牌就是浓缩的企业文化，这种企业文化体现在员工的思想和行动中，结合优秀的管理模式发展，最终形成一个高度认同的观念，提炼到品牌中，成为企业稳健发展的核心思想。经历时间考验和实践验证的企业文化以一种无形的力量蕴藏于员工的思想与行动之中，同时与企业优秀的管理模式结合，形成一种氛围引领熏陶着整个企业，成为企业持续发展打造品牌的幕后驱动力。

（二）创新企业文化的遵循原则

（1）企业文化的转型必须打造一个真实、诚信、脚踏实地的企业文化氛围。大多数企业总是做表面工作，打造各式各样的口号、标语，用横幅来宣扬文化，但是这样并不能真正地影响到员工的行为态度，没有认同感的企业文化对于员工来说就是一个可有可无的口号。这些口号没有实质性的意义和价值，不能指引员工们做出正确的行为，对员工行为的影响很小。因此，企业文化的转型应该真正落实到企业每个人或每件事上，每一个员工坚守自己的价值观，在每一件事上，用实际行动来体现企业的价值观，而不停留在口头表达上。使得企业文化的转型真诚和务实。企业文化建设不是一个口号、不是一个标语，而是浸入每一个员工的内心深处，使得企业每一位员工真心地认同和接受，再逐渐融入自己的生活中，形成一个行为规范、自律的好习惯。

（2）企业文化的转型应该坚持以人为本的原则。企业文化有了强大的凝聚力还不够，还必须拥有强大的执行力，员工的自主能力决定了企业执行力的成效，而为了提高员工的执行能力，必须考虑和满足员工的需求，真切实意地为员工们考虑。要做到这一点，就必须坚守以人为本的原则，在企业中提倡人人平等的原则，重视企业中上级与下级、同事之间的关系，确保人与人之间正确的情感交流，应当在企业目标与社会发展目标相统一的基础上，确保企业目标与员工个人目标的统一，实施物质鼓励和精神鼓励的配合，使每一位员工把企业当作家一样对待，而不仅仅是换取薪水的地方，是一个有情感、有归属感，还能实现自我价值的地方，这样可以极力地调动员工的积极性和潜在能力，创造高效工作的氛围，让员工在快乐中工作。

企业文化作为企业发展的一个重要组成部分，领导者应该大大重视企业文化的建设和管理，提高企业所有人的文化管理意识。从管理角度来看，企业应该建立其独有的管理方式，通过降低企业的管理成本来提高其管理效率。企业领导者还应该制定有利于企业发展的行为准则，比如在生活和工作中，强调员工的诚实守信文化、团结合作文化、公正公平文化等，来充分激发员工的工作积极性。作为企业的领导者，应该认识到企业文化更深的文化内涵及独特的魅力，起到带头者的作用，带领企业更好地发展。同时，企业还应该积极承担相应的社会责任，丰富企业文化的内容，提高企业的声誉和名誉，提升企业的品牌影响力，得到消费者的认可，获得更多的客户和潜在市场。一个好的企业文化会给企业带来巨大的发展，是企业优质发展的基础。

三、组织核心价值观

组织发展代表一组强有力的信念、价值观和以学习为中心的方法论，目的是激发公司内部员工改变彼此交往的方式，进而提升组织成员的总体生活品质和工作状况。为了提高公司的效率，组织发展代表一组强有力的理念、价值观和干预技术，它通过激发公司内部员工改变彼此交往的方式，为个体创造力的发展和提升，以及员工为组织的成功做出最大贡献创造有利条件。组织发展带给公司的理念和价值观本身就是许多公司所需要的文化变革。因此，公司的高层管理者不仅应当接受组织发展，更应该积极使之合法化，并推动其发展。总的来讲，这些核心价值观包括：

（一）核心价值观一：礼貌和尊敬

尊重员工与形式化的礼貌和良好举止并不是一回事，尽管后者可以是尊重的表现。许多公司都缺乏文化活力或员工的投入程度不高，一个主要原因就是，领导者和管理者对组织内各级员工的意见和感受的处理方式不恰当。明智的组织设计，包括组织形态、运行方式以及对各职能之间重要内部关系的认识等，可以促进个体彼此之间表现出有价值的行为方式，帮助每一个人赢得同事的尊重。这种尊重不仅源于他们的专业知识，还源于他们独特的个人品质。跨部门设计就是组织发展的一个例子，有利于员工之间相互理解、赏识和尊重。

不尊重会通过许多行为表现出来，从简单的不向员工友好地说声"早上好"之类的小事，到在需要重组或裁员等关键时刻不与员工进行沟通之类的大事。如果领导者能树立好的榜样，那么这种良好的行为就很有可能在整个组织中蔓延开来，带来自上而下的回报；如果能在与客户、供应商、当地社区及相关外部机构打交道时，都表现出合适的行为，也会从它们那里获得相应的回报，各个层次的良好行为和尊重是所有公司发挥良好社会功能的黄金准则。

（二）核心价值观二：信任、沟通、互相支持和从错误中吸取教训

一个有效率和有文化活力的组织的特点是，利益相关者之间彼此信任、真诚并相互支持。在这种环境中，个人会承担适度的风险，且不可避免地犯一些错误，但无论好坏，他们都会从决策及行动结果中得到学习。当出现问题、失误甚至灾难时，尽可能地去分析、讨论并且更正。不管是在哪个层级发现失误或问题，都不应当再向下级追究和

惩罚责任人，更不应该寻找"替罪羊"。从好的方面讲，这种行为是无效的；从坏的方面讲，则会使人受辱。应该把失误和问题当作学习的机会，以及从负面状况中汲取积极因素。

然而，在实现开放和真诚的沟通，尤其是自下而上、从员工到老板的沟通方面，多数公司仍有很长的路要走。组织中所有的人都必须知道如何鼓励真诚、有建设性的沟通与反馈，包括知道他们正在做或已经完成的事情，有哪些做得非常出色。组织发展强调有必要建立和创造多种沟通渠道、过程、系统。建立论坛以便于大家轻松地交流观点，建立从反馈中学习的程序。

组织发展还帮助我们接受人性的真实面目：总有一些人不容易相处，或愿意选择其他交往方式。这就是在出现不可避免的阻碍、误解和干扰时，建立其他沟通渠道和系统同样重要的原因。

（三）核心价值观三：团队合作

组织现在比以往任何时候都更加依赖团队来完成工作。团队的流行使得组织中出现了多种多样的团队形式，包括工作团队、平行团队、项目团队、管理团队、专案团队、虚拟团队、领导团队、执行团队、改进团队（如质量控制圈）等。团队发展的核心哲学是"三个臭皮匠顶个诸葛亮"。在当今竞争加剧、持续变革和需要创新的工作环境里，团队被证明更为有效。团队是多元化、学习、思维和专业知识的合成。不同等级的团队可以有效地打破组织内部的僵化和职能部门及层级之间的人为分割。将一群人打造成一个凝聚力强的团队，需要投入大量时间、培训和资源。不可能一蹴而就，同样，真正的团队不可能在一天内就创造出来。团队合作也不是解决所有组织问题的万能钥匙，实际上，团队也可能产生问题。因此，管理者需要充分了解团队动态、团队学习、团队健康发展的关键要素，并且为团队成功创造环境。但是，多数公司认为这种投入的回报率很高，而且员工个人也表现出更喜欢这种工作方式。

（四）核心价值观四：等级扁平化和增加自主性

有效和健康的组织会积极努力减少官僚主义和权力等级层次。许多组织发展项目的具体目标就是，削减组织中不必要的层级，通常称为"扁平化"。组织扁平化背后的理念是创造更有效的流程共享、更迅速的反应，以及个人、团队和部门的自主权，层次利益相关者之间的互动。扁平化的最终目的是创造信息更灵通和灵活的组织。组织扁平化并不是说，不需要基本的责任结构，而是认为，这些层次不应成为有效工作和沟通的障

碍。这种结构应该能反映组织的需要，具体来说就是能帮助组织对事件做出快速反应，与客户保持尽可能密切的关系，应对竞争，更新技术，确保组织在整个生产过程中遵循质量标准，以及解决其他与组织生存、发展有关的问题。核心价值观四的核心是，相信所有人都是负责任的专业人士，有能力独立地和创造性地工作。

所有公司需要进行的最大创新之一就是，将所有员工视为成年人，承认他们有自己的成功标准且需要成就感，这会极大地增加员工为了公司目标和利益而投入的心理及情感资源。

（五）核心价值观五：参与变革

对真正有效变革的支持程度取决于变革所影响的人员在变革实施之前的积极参与程度。参与包括开放式沟通、尊重员工和鼓励参与变革设计、征集信息和倾听他人意见等。相反，如果缺乏参与，员工很容易把变革视为一种威胁或者工作条件的恶化。这种负面信号很快就会传遍整个组织，通常会使有价值的方案夭折，并使组织变得更加脆弱。正是缺乏参与，使得许多"流程再造"项目及类似的变革以失败告终。这些方案是仅仅关注生产率的"新泰勒主义"。它们经常忽略实质性改进的一些重要内容，包括专业人士与其工作的组织之间的心理关系。

（六）核心价值观六：注重生活品质

高品质的工作业绩离不开员工的创造性、奉献精神、与客户的沟通技巧、持续性学习和自我提升，以及其他许多与特定业务领域相关的能力。它们对员工而言意味着更好的生活品质，对公司而言就是重要的竞争优势。既重视高水平绩效，又关注高品质生活的环境的形成，依赖于个人与组织之间的良好关系。当压力很大时，很难产生健康的动态关系。当一个人感到工作负担太大、责任过重，超出其精神和情感承受范围时，压力就会产生。个人应对压力的主要措施之一就是，均衡地安排工作、家庭和个人的时间。对于一个真正的领导者而言，需要关注所有员工的工作条件，不仅包括物质条件，更重要的是心理状态。这既合乎伦理要求，又具有实际的经济效益。

第三节　点评：观点的碰撞与交融

对于价值观来说，人们早已不陌生了，企业也纷纷使用了价值观管理，但是很晚才出现站在企业管理的层面上来探讨价值观管理的理论和研究。20世纪80年代中期，一些专家学者提出了相关的研究和理论，认为企业领导者最重要的任务应该是塑造、打造并维持整个组织的价值共识。有的研究学者把企业价值观与企业管理模式对应起来，在通过考察多个IBM公司的员工价值观后总结提出，企业的价值观可以从权力差距、个人主义或集体主义、短期取向或长期取向、男子气概或女性气质、回避不确定性五个方面进行研究和探讨，为企业价值观的管理研究带来了十分有价值的意义。有的研究学者深入了解和分析企业价值观，将企业价值观分为四个层次，并建立了价值观意识和价值观凝聚力的对应关系模型，对企业价值观管理研究提供了有用的工具。有的学者提出了任何一种组织文化学习改革和发展的最佳实践方法，在企业价值观的基础上，从组织等级、组织目标、组织结构以及组织关系方面形成了四大类组织类型——家庭型、埃菲尔铁塔型、导弹型和孵化器型。还有的研究学者从企业人员着手，考虑到人员的关系、时间的观念和对环境的态度，将人员的价值观分为七个方面，包括普遍主义或特殊主义、个人主义或集体主义、情感内向或情感外向、具体专一或抽象广泛、成就或归属、过去发展或现在及未来发展、自我约束或任其自然。

美国著名企业家杰克·韦尔奇在担任通用电气公司（GE）董事长兼首席执行官的20年时间里，积极倡导和推行价值观管理，并最终获得了巨大的商业成功。管理大师彼得·德鲁克认为："管理是一门艺术，管理既要眼睛向外，关心它的使命即组织的成果，又要眼睛向内，注视那些能使个人取得成就的结构、价值观以及人际关系。"大部分企业价值观管理的研究主要是从企业价值观的概念、作用和意义方面进行一些概念的界定和分析，这些研究理论主要是将价值观管理作为企业文化研究的一个部分，而没有对其实质内涵进行更为深入的研究。

本章指出企业的价值观是企业任何一种企业文化的基石，价值观是企业获得成功的最关键因素，共同价值观可以为企业所有员工提供一种向共同方向努力的意识，同时也指导了员工们的行为活动。成功而优秀的企业必须有强有力的企业文化做支撑，否则在遇到任何突发事件的时候，会失去最正确的行为判断和选择。企业文化有五大要素——

企业环境、价值观、英雄人物、文化礼仪和文化网络，而其中最核心的要素就是企业价值观。杰出而成功的企业都来自认同度高的企业价值观，这些价值观受到企业员工的高度接受和认可。企业价值观管理可以帮助企业的经营管理，在企业价值观指导下，企业建立各种与组织相适应的制度，这些制度有利于更好地管理企业，企业价值观应该吸收融合东西方管理文化的优势，同时避免和克服了不同管理文化组合在一起造成的矛盾，最终形成独具自身企业特色的管理思想。

同时，本章在大量企业咨询项目的调查基础上总结出企业管理的七个要素，这七个要素就是战略、制度、人员、结构、作风、技术和共同价值观。其中共同价值观是第一个层次，也是最重要的，它是一个企业和所有成员的奋斗目标，可以真正把企业和成员的目标结合起来。企业价值观是企业文化的第二个层次，是一种把企业的基本存在和潜在的假设转化为设定的文化。当一种价值观支持的某种假设在帮助企业解决问题的时候多次起到作用，企业员工就会认定这种假设应该是真实存在的。同样，当大部分人都认可了一种价值观，人们就会发现，他们的行为必然受到这种价值观的约束和影响。随着企业多样管理模式的实践发展和总结，企业越来越重视企业价值观的管理。企业应该充分重视企业价值观与企业业绩的关系，可以根据不同员工的价值观与业绩情况制作"价值观—业绩"曲线图，通过这个曲线图来评估和衡量企业不同的员工。

"70后""80后""90后"……我们对这些词已不再陌生。电视、报纸、杂志几乎每天都在谈论"70后""80后""90后"有什么特点，又有什么不一样。"70后""80后""90后"的能力不一样？"90后"已经用行动证明自己的能力丝毫不逊于自己的前辈。人格特点不一样？不可否认，可能会存在差异。但是，真正的不同也许可以在价值观中找到答案："70后""80后""90后"对事情的看法有很大差别。要管理这些对事情有着不同看法的人们，价值观管理就成为管理者必须掌握的一项重要技能。

本章提供的管理模型将组织从简单的生产机器转变成有灵魂和价值的活生生的有机体。通过严谨的逻辑分析、有说服力的举例、可操作的指南，阐述了为什么和如何实施价值观管理。这个管理模型填充了中国改革后企业的发展需求。通过价值观管理，中国企业可以给员工热情的工作提供更有说服力的驱动力。"为生存而工作"之外的更重要的价值和意义。如果我们相信人和他们的思考能力是可计量的，并且能为企业的成功带来真正不同的差异，那么我们就要承认价值观管理对今天的领导人是非常重要的。带来成功的组织文化需要一定的价值观，而本章中的观点是这些价值观必需的基本要素的基础。

时代的不断变革，全球化和高新科技是企业发展的必然需求。简单的指令管理和目标管理已经不能帮助企业更快速地发展，企业必须建立更具有竞争力，更强劲的企业文化，才能带领企业面临未来的发展。一个企业的企业文化必须要有价值观的支撑。

研究与实践都已经证明，一个国家的支柱产业一定是建立在国家与民族文化基础之上的；一个企业要想获得成功，必须要有一个优秀的企业文化，帮助企业在未来的发展中取得强有力的核心竞争力。文化为何物？文化应该是一个组织（群体）在解决外部适应与内部整合问题时的一种正确有效解决问题的认识与思考方式，这种认识与思考方式得到企业所有成员的共同认同。简而言之，文化即价值观。重视企业文化建设，必须重视价值观管理。

现实呢？很多管理者并没有给予价值观管理足够的重视。很多企业还是坚守老一套的思维模式，重视的依然是 "指令管理" 或者 "目标管理"，对价值观管理却视而不见。20 世纪初期，社会发展速度不快，指令管理可以说是管理组织的恰当方式。60 年代，变化步伐加快，管理者需要更多的行动灵活性，目标管理应运而生。到了今天，经济的全球化、科技的冲击……使得环境变化急剧加速，指令管理与目标管理已难以适应这个快速发展的世界。时代在呼唤新的管理哲学与实践——价值观管理。

本章是写给企业领导、管理者和致力于创新的企业界人士的，同时也是为管理学和组织发展方面的学生准备的。希望从一开始，读者就能接受以下三个先决条件：

第一且最重要的是，要学会思考和学习；

第二，在日益复杂和充满国际竞争的市场中，每个人都有义务去领导、驱动和促进文化变革，这对企业的生存和成功很有必要；

第三，一个人是否有价值取决于能否创造一个更灿烂的未来。

作为依靠价值观来变革的领导者，本章希望帮助人们发现创造附加价值的潜能，帮助现在和未来的管理者学到具有实用价值的理论知识，并成功解决当今企业界的关键问题。或者借用社会心理学家库尔特·勒温（Kurt Lewin）的话，"没有什么比一个好的理论更实际的了"。

本章是在宣扬一种价值观变换，对于本章的目标读者，只是为同道中人、培训师和咨询顾问提供一些想法。大多数包罗万象的管理学书往往过于复杂，令人迷惑，而且很容易过时。本章在形式和内容上，把经典和当前的热点结合起来，只包含少部分理论，大部分都是关于实际应用的。各章节组织严密，而且每一部分相对独立，给读者留下思考和评论的空间。本章对于核心概念突出显示，以方便大家快速抓住本章的重点。

本章阐述一些关键问题，以促进读者和本章内容的互动，鼓励读者们思考如何促进变革。而且在重要的过渡环节，给出了一些简单的评论，以帮助读者进一步理解价值观管理。

第四节 本章小结

企业价值观是企业所有行为的内部驱动力，它左右着企业的营销行为、发展状态、企业信念及企业面对外部变化环境时对自我企业的认识。简单来说，企业价值观就是告诉企业能做什么、不能做什么，倡导什么、抵制什么，什么是应该做的、什么是不应该做的，是一种对企业真实需求，并且去实现这种需求应该采取的方式和态度。企业价值观是企业衡量自身后形成的一种思想观念，这个观念对于某个价值有着一定的信念和态度，倾向和主张一种应对策略，并通过这个策略来完成企业的使命、实现企业愿景。企业价值观综合了企业所有员工的思想理念、行为方式、行事原则、工作态度和人生信念，在企业中帮助企业和个人做出正确的行为，衡量企业和个人的行事原则和标准。任何一个企业在其运营过程中都会形成独具特色的价值观，并逐步完善和灌输到企业的每个人和事上，指导企业在做人和做事的时候选择正确的方式。

对于企业来说，企业价值观是一个较广泛的概念，它涵盖了很多社会学科的内容，一直被管理学、经济学、社会学、哲学、心理学大师们热力追捧，但是总感觉没有研究透彻。企业价值观的探讨，是从企业对价值的认知开始。企业价值源于企业，是人们在企业实践活动中形成的关于企业为了发展具有的更好的认知和判断，表述了一些行为决策是否对于企业的发展存在着意义和影响，应该如何去选择合适的行为方式，企业价值观具有一定的主体性和选择性，并且长时间内相对稳定，同时企业是社会的一部分，企业价值观也具有一定的社会历史性和未来指向性，其内容也是层次多样的。

企业价值观能够引导企业为了实现企业目标，更好的生存和发展，而精心选择某些行为或战略规划，这些行为体现了企业和员工的价值信念。企业价值观管理是一种管理理念和实践，是企业文化完善的主要动力，使得企业文化更加稳定、更有竞争力并且更人性化。新时代企业应该促使企业文化与企业目标的协同发展，创造一种共享价值观的文化，正确地指导企业和员工的生活和工作的所有行为活动。

企业要有效实现企业的价值观管理，必须要明确企业的核心价值、使命和愿景，清晰定位企业的核心价值观，企业还要依据其核心价值，建立企业和员工的行为准则，培育企业文化的形成，同时，还要提炼出企业文化的关键影响因素，根据这些因素来制定企业文化管理标准和运营指导，实现企业各个部门的标准化管理，整体提升企业文化的管理能力。企业还要对这些管理结果进行评估，总结企业文化建设中价值观管理的经验，找出价值观管理过程中的问题和不足，完善企业的价值观管理体系，反过来促进企业绩效的提升，这个价值观管理体系应该得到企业利益相关者的大致认可。

近年来，无论是食品领域，还是医药领域，都与我们人类的生存息息相关，而这些领域的一些公司违背道德伦理，做出有损人类生活健康的事情。企业一旦摒弃道德的约束，就如同脱缰的野马，跑到悬崖边还停不下脚步，最终的结果就是跑得越快，掉下悬崖也就越快。企业应该遵循伦理道德，用道德来约束自己的行为，真正做到诚实守信。现在有些企业依然铤而走险，即使影响了一些名誉，受到一些经济处罚，损失了一些客户，但是过一段时间，负面消息没有了，也完全没有影响到企业的积极性，所以它们会继续铤而走险。企业应该让道德诚信作为约束企业经营行为的手段，并且一旦触及道德诚信问题，只有相当严重的惩罚，才能让企业真正认真地看待道德问题。企业成功的一个关键因素就是价值观的提炼，只有把道德伦理问题融入企业的价值观，并做到惩罚明确，企业才能逐渐意识到道德伦理的重要性。我国优秀的企业，不应该把眼光仅盯在效益上，还应该放在建设企业道德体系上，使我国企业在世界上屹立不倒。国际上优秀企业的核心价值观涉及企业盈利的很少，日本经济的发展主要受到三个方面的影响——精神、法规和资本，其中精神占50%、法规占40%、资本占10%。可以看出，在企业经营和经济发展中，精神文化方面是一个重要的影响因素。

关于企业核心竞争力这一话题，每个企业都有不同的看法，也是企业发展关注的重点。有的企业认为是拥有高新技术，打造核心产品，提高企业核心竞争力；有的企业认为是制定优质的企业制度，通过对企业自身的标准化管理，任何问题都能很好地解决。不论是哪一种看法，企业都很关心自身的竞争优势，也推动了企业对管理的认知。本章认为企业的第一核心竞争力应该是企业的核心价值观，有了大脑的指挥才会驱使我们的双手工作，应该提倡理念优先，制度或者技术随后的观点。企业核心价值观是一切企业行为的基础，企业技术优势的竞争能力，也是企业核心价值观的产物和体现。因此，企业只有拥有正确的核心价值观，并形成以价值观为核心的企业文化，才能打造出企业真正的核心竞争力。

● 案例：河北吴桥组织部的领导伦理

吴桥县属于河北省，在河北省东南方向的冀鲁交界处，位于黑龙港流域的中部，东边与山东省的宁津县和陵县相连；南与山东省德州市为邻；西隔南运河与景县相望；北与东光县接壤，吴桥县总面积603平方公里，辖5乡5镇1个城区办事处、473 个行政村、28 万人口。吴桥县处于北京、天津、济南和石家庄这四大城市的中心位置，同时也是港口（黄骅港）的中心地带，交通便利，地理位置优越，我国大大小小的铁路、公路和大运河都从吴桥县穿过，是我国南北方向的交通要道，一个小时就可以到达济南机场，一个小时就可以到达港口（黄骅港），离北京 300 公里的路程只需要两个小时。

吴桥县委组织部认真落实"爱沧州，做贡献，干成事，出亮点"及"四个干"要求，大力实行部务委员全员抓党建制度，逐步构建"全员化、责任化、具体化"抓党建工作机制，为提升基层党建科学化水平凝聚了强大推力。吴桥县委常委、组织部长刘金星的领导伦理魅力就是建设学习型组织。学习型组织的核心就是在组织内部打造"组织创新思维能力"。组织需要每个成员都能拥有系统思考的能力，这种能力可以使得组织更好地运作和发展，相反就会使得组织发展滞后，无法进行有效学习。现代组织内部，将每个成员都细化分工，每个人只需要对自己的工作负责，却忽略掉一个组织的整体配合和发展，使得成员的行为与组织的整体发展有一定的差别。这种情况下，成员不会以组织整体发展为目标，来改善自己的行为，不能更好地学习新知识来充实自己。

2015 年以来，吴桥县委组织部打造新型学习型组织，借鉴新时代"互联网+"的发展模式，创新建立了"组工讲坛+"的学习模式，有效破解组工干部"本领恐慌症"，形成了集融合性、开放性、知识性和趣味性于一体的培训新品牌，着力打造"讲政治、重公道、业务精、作风好"的组织队伍。

一、从单一到多样，开启培训新模式

着眼提升培训针对性、实效性，在内容上突出"+"的元素，广泛涉猎知识，不断拓展知识面，先后设置了组工业务、社交礼仪、公文写作、法律法规、企业管理、信访维稳以及全县重点工作等，为组工干部增加知识储备搭建有效平台，着力培育一专多能的复合型人才。组织在学习模式上突出"+"的作用，将单一的"你听我讲"集中授课，开拓成技能大赛、演讲辩论、读书荐书、走进党建示范点等各类主题实践活动，引导组织内干部在"实践课堂"中学习到更新的知识。

先后组织了"组工讲坛+"走进党建示范区、走进企业社区、走进廉政教育基地、办公技能大赛、"共品一本好书"、党日主题演讲等 15 项主题实践活动。在各类主题实践活动中引入课堂和讲坛的新型元素，建立"解读式、争鸣式、点评式、作业式"学习方法，积极丰富"组工讲坛"内涵，在走进红色教育基地活动中，把行程中的时间充分利用，安排内容丰富的学习活动，安排大家同读一篇"部长推荐文章"，看谁朗诵水平高，看谁理解深刻。参观学习后安排即时分享，人人谈体会、谈感受，锻炼临场应变、语言表达、学习思考的综合能力。

二、从学生到老师，转换受训新角色

大力推行换位培训，由原先的专家讲课、领导讲课转为轮流授课，由办公室制订讲课计划，确定主讲人，从部领导、中层干部到机关科员，人人登台授课，既是学生又当老师，倒逼组工干部先学习、多积累、深思考，在讲课、听课、备课中学精弄通业务知识，成长为"业务通""活字典"。根据不同时期的业务工作重点，授课主体除专家教授、县直部门业务骨干、组工干部外，还安排大学生村官、优秀乡镇组织委员、选调生及优秀村党支部书记等授课，实现学生与老师的角色转换，构建起组工干部培育充电新常态。目前，共举办"组工讲坛+"18期，安排授课23讲。

中共中央、国务院印发了《国家创新驱动发展战略纲要》，并发出通知，要求各地区各部门结合实际认真贯彻执行。吴桥县委组织部重视青年干部的创新意识和能力，2016年5月26日上午，以"创新创业"为主题的吴桥县青年干部专题讲座在县进修学校五楼会议室举办，吴桥县委组织部、县委党校全体干部，省委选调生、大学生村官、青年干部"育英工程"优秀学员、部分优秀年轻企业家等共计150余人聆听讲座。"创新驱动发展"一直是中央政府关注的重点。中央政府鼓励创新创业，目的是催生社会经济发展新动力，也是加速中国经济结构转型升级，建造中国经济新的增长引擎。吴桥县委常委、组织部长刘金星在讲座最后强调，参训学员要学在深处、谋在新处、干在实处，不断增强创新意识，提升创新创业能力。激发创新创业的热情，让更多的人了解和参与创新创业，引领创新创业文化的形成，营造更加良好的"双创"氛围。

创建学习型党组织不单是学知识、长本领，更包含着先进理念的发展管理模式。2016年，吴桥县委组织部组织了第一季"精英工程"培训班开班，50名来自各乡镇、县直部分单位的学员参加了培训。青年干部是干部队伍建设的坚强后备力量。为切实增强培训效果，强化学员的消化吸收，吴桥县"精英工程"培训瞄准青年干部成长所需，着力延长学习链条，改"漫灌"为"滴灌"，每季度集中四天至

六天学习，12月底结业考核。

在为期一年的"精英工程"培训活动中，吴桥县委组织部紧密结合青年干部的成长特点、职责要求和当前形势，精心设计政策解读、走近伟人、媒体应对、拓展训练、参观学习、即兴演讲、技能大赛等多角度、多趣味性的课程活动，旨在切实提高青年干部思想政治素质和实际工作能力，全力建设一支高素质的青年干部队伍，为推进全县跨越式发展提供人才支撑。

为了使广大青年干部达到思路宽、眼界宽、胸襟宽的培训目标，在第一季"精英工程"培训班上，多名市县专家为学员们现场解读了党的十八届五中全会精神、当前国防战略、新媒体时代下舆情处置、提升领导力与沟通力等。培训使学员们接受了更深刻的形势政策教育，提高了综合能力，更增强了大家立足本职、做好工作的责任感和使命感。

第四章　新企业文化——
重获工作场所的活力

第一节　引言与合理内核

20世纪80年代和90年代，市场经济中的企业都面临着大量裁员、合同外包以及企业兼并的挑战，经过重创和重组，企业旧有的企业文化已经不再适合社会的发展，必须重新获取新的市场活力，塑造新的企业文化。本章旨在对这些变革进行分析总结，平衡企业、员工和社会之间的需求，希望能够阻止企业为了追求短期利益而实施一些欠缺考虑的管理活动，开辟出一条管理者和员工都能利用的前进道路，实现根本性的突破。

一、企业文化显著影响绩效

总结文化对于长期卓越绩效的重要性的证据，本章提出了企业文化显著影响绩效，阐明了一个新思想在接下来的时间里是如何进入经营思想的主流当中。

如果公司关注自己的员工，创造一个有利于员工发展的文化氛围，激发员工的工作潜力，充分发挥员工的才能，那么企业将持久地获得成功。文化在绩效方面的作用很明显，因为所有的企业都是人的企业。当人们热爱工作的时候，他们会加倍努力，准时上班，在必要的时候持续工作到很晚，并对公司生产的产品或提供的服务感到骄傲。他们对组织忠诚，有奉献精神，不但关心自己的职业生涯，也同样关心集体的利益。当事情需要做出改变的时候，他们会挺身而出，而不是按兵不动或逃之夭夭。不仅通过自己的双手，而且通过奉献自己的整个身心来实现公司的发展目标。企业所面对的内部和外部

环境是影响企业文化形成的一个最大因素，企业文化的形成应该是在某种特定的社会经济环境下，公司采取什么样的行动会取得成功。

二、危机中的企业文化

这部分内容以编年史的方式逐一记录了 20 世纪 80 年代初以来已经从企业文化中消失的一些力量。接着讨论股东价值运动以及它对公司决策造成的影响。重点关注组织减员，这种行为已经使得许多公司抛弃了自己的灵魂。当传统的成本削减办法失效时，合同外包如何成为削减成本的新工具。然后，探索了购并狂热症如何推动那些最不可能合并的公司进行合并。随后，将目光投向电脑，这种将员工从劳役当中解放出来的潜在工具，实际上使得员工之间彼此隔绝，并且使他们成为机器的奴仆。当看到这个世界的边界不断变窄，它如何将人们匆匆拼凑在一起从而在地球这个加工车间里建设起一座虚拟的巴比塔（Tower of Babel）。将讨论这些因素综合起来是如何破坏传统企业文化的，它们用恐惧、疏远和自私代替了欢乐、认同和忠诚。

（一）股东价值和短效主义吞食企业文化

直到 20 世纪 80 年代早期和中期，大多数管理者在公司里还有平衡各个股东利益的责任，公司应该保证企业的股东、消费者、员工、供应商以及社区等利益相关者的利益，同时还要使这些利益得到最大限度的平衡。在股东价值革命早期，很少有管理者花时间去思考这些问题，更没有多少管理者考虑过应用这些观点来改变他们所习惯的管理公司的方式。但是，当企业股东的价值提高，不仅代表着利润的丰厚可观，而将股东价值这一概念推到了核心舞台，对提高股东价值的强烈关注使得管理层陷入了几乎别无选择的境地。由于短效管理思想的长期积累，其直接结果会影响到长期的企业绩效和生产效率，最持久的后果就是员工的不满。没有灵魂的工作能摧毁士气和精神，股东价值驱动和它衍生出来的短效主义所带来的结果，没有一个属于建设具有凝聚力的强企业文化的处方。

（二）精简规模和企业再造切除企业文化

企业再造当然是为了维持自身的运营，是一个拯救企业之道，能够使得企业在不断全球化的市场上取得优势，但是其结果是失败还是成功，要打一个大大的问号。长期以来，对成本削减的兴趣一直是管理者优先考虑的对象，也的确应该如此。然而，对股东价值的愈加关注以及与此相关的短效思维，使得成本削减被纳入管理的核心位置。这种优先权的转变掩盖了其他能够改善财务绩效的战略。它使得曾经不过是海面上的一道涟漪转变成一次真正的海啸。在最近的成本削减措施中，有一些属于必要的举措，其目的是重新赢得当今全球市场中维持生存所必需的竞争优势。但是，大量的成本削减措施并不成功，而且事后看来，可能也并不必要。公司采取的所有这些成本削减措施，实质上严重削弱了企业的文化凝聚力。由于绝大多数的成本削减措施以公司员工作为目标人群，以最低限度降低成本，因此，这些措施对精简规模的受害者来说可谓浩劫。同时，这些措施也影响到了公司的幸存者，因为他们不知道自己会不会成为被公司精简的下一个对象。

（三）合同外包截断企业文化

现代经济体制青睐拥有专业化产品或服务的供应商，由于这些供应商是专业化的，因而能够比其他企业做得更有效率。专业化供应商的蓬勃发展是在 20 世纪下半叶，当时，全球大多数企业都在实践一种新的商业模式，它们将公司内的一些原本自己干的事情和项目出租或"外包"给其他专业企业来做，不但节省了人力和时间，还提高了专业度和效率。"外包"浪潮的涌现，导致在全球范围内诞生了一种新行业，这种行业利用的是合同工和临时工。这些人中，有不少人过去习惯于公司里的全职工作，现在却是基于合同提供服务。他们新的就业地位是合同工，这种新兴的工人阶层通常只能获得较低的工资以及极少的福利待遇（即使有的话）。他们通常对组织不满意，并且疏远曾经将他们列入名册、现在让他们受雇于其他企业却仍旧使用他们的公司，这一点并不令人诧异。许多人可能认为精简规模强制性地使雇员离开他们的工作以及生计，这是残忍的，但是对文化造成破坏最严重的就是合同外包。合同外包带来了文化的疏离，影响了雇员对企业的忠诚度和热情。

（四）兼并狂潮淹没企业文化

自 20 世纪 70 年代股东价值观念萌芽，兼并在数量和规模上都有了显著增长。在企业界内部，它们还有一幅令人恐惧的面孔。从文化的角度来看，合并通常是把差异巨大的公司捆绑到一起——还没有人发现这是个好差事。从某种意义上讲，企业的兼并并没有实现人们对兼并的预期效果，然而，大多数企业还是坚持认为通过一定规模的扩大经营可以使得企业获得竞争力并带来发展，因此，兼并活动仍然在企业中不断地进行。但是这样给企业文化的建设和稳定带来了很大的压力和冲击，我们承认企业兼并行为确实会给企业带来经济和价值的增长，但是这是一种短期盈利模式，致力于寻找任何能够支持公司买卖股票的新闻，而不是一种可以使企业获得长久价值增长的模式。合并对文化造成了最重要的影响，影响到企业的文化模式，主要表现在三个不同阶段，首先是"小心提防"效应，其次是"胜者为王败者为寇"效应，最后是"文化孤立"效应。兼并融合了双方精华的新文化，会出现多样性而强大的新文化，其强调的优势和技术整合也源于文化，管理层往往在追求短期利益的时候，忽略了这一点。

（五）电脑隔绝企业文化

20 世纪 50 年代，电脑已经成为公司生活中的一个重要因素。最初这些原始机器对庞大的劳动力大军几乎没有什么影响，因此它们实际上对企业文化也没有什么作用。20 世纪 60 年代初，所有这些发生了改变。白领工作的大规模电脑化已经改变了社会行为的基本结构，以前的社交礼节现在成了机器计时的、独裁的礼仪。面对面的沟通现在时常被个性化的电子交流所替代。传统企业文化中，通过定期聚会和沟通来巩固和强化企业的文化，现在这一切都被电脑取代了，对于企业的文化是不大有利的。任何事情都有两面性，电脑科技也是一把双刃剑。电脑能够被用来提高劳动者的技能并在更广的范围内拓宽电脑对公司努力的影响，但是电脑也能够被用来诱骗劳动者从事没有出路的工作。

（六）全球化扰乱企业文化

经济全球化带来了市场全球化，要求企业产品和业务的全球化，给跨国公司、有海外业务的公司带来了全球化的市场竞争和挑战，也促使着这些企业必须升级自身的企业文化以适应全球化的局面。文化方式和传统方面的差异不会立即消失，在工作场所中，人们必须适应这些差异。在这个全球化程度不断提高的世界里运营的公司，将不得不面对学习和适应各种完全不同的世界观、工作方式和行为模式，世界太分化，也没有独特固定的一种文化来学习。全球化影响了工作场所的文化，许多方式并不是有利的。首先是信任的问题，每个不同社会中，获得信任的方式不一样。其次影响文化的障碍是语言，也许通过努力，人们克服了语言障碍，但是其刻板印象对公司现存的文化还是有一种持久的消极影响。最后是仪式行为，也就是行为习惯，更加严重的是与会议有关的活动仪式，容易造成误解和伤害。要不断学习在全球化世界生存的本领，成为公司正常生活的一部分，这些对公司的基本理念和企业文化建设是一个大的挑战。

（七）劫后余生的企业文化

20 世纪 80 年代，商业领域已经历了不同寻常的混乱。所有这些变化已经以这样或那样的方式破坏了企业原有的行为方式和文化系统，给企业带来了消极的价值观和企业文化，个人利益大于集体利益、违背商业伦理道德等。尽管许多公司的企业核心已经被环境的根本性变化或管理行为所腐蚀，但是我们还是需要企业的文化，不断地拯救和加强。"否定"的文化：公司为众多利益共同服务已经转化为对股东的唯一重视，破坏了雇主与员工之间的相互利益信任；"恐惧"的文化：持续不断的精简导致了工作岗位经常被取消的恐惧；"冷嘲热讽"的文化：股票市场价值的暴增，加大了企业高层和普通员工收入的差距，潜在破坏了管理者和劳动层形成的共同计划和共同目标；"利己主义"的文化：精简规模造就了利己主义思想的员工，出现背信弃义的事件；"不信任"的文化：领导与员工、员工与员工之间没有良好的信任，做事情不能发挥最大效益；文化混乱：合并将文化抛向了完全混乱的境地；地下的亚文化：对原本文化的怀念，对新文化的不适应。

三、重建强大的企业文化

重建强大的企业文化强调了在重建企业文化凝聚力的努力中领导发挥着重要作用。本章提供了一些基本信息，判断你目前处于什么样的位置，以及如何开始前进的旅程。可以看到，那些即使是以利润为取向的管理者，也能利用文化纽带的重新出现来再度刺激员工实现高绩效。如果员工受到激励愿意为雇主的利益贡献自己的最大努力时，那么对工作所在的社会环境进行重建是重要的。如何进行重建？这是未来十年最关键的挑战。

（一）训练文化领导力

企业应该有意识地培训企业管理者，加强管理者们的文化领导力，这是新时代下管理者应该接受的一个挑战，管理者应该有强有力的价值观和信念支撑，否则在遇到突发事件或不易解决的事情时，容易发生动摇，带领组织或团队走偏路线。同时，管理者还应该有效地将价值观和文化理念传达给企业其他成员，使得这些成员愿意接受和分享这些价值理念，从而来影响他们的行为模式。在当今社会中，大多数员工呈现出的是一个推卸责任、敷衍了事的状态，迷茫和惆怅充斥着他们的生活。管理者一心只想取悦股东，丝毫不想他们的行为对文化凝聚力产生什么影响。首先领导者必须要有一个明确的信念，其次要消除员工对肆意裁减的恐惧感，努力工作以创造令人信任的工作环境，真正意义上做到"以人为本"的真谛，接着制定规则和指导方针，将独立的实体联系起来，共同发挥作用，创造信念的伞形体系，再把信念转化成行为，真正落实企业文化，最后领导要有说到做到、言行一致的品行。这些要做好并且到位，对于领导者来说的确是一个挑战。

（二）把破碎的文化重新拼装起来

今天的企业文化常常是由自发性的亚文化拼凑而成的。由于经营环境的巨变，这些群体一般同母公司分开，而且它们之间也彼此分离。各地的经营单位和分公司都不一样。具体的职能部门——生产、采购、分销、财务、营销和销售形成了各自分离的世界。有时候，这些群体会联合起来，共同抵制公司的一些武断做法，包括裁员、削减规模、企业再造，不胜枚举。有时候，来自其他公司的一些员工发现自己所处的环境不友善且充满危险，但他们又不得不在这种环境中工作，这时亚文化也会形成。企业应该接纳和包容不同的文化，通过有效管理这些亚文化，使得它们从某种意义上反过来帮助企业的发展，这些旧有文化的残余通常能为未来更具凝聚力的文化提高构成要素，必须鼓励亚文化从它们相互隔离的外壳里显现出来。使它们在重建更有意义的工作场所中发挥建设性的作用。

（三）激发动力

管理即是采取有目的的行动。公司正在经历一场文化危机，而作为公司的领导很担心这场危机对人力以及公司业绩产生影响，此时，对很多管理者来说，在这种压力的笼罩下，人的心理承受力早已超过了正常的范围。文化管理也可以成为一种乐趣，而乐趣使得员工们创造出更好的业绩。工作与娱乐是可以相辅相成的，需要劳逸结合，只要有足够的创造力和想象力，就可以发掘出工作中很多有趣的地方，并转化为一次体验工作乐趣的机会。如果工作充实，就会发挥最出色的状态；如果工作愉快，就会更积极努力；如果工作更有趣，人们就会全心投入工作。因此，要激发员工的动力，比如让会议令人难忘，打造英雄人物，庆祝成功，娱乐玩耍，幽默等，作为一名领导人，要管理好自己的"乐商"。

（四）确保优异的工作绩效

为了让公司实现持续、优秀的财务业绩，打文化牌是实现这个目标的手段之一。强大而充满活力的企业文化能适应当前的主流环境，能带来非凡的效果。但是，如果管理和领导达不到更高的水平，任何一个组织都不可能提高业绩。此外，若无持续的业绩评估，没有组织能长时间保持高标准。要想成功，个人和集体都需要不断地完善，哪些做得不错，哪些需要提高。企业不仅要建立企业文化的有效贯通机制，还要通过有效的管理才能将企业文化从某种意义上实现企业绩效的提升。若是花了大量的时间和精力振兴企业文化而不追求本应增长的利润，这么做就没有意义了。每一个企业都是人的企业，在创造带来高业绩的文化方面，还是需要管理者处于中心地位。通过组织让员工发挥最大的效用，企业招聘应该遵守人岗匹配原则，奖惩机制、激励行为方面制定合适的绩效考核标准，跟踪绩效表现，确保企业优异的工作绩效。

（五）重获工作场所的活力

从 20 世纪 80 年代初开始，普通工作场所中文化凝聚力大幅减弱。普通人曾经快乐地去工作，工作使他们能维持生计，而且工作还给他们带来更多的内容：友谊、激励以及欢笑。工作给人们提供机会参与到重要的事务中去，去实现目标，获得成功，工作使人们因为能有所贡献而心情愉悦。

现在，工作仅一个是日常惯例，而且并不稳定。人们不是为了寻找友谊、团体和意义，只是为了竞争一个越来越少、相对稳定的岗位。在这个快节奏的今天，工作内容和任务给予员工更多的是一种挑战，而不是鼓励，寻得的是一个只能成功不能失败的结果，充满更多的是一种恐惧而不是开心。欢笑消失了，取而代之的是讨论不快选择的紧张和悲观的谈话。今天的工作不是让人们有归属感，而常常是榨取式的剥削。工作似乎是为了让老板更富有，而最大限度地榨取每个员工，员工为了微不足道的回报而拼命工作。在人人自危的劳动力市场，最有价值的目标不再是成就，而是生存。

提倡工作场所重新人性化，注入新的活力，让工作变得心甘情愿，变得更有意义。在工作中建立学习环境，学习在全球化世界中生活，使得员工重新焕发活力，引导员工一起为实现经营目标而努力。

第二节　创新与贡献

一、信念与行为

信念与价值观是企业文化建设的基础。企业的文化理念就是企业在面临选择的时候，应该把什么放在最重要的位置，同时这个理念又是企业大多数人都认可的。企业价值观考虑的就是价值和是否值得的问题，企业这样做的价值是什么？这个价值是否值得企业去做？企业存在的价值又是什么？价值观、信念和盈利能力之间的这种联系，在当代催生了一连串为了构建愿景目标和使命宣言而进行的努力。尽管其本意通常是值得称赞的，结果却往往与人们的期望相去甚远。这些使命宣言通常是长篇累牍和辞藻华丽的，并在显著的地方张榜公布。但问题是，这些内容常常只是被挂在墙上，而没有真正深入员工的内心。今天的公司在言行上又有多大程度的一致性呢？出于对短期利益和股东回报的强调，许多值得称道的价值承诺成了牺牲品，没有很多公司坚定地恪守自己的传统价值观。

建立有效的企业文化的秘诀与此类似：你只有坚信自己正在做的事情的价值，才可能取得成功。企业文化应该拥有坚定的文化信念，也就是核心价值观。这个核心价值观告诉企业每一位成员什么是应该做的，什么是不应该做的，什么是可以接受的，什么是不可以接受的。企业的文化信念也影响着企业行为方式的形成，企业行为方式应该与企业理念保持一致，有助于更好地实现企业发展目标。大多数优秀成功的企业领导者都有着宽广的胸怀、远见的卓识和超凡的理想，他们一致认为，越是壮大的企业，越应该将企业的盈利和对社会的责任放在同等重要的位置。他们经常把这些目标汇编成册，以激励和指导员工沿着正确的方向前进。

"你必须要有信念"，这应该是每一位努力奋斗的员工的战斗口号。我们可以把这句格言转化为今天管理者的战斗口号，他们要登台亮相并展现迫切需要的文化领导力。第一步，管理者必须向内探索以发现自己的信念和价值观。第二步，他们要发现其他管理者和员工所信仰和坚持的东西。如果这两者存在不一致——在今天充满恐惧的、已成碎片的工作场所中，这种情况经常存在，那么第三步就开始了。第三步是实施集体的自我反省过程，以查明或讨论出一套共享的核心价值观和商业伦理规范。文化包含了人们深层持有的信念，这些信念涉及"什么会带来成功和卓越"。强烈持有和一贯执行的信念给予文化某种权力，以把人们的期望和绩效提高到真正非凡的水平上。如果没有这些价值观和信念，操纵文化的任何尝试都将失败。如果管理者试图重建本已脆弱的企业文化并重获卓越绩效，他们必须持有强烈的信念并愿意支持自己珍爱的价值观。这需要通过领导使人们足以相信那些可以激励他们的事情。为了复兴已脆弱的企业文化，有许多事情要做。

现代企业文化经常被分割成相当自治的亚文化，这也经常在群体之间产生密不透风的间隔，但是它们之间的合作对企业的成功至关重要，就必须创造信念的伞形体系。把信念转换成行为，这是行为的伦理准则。在迈向能够影响员工行为的文化的万里长征中，确定信念体系只是第一步。这次长征是一条未经探索的道路，而且未来也会是同样情况。每位员工都有自己的个人信念，而且依据自己对于公司阐述的价值观的解释来决定如何行动。为了有意义，共享的信念应该一贯地以非正式的方式影响行为。高层管理者的工作就是强化他们所希望的行为，并清楚地说明，如果个人的行为不符合公司的价值观，其影响后果会是什么。大多数的违规行为都与公司的伦理准则有关。道德伦理标准不同于公司持有的其他基本价值观或信念。如果公司确实认真地思考其伦理标准，就要坚定不移地遵守，其他价值观和信念的作用更多的是优先行为的指导原则，不在专为伦理标准而保留的"不可越雷池一步"的要求之内。企业在制定了一套伦理标准之后，高层管理者的责任就是保证这些标准被编织进文化结构当中。

在文化纽带受到削弱或因短期行为而被切断的公司中，管理者应该步步小心。员工们愤世嫉俗，不相信管理者，而且厌倦了常见的伪善——言行不一。今天，许多员工不愿意从事那些忽视过去的革新活动，也不愿意设定看起来不可能实现的目标。在人们真正知道管理意味着什么之前，他们自己对于主要价值观的支持可能只限于言辞，而不表现在行动上。建立信任需要很长时间，而且它要通过一贯的、透明的行为来实现。陷入困境的公司应该学会循序渐进，在"跑"之前先学会如何"走路"，以免出错或跌倒。制定一套公司行为的伦理准则只是很小的一步，但由此可以开始一次有意义的文化征程。

价值信念固然重要，但它们看不见也摸不着，难以准确地把握。人类学家在研究原始文明时，关注的是那些不断重复的活动（他们称之为仪式），来寻找这个群体里价值信念的线索。企业需要管理者对于价值观体系做出真诚而有意义的奉献，任何浮夸之辞都代替不了这种真诚。高层管理者希望得到员工的信任，就必须说到做到，言行一致。

二、企业文化重塑

在寻找众多的价值观以把今天破碎的企业文化结合在一起时，简约是关键。大多数亚文化很容易一意孤行。人们希望有所归属，渴望某些事情能够把日常乏味的工作提升到更高的目标。

重新关注文化要素，企业中有效领导的关键在于，读懂并回应文化线索。不管是人类的发展历史、国家还是企业的发展进程，文化都在其中表达了一定的生活和行为方式。1995 年，《财富》（Fortune）杂志报告了它所进行的公司声誉调查的结果。这份报告进一步证实了早在 1982 年就已得出的结论："人们越来越认识到，公司并不仅仅是靠那些财务数字而生存的。那些在调查中名列前茅的公司都具有一个共同之处：有着充满活力的企业文化。"企业必须打造一个充满活力、凝聚力强的企业文化，并且这个文化能帮助企业完成它既定的目标任务。为了使企业的文化充满活力，就必须通过员工们在长久的合作和学习过程中提炼出来，形成一个完整的企业文化体系，融合了五个层面的内容（企业内外部环境、企业价值观体系、模范人物事迹、礼仪文化和非正式沟通）。企业所经历的内部和外部环境形成了企业的价值观，这种价值观又促进了适合企业发展的行为模式，模范领先人物再将这种价值观通过自己的个人领导魅力传递给企业其他员工，再进一步通过行事礼仪文化来约束和强化企业价值观的形成，非正式沟通是文化传递的重要渠道，可以让更多的员工赞同和认可企业价值观，最终形成企业文化。

仪式是日常生活中的常规内容。企业通过庆典的方式增进员工的感情，提高企业凝聚力，同时，还可以在庆典上强化一些企业行为，削弱一些企业行为。大多数公司（至少是优秀的公司）会定期举行典礼来褒奖优秀员工，也会定期让员工们欢聚一堂，诸如公司野餐或假日晚会等。和仪式一样，这些活动都具有象征性的意义。它们提供机会加强个人之间的联系，给人们留下深刻的记忆，并使人们了解那些日常工作中学不到的东西。

但是事实上，这种仪式并没有给企业带来更高的凝聚力，也没有增进员工的工作积极性，主要是由于庆典活动需要人力和财力的高消费，导致这种活动只能阶段性地举办，而不能频繁地举行。人们往往被孤立在各自的办公空间或小群体中，缺乏那种能将人们凝聚和联合在一起的"黏合剂"。技术的发展使得电子邮件成了人际沟通中的一种替代性选择，尽管它能加速信息的流通，却不能像面对面的接触那样给我们提供一些无形的收益。

文化故事突出了特殊人物的表现。将文化赋予一种故事，使得员工更加容易地接受和感受，再把企业的员工设定成故事里的特殊人物，就能很好地把人物、故事和文化融合在一起，体现出企业文化的价值观。长久地讲述这些人物故事，就能通过这些员工的言行影响企业其他员工的行为，形成企业固有的行为方式和文化理念。

文化成了基于亚文化身份认同和活动基础形成的一块块相互隔离的地区，这种相互隔离的程度，每个公司都不一样。但有一点是显然的，所有公司都承受着这种离心压力。许多年来形成的非中心的、松散联系的企业集团，仍像以前那样存在。这些草率拼凑在一起的公司，一直在为发现意义和凝聚力而努力。有许多年轻的企业致力于界定它们的核心文化，以及如何把不同亚文化的价值观和信念整合在一起。还有一些公司受到近年来经济和管理趋势的沉重打击，以至于它们首当其冲的责任是生存。在生与死的较量中，有关文化的考虑是排在第二位的。

为了把碎片式的亚文化整合到充满活力的企业当中，企业在开始的时候需要艰苦的工作，并建立由精选人员组成的专门的团队。当代管理者面对的一个关键挑战是：围绕一个共同的目标，找到一条途径把碎片式的亚文化结合成统一的整体。只有重新获得群体凝聚力和共同的意义，才能带来更加强有力的未来业绩。重建意义和目标所需的工作是细致的、耗时的、困难的。然而，这项工作是可行的，企业应该让曾经的精神得以恢复，其中的好处是相当巨大的。

一旦确定了公司的亚文化并采取措施支持有价值的亚群体，把亚文化编织成为统一的企业文化的艰苦工作就开始了。在大型企业里，这一阶段可能会持续几年，主要是找出亚文化的共同点，从这个共同点着手将这个点扩大到面，最终形成一个大家都认可的信念。与从一无所有中开始建立文化不同的是，把强的亚文化结合在一起，需要承认每种亚文化的不同方式和观点。在把这些部分纳入整体时，人们必须容纳它们独特的差异。

三、快乐工作

给受过伤的文化注入新的活力不是件容易的事情，让自己更加快乐只是娱乐管理中的第一步，真正高级的娱乐管理在于努力让周围的每个人都享受到乐趣。当你看到人们在享受乐趣时，把它记录下来、策划有趣的会议，人们在交流中更需要信任，近距离、面对面的交流更有助于建立信任感，将员工聚集到一起是会议的一个重要目标。事实上，庆祝有益于心灵。现代企业没能将这样的精神传统延续下去，是一个巨大的失误。

从最单纯的形式上看，庆祝是为归属于某种有价值的东西而喝彩，没有理由不鼓励人们因自豪而聚集在一起的庆典。如果一个企业想要重振其破碎的文化，重开庆典就是复兴之路上的重要一步。有人曾引用了海明威说过的一句话："幽默就像一层肥料，有助于作物的生长。"幽默可以使人放松，有助于人们更积极地看待工作中必须面对的挑战，也有助于人们以更平常的心态看待自己。这样，他们会变得更加清醒，更加重视别人不得不说的一些话。幽默可以消除紧张状态，使工作更容易开展。幽默可以激励人更加努力地工作，因为它可以避免人们在无谓的斗争中遭受打击丧失勇气。工作并不是绝对的严肃，虽然有其严肃性，但人们感觉良好时往往能把工作做得更好，而幽默能够使得人们对自己和工作都感觉良好。

企业文化是柔性的一面，设定让人们想要的工作，最初人们是因为报酬、合理的工作保障、工作内容和满意感、回报型的社会环境、舒适的客观环境等原因而积极工作，在这些方面上要更加注重细节，满足员工的需求，制定吸引员工内心的回报。

准备在全球化世界中生活，适应全球化合作的方式和行为习惯，积极融入整个大家庭中，树立世界性的观念，公司向工作环境更人性化的方向迈进，文化向多元化的趋势跨越，增强企业的包容性，只要相互融合、相互包容、相互配合，公司才能真正地形成全球化文化。在工作中营造学习氛围，建立学习型组织，不断完善、不断学习、不断增进，建立一个以知识为基础的商业环境也符合20世纪员工的个人利益。以知识为主要资产的公司，会创造一种重视员工、渴望知识的工作环境，这样会鼓励员工积极学习，支持他们为了追求知识而努力工作，同时为公司带来更加美好的贡献，这种公司将会是令人愉快的工作场所，每个员工都想来此工作。

第三节　点评：观点的碰撞与交融

随着改革开放的不断深化，企业如何利用企业文化建设，在激烈的竞争中激流勇进，立于不败之地，已成为营造具有时代特色的企业经营管理方式的现实课题。中国企业很早已经接触到了企业文化，但是很多企业并没有真正地深入研究和学习，也没有从管理者的角度去看待企业文化，并进行一系列相关的企业文化工作活动。很多时候，企业文化被停留于口号、宣传品和各种设计之中，而这样被架空的所谓文化，是无法为企业创造出价值的，企业必须重视发挥领导的模范作用，来打造企业的核心价值体系。本章建立了企业文化框架模型，主要体现了五个方面的维度——企业内外部环境、企业价值观体系、模范人物事迹、行事礼仪文化和非正式沟通。企业文化是企业一种相对稳定的思维模式，这种思维模式，形成了一个固有的行为方式，在没有大的社会波动和文化冲击下，这种行为模式一般是不轻易变动的，并且还能帮助企业协调一致发展。其中，模范人物事迹指的是将企业有影响力的人物和事迹渗透在企业文化建设中，使得企业中其他员工能够进行学习和效仿，推动企业文化建设。行事礼仪文化是企业在进行一系列经营活动过程中，应该循序各种文化道德伦理，将企业的文化理念融入每一个行为，形成既定的行为方式。企业文化从来都不是一个简单的行为指导手册，也不是一个简单的logo可以概述的，它应该是充分体现了真理与实践的完美结合，在企业价值观的指导下，真正用合适的行为活动去实现企业的思想理念，尤其是企业的高层和领导者们，他们的一言一行不仅代表着企业的文化，同时也是其他员工们效仿和学习的对象。

这个世界已经发生了太大的变化，企业员工们变得愈加浮躁，企业文化在员工们的眼里更多的是一种口号，而不是一种融入骨子里的既定的行为方式，企业想通过简单的更新来解决这些问题，基本上是不可能的。最终，企业员工就形成了以个人利益为指导的最高行事原则，将集体的利益抛掷脑后，不仅不卖力地为公司做事，还埋怨企业不能给予更好的发展机会和空间，在这样的企业氛围下，谁又能真正践行企业的文化理念？更不用说创建一种统一的企业文化。从员工内心深处讲，大多数人们还是希望达到一个共同进步、共同发展的局面，希望公司以员工为荣，员工以公司而骄傲。是否仍然存在一线希望，能够挽救那种积极的公司氛围呢？因此，我们决定对已经发生的事件进行评估。这么做时，有一点是十分明显的，即发生在20世纪八九十年代的变革遵循着一种逻辑和理性，但它被误导了。更有意思的是，构成这种逻辑的因素也在发生改变。随着股票市场的股价飞升到非理性的高度，带动绝大多数变革的股东价值的思考正在成为强弩之末，无论哪里的管理者都对下一步何去何从不得而知。也许一本新书能够开辟出一条管理者和员工都能利用的前进道路，重要的是实现了根本性的突破，形成了新的思想理论体系。文化这一理念在20世纪八九十年代得到了承认，与此同时，随着时间的变化，全球范围内企业文化的面貌也发生了变化，本章从另一个角度考察了企业文化的一些发展趋势及其影响，以及需要采取哪些应对措施。

本章强调了企业文化的重要性，尤其是对于大型企业来说，长久稳定的企业文化是企业经久不衰的秘密武器。本章还提供了智慧和实践指南，企业在面临各种困难的时候，不仅要对问题进行分析，还要从企业员工的工作环境去分析，找到影响企业员工积极性的因素，再给予消除这些因素的方法和帮助，逆向思维去解决企业面临的困难。引领企业走出文化危机，我们能够看到一些企业自身文化价值观等在这段时间的变迁，或者能否坚定其自身文化价值观，坚持下来的结果是好还是坏？其实，这个时候的企业文化已经遭受到很大的冲击和破坏，对于企业来说，旧有的企业文化不再适合企业的发展，继续保持原有的企业文化，只会让工作逐渐失去活力，员工的积极性会越来越低，个人利益大于集体利益，埋怨、抱怨的声音会充斥整个工作环境，继续下去就会影响企业的整体发展，这也是企业应该重塑企业文化的关键时刻。文化的变革不是一蹴而就的，只有坚定地实施文化变革，才能让工作获得新的活力，才能调动员工的积极性，也是企业获得重生的一个机会。本章告诉企业领导者们应该如何面对 21 世纪的挑战，应该如何重塑企业文化，让企业充满活力。

第四节　本章小结

一、平衡信念和行动

信念决定未来，行动成就梦想。强化公司文化的核心是在文化的框架下提炼企业的价值观，高层管理者应该向员工清楚地说明什么是可以接受的行为，什么是不可接受的行为，这样一套行为准则会让员工产生良好的和实际的商业意识，同时也保证员工意识到行为标准及违背它们的后果。在建立和执行统一行为准则中，人们也可以获得重要的文化效益——尤其是当公司由于裁员、合并或重组而承受巨大的压力时。人们渴望相信能够给他们的生活带来意义的事情。近年来，员工真心持有的传统信息受到侵犯，一次又一次证明了普通员工和高层管理者之间的疏远关系。在这种情况下，公司的行为标准显得作用比较小，但是它会满足人们的某些需求即坚持有价值的事情，而且为其他重要的文化力量打好基础。只有当价值观和信念每天都是鲜活的时候，它才会变得真实。

把信念和行动综合起来，展现了一个伟大的真理：在执行过程中，信念（关于如何有效竞争的一种理念）和行为（人们头脑中根深蒂固的行为模式）是不可分割的。信念的变革非常缓慢，但是要想使得行为发生迅速巨大的成功，必须利用文化的惯性。它必须将人们的精力引导到他们习惯实施的行为当中。如果信念要求人们去做那些他们感到不自然的或完全是外行的事情，则注定是一次缓慢的死亡过程。

二、乐商的重要性

娱乐商数，简称乐商，乐有两个解释意思，一个是快乐的乐，一个是音乐的乐。因此，乐商也有两个方面的意思，一个是指人们拥有快乐程度的高低，人们在遇到消极事情时转化成积极的并影响他人变乐观的能力；另一个是指对音乐的感知能力，其中涵盖了自身对音乐的天赋和灵感，以及后天的学习、鉴赏和创造。总之，乐商是一种能够制造出让人开心的气氛的能力，同时，也是企业中需要的一种工作能力。人活在世界上，最终的目的就是开心，一个有趣的人，不仅能够帮助自己化解很多不必要的麻烦，同时还能影响和帮助他人从不开心的情绪中走出来，给别人带来快乐。不管是企业中，还是我们自己的生活中，都应该拥有让自己和让他人变乐观的能力。一个高乐商的人，幸福度就会越高，在生活中和工作中取得的成就会越大。管理好自我的乐商，不仅是一个领导者应该做的，普通员工也应该做好。生活与工作需要平衡，娱乐也并不是工作的全部，但劳累也不是全部，快乐的工作会让人更好地工作，更富有成就。

三、营造学习环境，适应全球化生活

除了让一个愉快的团队更努力地工作，管理者们还应该鼓励员工们看到生活更轻松的一面。深层的答案存在于企业以及其他社会形态的文化核心中。在联系紧密的社会中生活的人，在强势企业文化里工作的人，在不断地为他们成为精英而庆祝。

虽然庆典有它严肃的一面，但如果没有欢笑（愉快而有归属感的人暗自高兴），庆典也不会称其为庆典。欢笑会让人产生美好的回忆，想到自己归属于某种有价值的东西。所以，每个想要复兴企业文化的管理者，每当听到身边的笑声时，都应该为之鼓掌。欢笑是一个隐形的标志，它让人意识到自己很享受自己的工作。他们希望归属于有价值的东西，很高兴成为与众不同的东西的一部分。工作中的幽默越来越多表示企业离一个有凝聚力的文化越来越近。

商业的运转最终表现为完善的生态链发展。我们正处在一个强调短期效益而非长期过程、在分享企业蛋糕的过程中强调股东利益而忽视其他利益要求者的循环当中，不过，这一循环过程已近尾声。当这个令人苦恼的循环结束时，管理决策者将会做出一些调整，将最近超出完成的某些部分抵消掉。商业利益的重新调整是必要的，有助于使工作场所重新回到正常表现。如果工作的社会方面得不到复兴，长期的企业效益和经济效

益就会受到损害。

20世纪80年代中期以来，商业的发展严重地影响了工作在人性化和社会性方面的吸引力。在这个时代，管理者过分关注提升股票市场的表现，往往会采取一些极端的措施，让员工产生疏离感，迫使他们出于保护意识变得前所未有地只关注自己的利益。最极端的情况是，员工对工作的幻想完全破灭，勉强去上班只是为了挣钱。由眼前利益驱使的行为会消解强企业文化，削弱潜在的长期绩效。随着信息时代的发展，人们越来越认识到知识是关键的企业资产，这为工作场所重获吸引力创造了潜在的条件。意识到新企业文化的有潜力的管理者可以逆转20世纪八九十年代的潮流。这些管理者可以重新开始把工作场所定义为一个有意义的、人性化的环境，在这里，员工们有巨大的潜力创造出骄人的业绩。他们能使工作变得独具魅力，他们能使员工重新焕发活力，并且引导他们一起为实现经营目标而努力。但要做到这一点，管理者必须认识到员工和雇主之间是相互依存的，营造一个双赢的环境十分必要。接受这个挑战的管理者将会成为商界明天的领袖，它的战利品属于有勇气去赢得它的人。

● 案例：鑫洪珞品牌文化与实践文化自信

无论是世界企业500强，还是中国企业500强，其成功的实践经验证明，一个企业品牌战略的前瞻性、科学性决定企业的生存与强大。湖北鑫洪珞税务师事务集团有限公司（以下简称"鑫洪珞集团"）是2017年5月由湖北大信洪珞税务师事务集团有限公司更名，集团前身是经国家税务总局批准、武汉市洪山区税务局于1993年设立的国内首批税务师事务所之一，2010年成为湖北省唯一一家跻身全国百强的税务师事务所，2012年被中税协评为全国九家5A级税务师事务所之一。鑫洪珞集团为中税协常务理事单位、中国电子商务协会流通促进委员会常务理事单位、中国电子商务协会流通促进委员会武汉财税服务合作基地、湖北省财务共享服务学会理事单位、中国总会计师协会会计从业财税实操项目授权机构、武汉市经信委及汉阳等区中小企业服务授权机构。

"鑫"，即三个"金"叠加，表示多金的意思；"洪"，本义为"水"与"共"的联合，表示多条小水流汇合在一起，才会形成洪大的河流；"珞"，即"玉"与"各"的联合，表示每一块玉都各尽所能，就会形成最坚硬的石头，坚不可摧。鑫洪珞集团秉承"专业、诚信、责任、创新"的理念，做"互联网+财税服务"的先行者，充分发挥集团长期财税服务的资源优势，以企业财税服务需求为导向，以云计算、互联网、大数据和智能化等信息技术为依托，以优化财税服务资源配置为目的，以助力国家经济建设和"双创"为使命，为企业提供财务、税务、会计审计、资产评估、工程造价等全方位的商务服务，把专家级水平的财税服务制作成增值产品送达客户，为客户创造更大价值，形成"财务、税务、服务"三位一体的综合生态服务系统。

鑫洪珞集团的公司使命是让每一家企业得到专业的财税服务，全面提升我国财税服务水平，为"大众创业、万众创新"贡献力量。鑫洪珞集团秉承诚信、专业、创新、责任的经营理念，正派经营，绝不做违法之事；说到做到，严守客户秘密。以专业素质和专业能力作为公司发展之基石；始终坚持专业的人做专业的事这一基本原则，立志打造中国基础财税服务第一品牌。将最新科学技术应用到财税服务领域；把创新能力作为公司核心竞争能力。鑫洪珞集团坚持宁可损失金钱、绝不丧失信誉；生意无论大小、一律一视同仁；光明正大做事、真诚坦率待人。以提供优质低价的基础财税服务得到社会及客户的认可和公信；依托最新信息技术把专家级水平的财税服务制作成增值产品并最大范围地送达用户；深度挖掘客户资源和数据资源的经济价值，通过战略合作获取高额利润；以财税服务为基点，打造企业财务、税务、金融、商务服务的综合生态系统。

一大品牌——财税服务板块：鑫洪珞集团在涉税鉴证、税务代理、税务咨询、税务顾问、税务审计、企业税收筹划、税收风险管理、同期资料准备、预约定价安排、财税知识培训等传统业务，为大中企业、政府职能部门提供高端服务。同时，为中小企业提供变更、注销、咨询、资本、供应等工商、税务、社保、法务、商务等常规性服务。在全国重点城市形成"资源共享、收益共享、平台共享、技术共享、品牌共享"的共享经济模式，真正做到专注财税上下延伸，内外并举打造品牌。

二大品牌——财务共享板块：鑫洪珞集团以云岗会计平台为依托，以代理记账的财会服务为端口，通过提供中小企业财会服务，形成财务共享的增值服务，包括：小微企业征信评估，向金融机构、保险机构或担保机构提供信用评价报告；企业信用卡，同金融机构合作收取征信服务费或者融资担保费（互联网模式）；现金池业务，担保手续费收入和委托借贷利息差额收入；应收账款保理业务，即保付代理，在国内贸易中，卖方将应收账款转让给平台，由平台针对受让的应收账款为卖方提供应收账款管理、保理预付款和信用风险担保等服务的综合性金融服务；其他增值业务，如集中供应、债务重组、股权众筹、资源整合等。

三大品牌——财务外包板块：鑫洪珞集团以《农村集体经济内控管理平台》为依托，在国家"放、管、服"大政策环境下，充分利用政府购买服务的资源，使农村集体"三资"管理与产权交易和农副产品交易系统互为依托，承接行政事业单位财务外包、农村集体经济内控管理服务外包，为提高农村集体经济管理单位内部管理水平，加强廉政风险防控机制建设，推动基层政府治理水平全面提升提供优质服务平台。

品牌文化则是通过商标、商号、商誉、CI视觉识别及内外宣传，来提高企业的公信度、形象力，是企业文化的外在体现。强有力的品牌文化形成的美誉度和客户高度认可度，是对企业商标和知识产权最有效的保护，消除网络等新媒体对鑫洪珞公司的负面影响。现代社会越来越重视人的价值，强调"以人为本"，CI在管理中的作用越来越大，让员工与企业形成心理契约，运用心理契约来推动和规范员工行为，提高企业凝聚力和战斗力。CI属于社会意识，对企业管理具有巨大的反作用，通过全面加强CI，让CI成为企业发展的精神力量，推动管理实践的发展。通过CI，建立一个竞争有度、互助合作、积极进取的工作环境，使个人的生活、工作、事业、理想等和整个组织统一起来，实现个人、企业、社会相互促进、共同发展。鑫洪珞集团通过实施品牌CI、BI路径和企业对外活动识别系统、企业对内活动识别系统，进一步提升自身集团的国内外品牌价值，不断创新，开发智力。建立CI伦理委员会，履行社会责任，让员工与企业形成心理契约，实现员工与企业长期共同发展。

鑫洪珞集团在整个企业文化建设中，重视品牌文化建设，重拾文化自信，遵循"道"并构建"道"的品牌战略定位系统，使得集团品牌回归到财税方面的本质和人性的本体，使得品牌成为目标消费者真正的精神家园，还通过品牌体验追寻和实现生命的价值和意义。董事长杨登元和总经理熊友春是具备"胆识""见识""学识"的三识领导，带领集团紧抓品牌的"魂"（文化），代表和经营的不是财税服务本身，而是消费者心智认知所决定的品牌关系存在。鑫洪珞集团在打造集团品牌文化过程中，具有技术优势、专业优势、团队优势、渠道优势等多方面的优势，其主要的优势就是二十年财税服务经验的积累，能够精准地与服务对象进行沟通，"一个系统，三大平台"——"企业税务管理信息系统""云岗财务平台""云岗会计平台"和"农村集体经济内控管理平台"，能够使客户得到优质财税方面的线下服务。

第五章 企业文化与伦理学

第一节 引言与合理内核

本章从人生哲学方面考虑了一些主要的伦理问题，比如人的出生和死亡、幸福和欲望、自由和快乐等，人们应该思考活着的意义以及应该如何认真地生活。本章还主张我们应该有辨别真伪的能力，对于我们经常接触的道德伦理，应该保持怀疑和求证的态度。

一、威胁伦理学的七大因素

我们在运用伦理学原则来解决我们生活中遇到的问题时，我们的审视会有各种不同的反应，同时这些反应又给伦理学造成不同的威胁，本章主要描述了威胁伦理学的七大因素。

当我们在进行思想和行为选择的时候，我们总是会听到很多不同的声音，这些声音左右着我们的思想，甚至完全掩盖了内心的真实想法。这些观念似乎在以各种方式表明，构建伦理体系由于某些原因是不可能的。这些在道德环境中无处不在的观念会改变我们对自己和对他人的看法（往往使这种看法变得消极）。在它们的影响下，当我们观察一些响亮的词语——正义、平等、自由、权利——我们看到的只是权力之争、权力碰撞、虚假伪善，或者仅仅看到我们狭隘的、不值得强加于人的个人观点。我们被犬儒主义①和自我意识束缚着。本章对一些质疑伦理学的观点进行了分析和论述，探讨了相对主义、怀疑主义和虚无主义的潜在威胁。

（一）上帝之死

有些人不过多考虑伦理道德，因为他们有一套现成、权威的生活规范。他们自以为的一套思想理念似乎扭曲了人们对行为准则的认识，因为这些思想使得他们仅仅由于惧怕惩罚或出于其他动机而遵循道德律行事，而不是真切出于敬虔道德律而行事，然而这才是真正的美德所要求的。任何一种思想不该被视为绝对权威，虽然它们在允许和禁止我们的某些行为方面做出了正确的选择。伦理学的本质，没有立法者，不可能有法律。我们应该指定自己的道德律。

（二）相对主义

绝对真理不存在，存在的只是不同群体的不同真理。相对主义吸引人的地方在于，对不同生活方式的包容。但任何一个国家，必须只有一种规定。也许我们面对的仅仅是自己制定的律令而非任何其他的超自然因素。因此有人说，法律是不同的人在不同时期以不同方式制定的。所以，绝对真理似乎根本不存在，存在的只是不同群体的不同真理，这就是相对主义，它遭到大多数道德哲学家的猛烈抨击。然而，相对主义又有着它自身的魅力，那就是对不同生活、行为的极度包容。当今，我们都对极端的思想表现出怀疑和抗拒，谁也不能说哪种生活方式是绝对正确或错误的，别人应该来效仿或杜绝。

（三）利己主义

我们是相当自私的动物，甚或是绝对自私的动物。关心他人、遵纪守法或许只是虚情假意。我们或许需要揭开道德这层面纱——道德仅仅是发动机上的汽笛，而不是推动发动机运转的蒸汽。

我们如何判断哪些行为是出于道德之心，哪些是假借道德之名呢？让我们设想一个测试方法。从表层意义上看，通过两种相当有效的方法可以发现人们究竟关心什么。一种是直接询问他们，看他们的回答是否坦诚，答案是否可信。另一种是观察他们的行为及其意向。但这两种方法都不是绝对可靠的。人们可能故意欺骗我们，或者他们不能正

---

① 因其创始人安提西尼在一个名叫居诺萨格（Kunosarges）的体育场中讲学而得名，Kuno 即希腊语"狗"的意思。主张以追求普遍的善为人生之目的，为此必须抛弃一切物质享受和感官快乐。

确认识自己。顺便说一句，这个观点并不像人们普遍认为的那样是来自弗洛伊德。它与哲学、文学息息相关，大致可追溯到人类思维的起源时期。早期有说服力的例子是希腊斯多葛学派的观点——人类所有愿望都是出于对死亡的恐惧：如果有人欲为自己竖立雕像，那是因为他在潜意识中惧怕死亡，他当然不可能意识到这一点。一直以来，基督教始终贯穿着这样的思想，即我们不能洞察，甚至不能欺瞒自己内心的真正欲望。

（四）进化理论

当前普遍存在一个模糊认识：进化论、生物学和神经学的某种联合将为大一统悲观主义提供基础。所有这些模糊的认识都推向一个理论，那就是人类是"被程序化的"。我们是利己主义者，利他主义并不存在。道德只是老谋深算的遮羞布，我们的角色已被限定。这类观点使我们喜忧参半，喜的是我们对自我解释有极大的兴趣，我们渴望发现那些使我们得以理解和控制自身的行为方式；忧的是我们将视任何一个能够主宰我们的人为权威。

（五）决定论与无用论

许多人认为，威胁伦理学的另一生命科学理论是决定论。他们的意思是，既然"所有的一切都决定于基因"，伦理学方面的探究因而便是无望的。事实上推动人类行为的一系列动机，不可能像大一统理论解释的那么简单，但是动机可能是固定的。于是，我们只是以程序化的方式在行事。怨声载道或心存遗憾都无济于事，因为我们不能违背规律。这就引出了复杂的自由意志问题。在此，本章分析了这一问题的一种具体观点，这一观点用我们的基因结构来暗示伦理学的无用，特别是道德劝善、道德教育或道德体验的无用。这一理论对伦理学的威胁是，它使我们沮丧地认识到人类的生命本源，其实就是由一堆我们无法掌控的基因指令所组织成的一个高级大型的哺乳动物。

（六）非理性指令

本章已经为关于人类本性的温和乐观主义做了辩护，至少反驳了大一统理论，也就是我们所说的大一统悲观主义。但我们必须实事求是，不能对自己以及他人苛求太多。然而，问题在于正是伦理道德对人自身和他人要求过于苛刻，并且这种要求是伦理学的核心内容。于是我们常常听到这样的语言："理论上切实可行，但实践中寸步难行。"如康德所言，这是"以高傲的口吻，怀揣无礼僭越之妄，以图用经验来重改理性"。康德发现，它将"执迷于经验的模糊、昏花的鼠眼"与"属于被造就的屹然而立的存在并朝

向天国的眼睛"相比较，这点尤其令他感到不快。

（七）错觉

大一统悲观主义企图揭开真正驱使人类行动的无意识动机，这些动机使得道德关切仅仅是发动机上的汽笛。我们反对这些主张。但是，虽然人们行动的无意识动机是单纯、简单、无害的，但是这些道德行为活动的最终影响是否真的也无害，这一点并不能下定论，因为道德活动主体是社会人，而社会体制的本质也许并不像它表现的那样。

二、种种道德观念

本章谈论了正义与权利原则的碰撞，以及幸福与自由。我们首先会面对生和死的问题，在伦理道德的影响和塑造下，我们应该形成自己的人生观和价值观，从而引导我们正确积极地面对人生，让我们理解人性和幸福，去努力追求人类生活的意义。它还会告诉我们如何合理地去追求自身的欲望和自由，去行使我们在生活中应该有的权利和义务。虽然这些概念都是不容易去理解的，但是我们也应该在自身理解范围内去实现它们的价值。

（一）出生

从古至今，我们一般都是通过一定的措施来控制人类出生人口的数量和性别，而基因的控制，一般都是我们通过选择与谁结合成配偶进而影响基因的组成，还可以通过选择基因培育的方式，提取优质基因进行培育。其实，这些问题远远超过伦理道德的意识范围。伦理作为一种知识体系，其真正作用并非是我们表面所看到的，即使是一条公正的道德律也可能对不同的人造成不公平的后果。随着高科技的日益更新，先进技术与伦理道德在某些地方存在着互相对立的一面，尤其在基因选择和控制方面，这些高新技术是否有违伦理道德，这是一个问题。

渐进主义与义务论是两个完全不同的概念。前者讨论的是如何让事情逐渐变得更好、人们的行为如何变得更合适、人们如何变得更加善良等观点，强调一个对比，渐进的结果；而后者指的是人们应该完全接受某种观念，或者完全不接受某种观念，是一个相对绝对的观点，没有中间余地。我们可以发现，往往渐进主义更能解决生活中的一些问题。除了生或死的问题，其他基本上都适合用渐进主义的观点来分析和理解。

（二）欲望与人生意义

有道德学家指出，"真正的"人生不仅要求人记住总有一天人会死去，而且要对"向死而生"这个事实时刻有着清醒的意识。诗人约翰·多恩在他的画像中身披斗篷，充满期待地刻画了末日审判时他的衣着及外貌。然而，我们大多数人却认为他关注的内容不健康。事实上，这种情绪仅仅弥漫于社会动荡、政治软弱，从而引起知识阶层的悲观情绪和自杀风气的时期。我们很难与一种情绪争辩。也许，诗人需要的是一次激励、一段休假或成立一个新政府，而不是争论不休。

（三）快乐

在讨论了人生的生和死以及人生意义后，我们也应该讨论一下如何更好地活着，让生活充满阳光和快乐。我们可以以不同的方式探讨这一问题。首先，我们应当描述一下美好生活，即 summum bonum（至善）的内容。我们描绘理想生活，然后一步一步地去实现：或许它是幸福的，它是快乐的，它是充满爱、友谊以及成功之喜悦的，它总是梦想成真，自给自足。这种生活令人嫉妒，或者如果"嫉妒"这个词有贬义色彩，我们就说令人羡慕。这就是亚里士多德（公元前 384~前 322 年）所说的幸福（eudaimonia）[①]生活。

（四）最大多数人的最大幸福

现代人将幸福刻画成一种纯主观的或内心的喜悦状态。快乐人生是一连串的内心满足感。功利主义的主要创始人、哲学家边沁（1748~1832 年）就是这样看待快乐人生的。他认为将各种因素综合起来便可以计量幸福，这些因素包括主观强度、持久性、发生的概率、时间的远近以及对带来或阻止更多快乐所产生的影响。总结所有这些关键因素，人们可以判断出哪些行为可能使人享受最大快乐，忍受最小痛苦。于是正确的做法便是：去做那些会带来（名言所述的）"最大多数人的最大幸福"的事。

（五）免于恶

我们在争取自己幸福生活的同时，应该知道去规避什么。我们不希望受到他人对我们的怜悯、同情、歧视和藐视，用权力来压榨和剥削我们，并且我们也不希望身体上有

[①] 指受理性支配的积极生活所带来的幸福。

所残缺，丧失生活的能力，遭遇失败和痛苦，受到身体上的病痛和精神上的折磨，我们希望自己是个独立有能力的个体，而不是靠依赖别人活着。

（六） 自由与家长式专制

"自由"一词的变通性无疑很好地满足了政治修辞的需要，特别是权利话语和自由话语交织在一起时。"我们有免受专制的权利"是提出道德或政治要求的有效并且是最佳的方式。

（七） 权利和自然权利

"自由"不仅是提出道德和政治要求的有效方式，并且是最佳方式。但是，它似乎也打开了人们无限的诉求空间：我们听到人们毫无愧色地要求拥有避免所有不利、不幸、冒犯、短缺、需求、失望等的权利。

三、伦理学的理论基础

（一） 理性与基础

行为动机可能是狭隘自私的，也可能是高尚无私的："它有助于促进大多数人的最大幸福"或"它使人们摆脱极大的痛苦"，这两种是仁者的行为动机。动机看起来依赖于我们的情感或情绪，但情感和情绪就其表面来说却无法得到证明。一种更庄重的东西是理性，它必须得到每个人的承认，不受制于人们的同情和偏爱。理性可能束缚所有人。

（二） 善与善的生活

亚里士多德认为 telo（至善）或者人生的目标就是追求一种生活。究竟追求什么样的生活？显然是一种满足基本生理需求的生活（消灭食不果腹、衣不蔽体、居无定所以及或许还包括不能满足性需求的生活——最后一项前面加了限定词，因为人不会由于未满足性需求而死）。然而，亚里士多德企图在"预定的"生活和德性生活之间画等号。他还将这种"预定的"生活与理性生活相联系，这似乎构成了伦理学的一种基础。邪恶、愚钝、冷漠或无情的人，是不能运用理性这一人类最高能力的。

（三）绝对命令

康德提出了普遍性测验并不断推行它。在他的努力下，普遍性测验不仅成为伦理学体系中的特殊理论似乎是使人们三思而后行或让人感到愧疚的一种策略，而且成为支持伦理学的不可或缺的基础。它发展成为伦理学的奠基石，使理性成为伦理学的唯一基础。这一测验赋予我们理性，尤其是在约定俗成或强制命令的领域里。

（四）契约和话语

有的人认为，康德哲学方法的一种派生思想（常被称为"契约论"）为伦理学提供了坚实的基础，或至少为涉及人们相互之间权利和义务的许多伦理学理论提供了基础。美国当代哲学家托马斯·M.斯坎伦与康德的理论一样，也关注普遍性和理性。当代德国哲学家于尔根·哈贝马斯的"话语伦理学"与康德的理论有细微的区别。

（五）共同观点

如果提出其他不同的选择理由，我们会参照统一标准来确定这一因素本身能否作为一个原因。当然，我们不能保证一定会得出共同结论，但我们却能保证得出这种结论的可能性。这足以使对话成为理智的选择，而不是通过武力或暴力将一种解决方法强加于每一个人。

（六）回归的信心

人性之善，并非所有的原则都是伪善，我们无论如何都不能漠视道德。我们不仅需要有自己的行为标准，而且还需要得到他人的认可。因此，我们所关心的不是用一些智力或理论上的诡计来"反击"相对主义者，而只能是用我们提倡的一套行为标准来面对来自内部的挑战。通过从内部认识自我，承认这些标准是我们自己的——仅仅属于我们自己。我们以这些标准为准绳制定法律，为自己，也为他人（当我们需要他们做到礼貌、尊敬或克制时）。它们为我们提供理由，而不是理性。

第二节 创新与贡献

一、利己主义

我们通常会通过减少犯错误的概率避免做出错误判断。我们可以通过观察人们的所作所为判断他们所说的话。男子标榜自己为模范父亲，并且相信自己的确如此。然而，如果他从不寻求机会或珍惜机会陪伴子女，我们将怀疑他的说法。但是，假设他的确创造这样的机会，愉快地抓住机会，不会因为或很少因为失去其他乐趣而流露悔意。那么，毫无疑问：他真爱他的子女。在其他情形下，我们会倾向于认为他是出于掩人耳目的虚伪目的。英国政府常常向一些国家派遣维和人员，这些国家属于长期大量接受英国军火出口的一百多个国家之列。与其他国家政府一样，英国惯用花言巧语宣扬其道德责任、文明使命等以美化其政府行为。我们不难看出英国政府关心他国局势的真正目的。由此看来，人人都希望伦理学为己所用。

我们前面讲的慈父真心爱他的孩子吗？各种假象仍然有可能使我们做出错误的判断。现实生活和文学作品都在讲述一些故事，对这些故事可以作同一种解释。然而，另一种印象似乎挥之不去。这位模范父亲可能有惧内倾向，并深知对子女的明显关爱是其妻子所期望的。或者他可能是在担心，对子女的漠不关心会产生不良公众舆论，甚或他可能是在沽名钓誉以求仕途顺利。我们可以在观察其一贯言行后，仍然怀疑情况是否真如外表呈现的那样。

我们自有进一步的检验方法。假定其妻子不在身边，而他对子女的慈爱一如既往；假定他的政治生涯已告结束，而他仍是个模范父亲，那么我们就可以排除其出于惧内或某种仕途上的野心而这么做。剩下的唯一合乎情理的解释是：他爱孩子们，并乐于跟他们在一起。

19世纪和20世纪，这些简单易行的方法逐渐不再适用。正如斯多葛派所做的，人们开始尊重一种人性的大一统理论所揭示的隐藏含义和无意识含义的观念。这一观念与"解释学"相关。解释学最初的任务是发现隐藏在自然生命特征中的现象。例如，植物的形状说明它们可治愈何种疾病。今天，用解释学观点来看，所有客观事物可能都是表里不一的。所以，我们认为和平主义掩盖了侵略行径，乐于助人的愿望掩盖了对权力的渴望，彬彬有礼表现了内心的轻蔑，心满意足的单身生活表现了对生儿育女的强烈欲求。或许所有一切都可归于性欲、地位、权力或死亡中的一种——解释学善于给出这种单一指向的解释。它也善于用单一回应消解任何对其单一解释的抵制：真理遭到践踏；真理被虚假意识掩盖。事实上，一个主题对任何一种明确提出的解释学解释的抵制，都可能成为衡量该主题正确性高低的一个指标。于是，观念形态开始僵化。

要做到脚踏实地，我们应该提一个问题：在合理使用这种科学有效方法所得出的判断与主观臆断之间做出区分的是什么？哲学家卡尔·波普（1902~1994 年）讲述了他向心理分析师阿尔弗雷德·阿德勒描述病情的过程。阿德勒在聆听其描述之后，毫不犹豫地做出诊断分析：患者担心失去性功能而产生的焦虑情绪、嫉妒父亲、有与母亲同床的愿望等。待他讲完，波普问他是怎么知道的。阿德勒回答道："因为有上千个这样的病例了。""再加上这个新病例，我想你已经有一千零一个病例了。"按波普自己的记述，他当时这样回应。大一统理论常常不会主动接受经验考察。

讨论到这里，我们已偏离了伦理学而关注知识理论中的一般问题。笔者认为：大一统理论并不排斥敏锐的洞察力，它能将在其他理论中令人困惑的各种人类现象归纳统一。社会学家索尔斯坦·凡勃伦在他 1899 年所著的经典著作《有闲阶级论》中，发现大量非同寻常的现象：首先，收入可观的流动性强的工人往往乐于炫耀——一身珠光宝气，腰缠万贯，喜欢豪赌等；生活稳定的农场主尽管经济上完全可以承受这种生活，却从不这么做。其次，人们热衷于贬斥财富和社会地位仅次于自己的那些人的品位，远甚于贬斥那些与自己差距巨大的人群。再次，贵族更喜欢雇佣身体强健的男管家或男仆，而不愿雇同样可以胜任的女性或身体残疾的男性。最后，豪华别墅前后乐于配上精心修剪的草坪或漂亮的花园。

凡勃伦将这些及其他奇特现象总结为：人们需要奢侈品以炫耀其社会地位。外来工人必须以装扮体现社会地位，他们于是有炫目的外貌。我们需要大声宣扬自己有别于比我们社会地位略低的人，因为我们有可能被误认为与他们相似。相反，我们却不那么强调自己不同于地位更低的人，因为我们不会被误认为与他们同属一级。贵族（可能很潦倒）通过雇佣身体强健的仆人做简单的劳动比雇一个只能做这种工作的人干这件事，可以更好地达到炫耀的目的。于是便有了男管家和男仆。私人花园、草坪、院子也是这样，它们赏心悦目仅仅是因为它们都是不能创造价值的装饰品（凡勃伦认为需求也决定审美判断）。他的观点被总结为"炫耀性消费"理论。事实上，这一称谓是一种误用。生活稳定的农场主就不需要进行炫耀消费；他根本没有这个必要，因为他所在乎的人都

十分了解他的经济状况。

消费习惯与虚荣心和社会地位有关，这种关系比我们想象得更密切——这一论断听起来似乎有理，包括亚当·斯密（1723~1790 年）在内的许多思想家早就有过预期。然而，当凡勃伦更详细地阐述该观点时，我们可以用我们自己的经验来检验它的有效性。它具有一种良好科学理论所具有的特征——简单易懂，对从其他角度看零乱、孤立的行为模式给出统一分析。

这一消费理论具有预见性，如它可以预见到一位生活稳定的农场主，在进城时感到的某种压力：需要用西装革履装扮自己，因为那里的人不了解他有多富裕。这一理论也可能被证明无效：我们可能遇到一些不适用这些理论的情况，此时对该理论需要相应地加以修改或摒弃。

我们并不那么偏爱大一统理论，尤其是或可被称为大一统悲观主义的理论。让我们考察一下人的行为都是出于自利这个令人沮丧的观点。这个观点的含义是含糊的，但是从表面来看它显然不正确。人们忽视其自身利益或牺牲个人利益，以实现他们关心或爱好的其他动机，这种忽视或牺牲甚至不一定是高尚的。道德学家约瑟夫·巴特勒（1692~1752 年）讲述了一个男子的故事：他受到了侮辱，为雪耻甘愿接受毁灭性后果。朋友们从他本人的利益出发，力图劝阻他，但无济于事。这个男子需要做的就是多为自身的利益着想，因此预见到雪耻带来的毁灭性后果就会阻止雪耻的念头。但是如果他的愿望是为了他人的利益，或是为了保护雨林，或为了减免第三世界的债务，他忽视或牺牲自己利益的事实就显得不那么重要了。这在他看来是形势所需，并且如果我们的判断标准与他一致，我们可能也会这么看。假如他为了实现这些目标，倾其所有，耗尽精力，他可能认为自己只是做了分内之事。

我们要在这一点上防止发生误解。读完上面一段内容，有人可能会反驳："若我们只在金钱、事业或健康方面考虑个人利益，那是人之常情。为了解决自己所关心的其他问题，人们当然也会牺牲这些利益。但是，的确存在着这样的道德行为者，其真正利益或全部的自利内容就是以上所谓的其他内容：雪耻、热带雨林、第三世界债务。他们本人像其他人一样自私自利。"产生误解是因为它使自利的概念失去了所有的内涵。无论道德行为者关注什么事情，它都与"自私自利"这个词有关。正因为如此，它丧失了预见力和解释说明的能力。出于对利益和私利的这般理解，你绝不会说："看，这个行为者不会这么做，会那么做，因为他像其他行为者一样为自己谋求私利。"你所能做的就是等着瞧这个行为人到底干了些什么，然后回顾其行为并乏味地指出这就是他的利益所在。这个行动不仅乏味而且令人生厌，因为正如巴特勒所言，这并不是人类的语言；它会使我们只能承认，当我主动让妇女儿童先上救生艇的时候，是因为我的自利，此时我的利益就在于妇女儿童而非我自己处于救生艇上。这不是我们描述该行为的方式。它似乎在用虚无主义的观点重新解释行为者，但事实上徒劳无功。

这或许有些奇怪：我们有时候看到明明是利己主义思想的行为，最终表现出来的却不是利己主义的现象。在这些具体案例中，关心大局的表象的确在事实上掩盖了自利。假设两人参加慈善机构的捐助活动，这个慈善机构却滋生腐败，捐赠没有到达饥饿的穷人而是落到了机构管理层。又假设听到这个消息，第一个人感到愤愤不平，最令他怒不可遏的倒不是这个慈善机构的管理层，而是提供消息的人激怒了他（"为什么要提起此事？我情愿不知真相"），而第二个人对管理层的做法本身感到愤慨。我们可以合理地认为第一位更多地关心他自己平静的心态，或他慷慨的名誉和声望，而并非那些饥饿的人。第二位则更真诚地关心世间实际发生的事，而不是他自己的心理感受或他人对自己的看法。

幸运的是，我们大多数人不像上面说的第一种人，或并不总是像他。我们可能对管理层表示愤怒，就像我们对身边的许多事情感到愤怒一样。把怒气指向让我们了解真相的人，不是我们的一贯作风；我们希望了解真相，因为它与我们相关。

二、欲望与人生意义

哲学家乔治·贝克莱（1685~1753年）所谓的抽象之罪恶，或者是"使人们的思维陷入混乱、完美而精致的抽象思想之网"。如果抛开问题本身，说一些抽象而空洞的大话，那么悲叹人生的虚空本性以及欲望的无常就再简单不过了。因此，如果说人之欲望的满足稍纵即逝，并且欲望本身瞬息万变，只会导致更大的不满，这听起来够糟糕的。但这就足以让人郁闷消沉吗?具体说来，假设我们希望享用一顿美餐，想到它瞬间即逝（我们再也没有这样的机会），想到旺盛的食欲不能永远保持下去（我们很快就会停止饥饿），又想到这只是一时的满足（我们明日又会有饥饿感），这些想法会破坏我们享用美食的心情吗?如果我们真的一直保持食欲旺盛，一餐下去真的永饱终生，天下真有不散的筵席，情况似乎也不会变得更好。既然这些情况都没有什么吸引人之处，为什么还要对它们的不存在耿耿于怀呢?

如果我们的情绪都是低落的、不快乐的，我们就会增强我们的欲望，扩大我们对金钱和情感的在乎感，沉溺于这些膨胀的欲望不可自拔。不难理解，这些欲望从本质上来讲很难满足，至少有时对某些人来说是这样的。实现了财富的积累并不能让我们知足常乐，反而常常激起更强烈的欲望。贫困会破坏幸福，而富豪们的生活表明财富增加并不能无限提高幸福感。当今许多人比过去的人更富有，然而，这给他们带来更多的幸福了吗？自杀率等有关社会现象表明事实并非如此。围墙高筑、戒备森严的富人住宅区（如美国长官俱乐部区），已不能证明他们的生活是幸福和令人羡慕的。根据凡勃伦的理论，我们或许可以认为，国民收入的增长只会提高一道门槛，富人们正是通过跨越这道门槛、凸显自我，来满足虚荣心。这就是悲观经济学令人失望的发现之一。

悲观主义者手中的另一张王牌是情欲：情欲躁动不安、没有安全感，只会得到部分满足。我们希望真正拥有一个人，但或许从未如愿以偿。阅读文学、艺术作品中关于性爱的内容，人们很容易联想到死亡和寂寞的渴望。做爱本身就如同死亡——爱人被穿透、被击伤。在这种传统观念里，爱之疲惫，尤其是男女性行为到高潮（法语 un petite mort，意为"小小的死亡"）时很接近死亡。有人认为在文学作品中（以《特里斯坦和伊索尔德》或《罗密欧与朱丽叶》为例）我们可以看到恋爱中的男女对"殉情"有隐秘的渴望。在艺术作品中，成为被情所困的女子往往是十分危险的，奥菲莉娅、维奥莱塔、托丝卡及米米等无数女性向我们证明了这一点。

一想到即使 eros（爱欲）也被死亡笼罩，我们便极度沮丧。但这也许又是抽象之恶的作用。仔细研究一些文艺作品，我们总结出"性欲的本质就是死亡"。我们很容易想，正是艺术家需要这些忧伤恋人们的题材，而不去关心日常普通的幸福和满足。艺术家有充分理由将杰克和吉尔包装成罗密欧和朱丽叶（而杰克和吉尔本身可能乐观豁达得多）。悲剧不仅可以避免，而且也不应是人们的追求。

当我们纵观人生，追问人生总体上是否"有意义"，想象一个外在的见证人，这个见证人甚至可能是在坟墓之外追溯往事的我们自己，当我们这样做时，就是在进行类似的抽象。我们可能担心这个旁观者能纵观时空，而我们的生命已化为乌有，成为整体微不足道的一部分。布莱兹·帕斯卡尔（1623~1662 年）说过："无垠空间的沉寂令我恐惧。"

当问及人生意义时，我们先要问：对谁而言？对于一个时空见证人来说，人类没有任何意义（很难想象人类能进入他的视野——既然存在着如此辽阔的空间和如此无穷的时光），但我们有必要为人生在此种视角下的微不足道而郁郁寡欢吗？相反，设想我们头脑中有一位更现实的观众。一个具有明确人生目标的人，如一个把攻克癌症作为追求的人，会思考他的人生是否有意义，即他的努力是否对那些病人有意义。如果他的研究取得成功，或后代将铭记他的成就，这样的人生就是有意义的。对于有些人来说，一想到自己的努力可能一无所获，自己在世上雁过无声，便感到极其痛苦。有人则尽力让自己对此释然：世上能令下一代（更不用说数代之后）敬仰或能流芳百世的人毕竟凤毛麟角。不幸的是，在哲学领域也有人无法释然。

我们或许在扮演着法官的角色：此时此刻，我们中的每一个人都可以追问人生对我是否有意义。答案会因人而异。对我们自己以及我们周围的人来说，人生是生命过程中充满意义的事件汇成的一条溪流。建筑师勒·柯布西耶曾经说过：上帝的存在体现在微小之处，人生的意义也是如此。孩子的笑对于母亲就是整个世界，情侣的爱抚是心旷神怡的体验，遣词造句是作家的幸福。只有吸收、享受以及诸如此类的点滴细节才会带来意义。于是，人生的问题现在变成了意义太多。也就是说，任何一件事都变得沉重。与哈姆雷特一样，我们隐身于人类欢场的边缘，眼前出现的仅是皮相之下的颅骨。一旦如此，那将是可悲的。我们再次需要行动，而不是喋喋不休的争辩。唯一恰当的理由是休谟的名言：要想使你对自己或他人来说有所用处或易于相处，压根没门。

三、最大多数人的最大幸福

边沁所绘制的幸福图景多少让人失望。他设想了一种只适合猪的纯粹快乐主义人生。然而毫无疑问，"做一位不满足的苏格拉底比做一只快乐的猪好"。这种评论可能略显偏激。边沁的追随者约翰·斯图亚特·密尔（1806~1873 年）宣称，正是这样的评论家暗示人类不比猪高级，因为他们指出人类的快乐就是一种动物性。一幅更乐观的图景则向我们揭示了友谊、成功、美术、音乐、哲学讨论、科学发现带来的快乐。密尔有维多利亚时代的观念：体验到这些高级幸福的人一定对这种快乐更为钟情。他理应阐明这种快乐只意味着更轻松愉快，却因为提出快乐"质量"的大小而混淆了概念。他把快乐之外的东西作为价值源头而背离了边沁的理论，仿佛刚说过价格是衡量美术作品质量的唯一标准，接着就指出有些昂贵的作品不如廉价作品有价值。解释快乐的"质量"时，边沁仅仅是指，有些快乐激发更多的快乐，而有些则会导致痛苦的发生。但是边沁的主要观点仍是：注重幸福或享乐的人不会忘记人生中能带给人快乐或享受的无数种乐事。

"最大多数人的最大幸福"作为道德哲学的核心。它强调总体的良好意愿或善行，或与作为整体的大众同甘共苦。这就是衡量社会总体状况的客观标准。善被等同于最大多数人的最大幸福，行动的目的是增加善（此即众所周知的功利原则）。功利主义是唯结果论，或者说功利主义具有前瞻性，为了判断某一行为正当与否往往研究这一行为的影响和结果。就这一点来说，它与义务论伦理学正相区别。对于结果主义来说，一个可能被认为是错误的未尽责任的、不公正的或侵害他人权利的行为，只要它符合整体善，该行为就可能明显地被其结果所美化或证明为正当。功利主义与渐进主义有异曲同工之妙。功利主义探讨的是最大多数人的最大幸福增加或减少时的价值——情况或好或坏，或是变得更好或更坏。

正义、权利、责任这些义务论概念与一种道德环境相适应，在这种环境下事物是对或错、被允许或被禁止的。这些词既是道德词汇也是法律词汇。相反，功利主义者说的却是社会善的语言。面对人工流产问题，功利主义者首先会探究导致人们试图采取流产措施的社会环境。当被问及法律问题时，功利主义者会思考将某些行为定罪量刑所产生的利与弊。然而，这是工程师的思维方式而不是法官的。

约翰·斯图亚特·密尔认为他可以为功利原则提供某种证据。他认为，渴望得到一种东西就是发现了它的令人快乐之处。所以每个人总是只关心使他自己快乐的事情。于是，这样做的结果便是所有人在总体上关心所有人的快乐，或者说关心普遍幸福。在另外一些情形下，所得出的观点不仅与上述理论背道而驰，甚至还与其出发点针锋相对。这就像主张如果每个人只系他的或她的鞋带，那么所有人会系所有人的鞋带。但是，除非世界上只有一个人，否则每个人只系他的或她的鞋带，就没有人系所有人的鞋带。同样，如果我们每个人都只顾及自己的快乐，便无人会关心他人的快乐，除非他人的快乐在某种程度上也是我们的追求目标。这将是一个充满不加区分的普遍同情的世界：一个美好的世界，却不是我们生活的世界。在我们的世界里，人们想得更多的是如何为自己，而不是为他人寻求更多的幸福。

即使没有密尔不甚严密的观点的支持，我们仍然会同意对总体幸福最大化的追求。我们希望人们拥有这一目标，一个不偏不倚、崇尚平等且有前瞻性的目标——每个人都只被算作一个人，没有人被算做更多。这一目标的确立由来已久：仁是儒家的至上美德。在公共事务中，它备受推崇。在法律上有一个古老的原则即"人民之安是最高法律"。如果人的安全包括远离邪恶，如果这种远离能弥补因此受损的福利和幸福，那么功利主义就近在咫尺了。

为了提高大众福利、减轻大众疾苦，任何像样的伦理思想都会推崇善行、利他和团结等美德。问题在于，这是不是唯一的衡量标准，是否是其他所有的标准，包括我们讨论过的义务论的观念都从属于这个目标？既然许多罪行都可以假借自由之名而生，它们同样也可以借普遍幸福之名而行。假如通过践踏他人权利，我们可以多获得一点幸福，我们因此就得赞成这样做吗？正义本身从属于普遍的善吗？如果将一份利益给予本不应得的埃米比给予本应得到的伯莎能在总体上带来更多的幸福，又该如何？

想到要用结果来平衡正义，我们可能会极度反感，即使结果是公平的、普遍的，是根据我们所能描绘的最为复杂的幸福观衡量得出的。也许有些人会为一条主张相反的标语而激动——即使天塌下来，也要实现正义（Fiat justitia etruant coeli）。

在"实现正义"和"人民福利"之间，我们似乎有着极端的理解和看法。伟大的哲学家休谟在两者之间进行了折中。休谟所给出的答案后被称为"间接"功利主义。包括财产规则、守诺规则以及其他一般权利规则在内的各种规则，由于影响普遍幸福而具有正当性。法律的正当性在于它维护了人们的安全。但是，这不是说法律或规则本身必须具有前瞻性，必须从属于在具体情形下需要获取的利益。体系是人创设的，它具有功利方面的正当性，但规则的具体运用却不具有这样的正当性。

作为比较，让我们设想一场比赛的规则。比赛可能具有一个目的，比如给观众和球员带来乐趣。规则决定了比赛如何进行。即使裁判认为作弊可以增加比赛的娱乐性，他也不应在某些时候破坏比赛规则。倘若观众知道他有可能破坏规则，他们将改变态度，令比赛无法进行。严厉的规则促成了这场比赛。同样，间接功利主义宣称我们只有遵守严厉的法规，才能获得普遍的幸福，尤其是获得这种幸福的具体内容，如安全。我们尊重彼此的财产权，我们制定法律以保障明确的、可预见的正义，我们赋予行为在所有环境下都应遵守的可靠的一般原则。或者我们应该说，几乎在所有环境下。休谟指出，当万不得已时，原有的原则将让步。

第三节 点评：观点的碰撞与交融

伦理学的研究内容大致分为两大类，一大类是用来安慰人们，提高人们生活热情的内容，给人们内心找同情感和发泄口；另一大类则是研究生物或动物的内容，主要是想告诉人们，其实我们与动物没有什么大的差别，都是把自己作为核心点，争取一切有利于自己的事或物，利他主义是不存在的。本章就是提供了一种新视角的伦理学研究，这些伦理内容不仅投射出一种新的学术成果，又结合了现实存在的问题。主要是帮助企业了解一些基本的伦理学常识和内容。本章回顾了亚里士多德的完善论、康德的正义论、哈贝马斯的话语理论、斯坎伦的契约理论等。

道德环境不同于道义环境。事实上，道德环境的某些内容可能与道义说教相左，后者总让人感到有些不合时宜或形式不当。这样的思索本身将影响我们的生活方式。因此，（比如说）当前的道德环境的一个特点是，我们对权利斤斤计较，而对"善"却不够关心。对于早先的伦理思想家，如奥义书、孔子、柏拉图以及基督教的创始人来说，

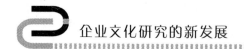

他们主要关注的是人的精神状态，也就是关于正义或和谐的个体状态。

哲学当然不是唯一研究伦理环境的学科，但是，从哲学的视角来分析伦理显得目标更加明确，从人们行为的驱动力，感性和理性来研究人们的行为，可以形成一套有依据、科学的生活标准。这一目标往往表现为在我们所遵守（或声称遵守）的零乱无序的法则和目标中寻找脉络，这就是道德自觉。当然，哲学家即使在思考伦理道德的时候，也不能摆脱伦理环境的影响。在当代的整体环境下，任何关于人性的故事，无论好坏，都是受环境和人性影响的结果。

第四节　本章小结

一、伦理是随着时代演进的

大多数情况下，我们总是把伦理学与一些主流道德观相联系，并且有时候会混淆它们的概念和内容。本章主要研究了道德体系的历史变化进程以及思想碰撞的过程。不以自己的标准来衡量他人，谁好谁坏，只有上帝知道。往圣先哲们奋力思索所找到的绝对标准与基础也被历代知识反复推敲到过时。但仍有少部分在散发幽微之光。真正站在最下面的就是我们所处的时代，我们的伦理标准要符合此时此地大多数人的情感认知，当然这个情感会随着时代而转移变化。从人性最深层次解剖分析，由内在活动来解析外在行为的现象，从人性的视角分析伦理的碰撞过程。伦理体系也遇到大小不一的阻碍和影响因素，在不同的影响因素和伦理环境下，人类所表现的是不同的。随着人类社会不断地发展，道德伦理也凸显出具有不同时代的发展阻碍，在行为与内心不断挣扎的过程中，凸显了伦理的存在。

道德是否进步的答案同样来自我们拥有的价值观，这并不意味着答案一定就是"是的——进步造就了今天的我们"。这种盲目乐观普遍存在，但并不是从逻辑上强加于我们的。我们可以将我们的标准用于他们自身，结果却不一定是被完全接受。我们可能会担心：我们自身所处的伦理环境在各处不仅不是无可挑剔的，而且比以往更为恶劣。在我们理想的国度里，人们的品质不会受到任何事件的影响，依旧是高尚，没有现代人们所拥有的缺点，我们遵从儒家学派的道德伦理，和道家学派的天人合一，我们会去反思这种行为。不像如今，我们贪婪地追逐权力和财力，却不去担忧我们是否能承担得起这份财富，不去思考这种行为是否是正确的，不对自满情绪的滋生保持高度警觉。

我们对环境、性差异、性别以及异族等问题越来越敏感。反思这一状况，我们看到琐碎、纤细、来之不易而又不可否认的傲慢之源。我们应该秉承自己公平公正的内心，更加谨慎、严谨地看待问题，或许我们就能从道德伦理中看到真实客观的一面，而不会傲慢地认为自己是圣人或贬低他人是妖魔。

二、有所为，有所不为

在求"是"的同时，也不能忽视了"应该"。伦理学的一些基本问题，或者说人类面临的普遍困惑，都没有"绝对"的标准答案；但也不能就此断定一切都是相对的，什么都能做。

尊崇道德自觉，渴求道德自觉，甚至容忍道德自觉，这些本身都体现了各种道德立场。在不同时期，这些道德立场是兴起还是式微，这取决于我们对在道德之镜中所见到事物的喜好程度。抛弃道德自觉也是很自然的，尤其是当我们衣食无忧的时候。

人类是道德性的动物，但不是说人类天生就知书达理，也不是说人类总是在相互督促。而是说，我们会对事物进行归类和比较、评价，甚至赞美，主张权利或为其正名。我们不会孤立地"偏爱"一件事，而是希望有人与我们有共同爱好。由于这些共同爱好，我们开始向他人提出各种要求。客观事物的发生、发展不断改变着所有人对于责任、对于罪与耻以及对于我们自己和他人的价值的看法。我们梦想过上令人尊崇的生活，在现实生活中却喜欢隐藏或否认自己的弱点。

因此，伦理环境允许我们在为自己的昂贵产品报价时，大谈"市场"规律作为托词；伦理治理环境允许我们为他人的高价愤愤不平，可以强调"我们的权利"及"他们的私欲"。种族主义者、性别歧视者编造各种理由，像美国南北战争前奴隶主必须编造各种理由为奴隶制开脱、辩护一样。伦理环境将维护一种信念——我们是文明人，而他们是野蛮人；或者说，我们理应得到更好的境遇。我们睿智、敏感、理智、先进、讲科学、有权威、受上帝之庇护，所以能够独享权利和自由，而他们不能与我们相提并论。偏离正道的道德体系将从根本上促成血汗工厂、集中营或死亡之旅的出现。

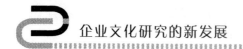

三、德性需要培养

亚里士多德本人也不那么乐观，他强调需要教育和实践来培养德性，因为德性不会像身高和头发一样自然生长。教育则能挖掘"潜力"，至少能挖掘优秀人才的潜力（亚里士多德是精英主义者）。从亚里士多德那里继承来的这一传统有时被称为"德性伦理学"传统。它大胆地将人的自然生活——理性生活、幸福生活及德性生活糅合到一起，实现这一传统的主要途径是将自己融入社会中，体现自己的社会属性。社会生活中，人们希望看到助人为乐、勤奋努力等品质高尚的人获得成功，觉得这样是应该的；相反，认为耍流氓、好吃懒做的人不会获得成功，如果有人靠不道德的行为获得了财富，最终也极易化为乌有。

尽管很可能发生此类事件，但不是绝对的。我们高兴地看到这种情况足以揭示人的多种目的性。一个人的道德败坏与其生活衰败之间的一般关系，就足以说明某些目的。例如，教育者的心中时刻为教育对象着想，这对他的目的来说就足够了。教育者不会有哄骗、扯谎倾向或乘人之危的习惯，因为这些行为会破坏他的幸福生活。我们应该教育我们所关心的人养成有益于自身的习惯，从而培养自己的德性。总之，通过做好事（至少避免作恶），人们会活得自在坦然。

到目前为止情形还不错，但如果认为理想生活与德性生活之间的对等是由自然决定的，那肯定是错误的。至于说它大致是正确的，那仅仅因为它是由其文化决定的。首先，它是通过不断培养而获得的教育成果和政治成就，需要得到持续的关注。这至少有以下三个原因：第一，德性伦理学通过教育向受教育者逐渐灌输尊重他人和自尊的品质，这些品质是出卖灵魂所不能得到的回报。十恶不赦的人对此则毫不在乎。第二，它用稳定的政局和良好的社会制度制约坏人，例如使其因被揭露而受损或使其声名扫地。当世风败坏、社会失控时，坏人就可能继续坑蒙拐骗。第三，它巧妙地运用文化传统或政治制度，揭露各种道德败坏现象。

● **案例：三星集团——践行儒家企业伦理**

三星集团（以下简称"三星"）是韩国最大的企业集团，包括30多个下属公司及若干其他法人机构，在近70个国家和地区建立了近300多个法人及办事处，业务涉及电子、金融、机械、化学等众多领域。三星集团旗下三家企业进入美国《财富》杂志2006年世界500强行列，2008年三星集团营业额约1500亿美元，品牌价值高达 110.85 亿美元，在世界百大品牌中排名第 25 位，连续两年成为成长最快的品牌。集团旗下的旗舰公司——三星电子在 2003 年《商业周刊》IT 百强中排名第三，日益成为行业领跑者，其影响力已经超越了很多业内传统巨头。三星有近 20 种产品世界市场占有率居全球企业之首，在国际市场上彰显出雄厚实力。以三星电子为例，该公司在美国工业设计协会年度工业设计奖（Industrial Design Excellence Awards，IDEA）的评选中获得诸多奖项，连续数年成为获奖最多的公司。这些证明三星的设计能力已经达到了世界级水平。2003年三星在美国取得的专利高达 1313 项，在世界所有企业中排名第九位。

韩国经济崛起背后的儒商文化中的商业精神、由近及远的责任观、对儒学的顶礼膜拜，是世界上任何企业都没有的。细致入微的企业伦理教育——创新需要有爱国的热情、需要有民族的激情，特别是对员工的培训，企业道德教育、员工的道德教育：由近及远的责任观——先尽到对父母的孝：用鱼和笋孝敬父母和长辈，进而爱父母—爱亲人—爱邻里—爱天下—尽责任。

一、"人才第一"理念

韩国的优秀企业大多都以"人才第一"为基点，通过建立企业内部的研修院或利用产业教育机构培育了大量优秀的人才，现在韩国主要的企业集团都已采用了科学的人力资源管理制度；一些专业性比较强的企业和中小企业为了拥有自己的专业技术人才，还建立了相应的人才储备系统，或是从销售额中提取一定的比例持续进行教育投资。此外，韩国的优势企业还普遍重视员工的海外研修工作，以促进员工的自我开发。

三星集团的创始人李秉喆会长生前就信奉"疑则不用，用则不疑"的信条，主张对三星的员工实行"国内最高待遇"。为此，三星公司采用了公开招聘录用制度，新员工一旦被公司录用就要彻底接受三星公司的培训，目的是使之成为"三星之星"，以实现公司成为超一流企业的目标。三星公司在"企业即人"的创业精神指引下，彻底贯彻了"能力主义""适才适用""赏罚分明"等原则。为了挖掘企业员工的潜在能力，除了总公司建立三星集团综合研修院外，各分公司分别建立了自己的研修院，并通过海外研修等形式对员工进行有效的教育培训。LG 集团则通过建立"社长评价委员会""人事咨询委员会""人才开发委员会"等机构，对高级管理人员进行系统的培育。

二、强调团结的共同体式企业文化

三星的成功：企业非常重视组织成员之间的团结，积极致力于创立能够反映员工创造性建议和意见的企业文化，提倡每个员工的责任承担，爱社会和主人精神，从而形成了共同体式的企业文化。此外，基于"企业的成长与健康的劳资关系是同步的"这样一种信念，三星积极培育劳资共同体意识和劳资和谐气氛，从而使企业的经营活动能够在稳定的环境氛围下发展。

三、奉行"彻底第一主义"

奉行"彻底第一主义"，韩国人有很强的民族自尊心，很多韩国企业在发展之初就会定下高标准。与日本企业传统上"位居第二""回避风险""以稳求实"的经营理念不同，韩国大型企业集团大多都奉行"彻底第一主义"，强调人才第一，产品第一，服务第一。三星一直主张要"成为世界第一"，不论是事业，还是专业技术，三星企业文化的核心就是"第一主义"，这是三星创始人李秉喆在创立公司时就提出来的。三星会长李健熙在1993年又提出："三星要在所有涉足的领域里追求第一，成为这些领域中最先进、最好的企业。"韩国的另一家大企业LC集团的董事长具本茂，曾在仅十多分钟的简短新年祝词中，13次使用了"第一"的字眼。

三星奉行的"第一主义"并不是响亮的空口号，而是其企业文化不断进取的动因。追求第一的意识激励着韩国的企业，并使许多企业跻身于世界一流的行列。但是，韩国企业有时甚至为了达到这种高标准，不惜一切代价，冒险向海外投资，这也是韩国企业文化不同于日本企业文化的地方。日本企业的经营理念中以"稳"求"实"，回避风险的思想仍占据统治地位。韩国企业文化中更加强调勇于向外扩张发展，以此来达到"第一"的目标。

四、企业家的良好素质投射到公司文化中

韩国的企业家被赋予很高权威的同时，也必须以身作则，在经营管理中讲究领导艺术。作为企业精神的代表，韩国企业家在给企业员工起到表率作用的同时，还要具备带领企业员工一起前进的统帅能力。受儒家文化和西方文化的共同影响，韩国企业家勤劳敬业，既有东方人的吃苦耐劳精神，又有西方人的实干作风。很多韩国企业家都是白手起家、历经磨难，顽强地带领自己的员工奋发图强，最终创造出

骄人的经营业绩。一般而言，企业家的良好素质会投射到企业文化之中，有些韩国企业文化甚至可以说是企业家个人价值观的群体化。

在世界经济全球化的今天，韩国的一些大企业迅速崛起，在世界经济舞台扮演着越来越重要的角色。韩国企业的成功与它们特有的企业文化和先进的管理思想有着密切的联系。作为韩国优秀企业的代表——三星公司更以惊人的速度连续两年成为全球品牌价值上升最快的公司，其发展速度令世界瞩目。三星文化深受东方传统文化的影响，有着以人为本、追求卓越、服务社会、力求创新等特点。在同属儒家文化的背景下，三星公司的企业文化对于中国市场经济建设有着深远的意义，对于中国企业建立和健全企业文化有着非常重要的参考价值。管理大师彼得·德鲁克曾经说过，越符合民族文化的企业文化，越能扎根久存。韩国，作为东亚地区的一员，几千年来的东方文化对其文化形态产生了巨大的作用，其企业管理思想也深受这种传统文化的影响，并在此基础上，形成了它们特有的企业文化。三星公司发展奇迹的一部分不得不归功于它特有的企业文化。

第六章　企业文化：企业与伦理道德

第一节　引言与合理内核

本章借西方工业化社会企业福利制度的发展，对产生相应的道德伦理问题进行解析，有助于我国企业在制度方面完善相关的道德伦理问题，借鉴西方工业化的道德伦理问题，扬长避短，不仅能够大力发展我国工业文化，还可以学习道德伦理的经验和知识。

本章主要内容包括：从讲道德的经济到商业伦理道德、道德伦理与企业关系史、向对社会负责的企业"公民企业"过渡、从个人负责到企业负责、道德伦理与工商企业、道德伦理与人员管理、道德伦理的新兴活动等。

从讲道德的经济到商业伦理道德，从《汉穆拉比法典》到《世界人权宣言》，讲到伦理道德的经济和个体利益经济。从古到今，经济（后来到20世纪是管理）与道德（或曰伦理）之间的关系经历了许多变化。不过，当伦理融入企业之时，它便形成了独特的形式。其最初被纳入企业管理的方式是父道主义。父道主义，是一种超前的伦理道德，父道主义的拥护者早些年曾写道，社会结构建立在"遵守'十诫'和父权统治这两个不变的基础上"。父道主义是企业主最早的伦理模式。这种模式强调，无论是在企业的内部还是在其外部都要遵守家庭的德行。时代不同，企业类别不同，其实行的方式也各有所异。但无论是哪种形式，都要求行为举止要合乎道德（首先是工人），然后披上伦理思想这种新的外衣，以一些争取民主的形式，加以不断完善。

义务论（déontologie）的定义——从事某种职业所需的一系列准则和义务。道德（morale）与伦理（éthique）这两个词最初的定义基本上是一样的："依照一个国家的风俗、习惯而行事。"为了搞清这两个词的区别，必须了解这些概念的由来。亚里士多德所提倡的伦理的宗旨是"建立在某种决定基础上的人的行为范畴"。人出于本性，总是在寻找人自身所固有的和能实现自我的"至善"。这就是幸福（幸福至高无上学说），即人类活动的终极目标。但它并不限于快乐、荣誉和财富，然而也不是一种绝对。在现实的纠纷之中，人们还是选择做审慎的人（谨慎的原则），在物质主义与理想主义之间则选择伦理这个观念。亚里士多德的伦理学与柏拉图不同，它是实际的、自由的，人人都可以做到的；它也不属于完美范畴的道德，他的伦理学比较"接近实际"。道德和伦理是分不开的，非要区分伦理与道德，借用哲学家安德烈·孔特—斯蓬维尔的一句很精辟的话来概括就是："道德下命令，伦理提建议"，意思就是说我们考虑使用道德法规实施行动之前，应该用伦理这个词，而在实施行动过程中，涉及一切善与恶，对与错的问题，就应该采用道德这个词。

企业文化的追溯是对历史进行了简单的回顾，从企业的道德伦理到讲道德伦理的企业。道德伦理和利他主义一样，都是经济问题题中应有之义。很久以来，道德伦理就对企业的核心问题产生着影响。在某些时期，甚至还有企业特定的发展形式或者特有的道德理论。父道主义既有预防措施也有惩罚措施。尽管父道主义利用慈善，但它并不等于慈善。不过，父道主义和慈善都有怜悯感；某些工业家就是因为仁慈而成为父道主义者。但是，慈善是怜悯，而父道主义则出于善意总是与一系列稳定的福利制度相联系。最近 20 年，企业在国家管理再分配这种模式下高效率发展，但是也是出现问题最多的时期。矛盾加剧，一些企业生产过剩，加上国家不履行义务，这就引起政府部门对公民企业问题的讨论，道德伦理和企业相关联，人们仍然会质疑自己角色的胜任问题，作为对效益、对公正、对环境保护负有责任的公民企业，它能够保住自己的地位吗？企业能够担负起责任吗？过去是自然人负责，而现在越来越明确地变成由法人负责了。实际上，已经有很多理论研究和经验总结不仅仅帮企业解决经济效益问题，它还发挥着社会调节者的作用。此外，环境保护因素使问题激化，特别是由于各种破坏生态的恶劣行为在被媒体曝光之后更是如此。让企业担负起某种责任是有可能的，但必须确定其形式以及评估它对企业具有何种意义。

对企业与道德伦理关系的历史进行简要的概述，讲述了父道主义的发展情况以及主义形式，19 世纪的父道主义旗帜鲜明，20 世纪的父道主义重新抬头，但含而不露父道主义的企业家应通过设立各种社会福利制度（包括从托儿所到死后的棺材），来帮助他的工人，这些制度充满极为浓厚的道德情感。工业家实行父道主义，主要可以得到三种好处：使劳动生产率更高，使企业人员相对稳定，使劳资关系得到改善，这对工业家来说显然有好处。这些福利措施种类不一，但都可以提高工人的道德水平，使他们过上好日子。然而这也许并不是工人们自己的意愿，因为这种好日子是工业家们为了企业的利益而设计的。工业家必须要把这种物质的父道主义限制在能够赋予他们一切合法性的道义的父道主义范围之内。诞生于 19 世纪的父道主义通过一系列社会福利制度，使工人获得最低限度的福利，以此来教化工人，使他们老老实实待在工厂里，远离工会活动和社会主义学说，并以此作为主要目标，这类父道主义除了有各级的权威之外，在企业里仍是唯一的社会关系方式，这类企业不是把雇员当作一种商品、当作一件可调换的物品，只付给他们工资，而是把他们当人看，老板应给予他们比工资更多的东西。后来父道主义这个词变成贬义词，20 世纪下半叶使用的是公民企业，再以后使用的是讲道德伦理的企业。

随着时代的进步，父道主义的衰落，父道主义向公民企业过渡。父道主义的辉煌发展一直持续到第一次世界大战前夕，从 20 世纪 20 年代起，它对人们思想的影响开始减弱，它的内涵意义带上了贬义的色彩，福利国家随着工会运动和社会主义的发展而产生，这是父道主义衰落的原因。企业中实行父道主义的确从物质上改善了工人的境遇，但在精神上要付出很大的代价，尽管缺乏总的统计资料，但还是可以说，所涉及的企业数量不足以说明工人阶级的总体状况已经得到改善。

20 世纪的福利国家取代了 19 世纪的维持秩序的国家，从而彻底改变了国家的职能。它部分地取代父道主义，把一些工业家所建立的各种福利制度都承担起来，使工人在部分程度上挣脱了资方的精神枷锁。"公民资格"是以社会契约为前提的，涉及同一国家的公民，因此具有共同的价值观，共和主义的口号反映了这种价值观的共性："自由、平等、博爱"。公民企业讲的是伦理道德的企业，是一种目的论的父道主义，公民企业（关心他人及其自身前途的企业）也许是一种解决问题的办法。不过，这只是名称和形式的不同，实际上与父道主义几乎没什么两样。企业不管是以新的调节形式出现还是回到更老的调节形式上去，总之，它不再像过去那样只是经济的中心，在社会上也成了中心。公民企业对于现代企业来说并不陌生，公民企业在重视自己经济发展的同时，也重视承担社会的责任，不断调整企业的内部和外部环境适应社会的发展，通过一系列行为使得企业与社会环境协调发展，达到一种共生的发展状态。

我们每个人都应该对自己负责任，同样，企业也应该对企业自身负责任，本章从个人到企业提供了责任的哲学依据，责任的感受始于人不能参照某种标准而又必须做出决定之时，基于责任基础（自由和审慎）的责任批判，行为自由是责任的起源，唯有行动自由能够反映人的责任感，没有自由就绝对谈不上责任。所以，自由与责任是紧密相连的。对他人的审慎，也就是对企业内部和外部环境（无论是人文的、社会的、经济的、环境的或者是生态的）而言的审慎。道德义务高于对他人的关心，因为需要保护的是整个生物界，这意味着赋予当代人的担子过重，为此，以他人为重点，可能缓解这种负担，减轻责任。考虑他人是十分必要的，对企业来说尤其如此。对企业要像对人那样来理解，以便确定它的社会责任，对责任的理解便是以考虑他人为基础，更准确地说是以对他人的意愿自由为基础。把企业当成人，分两个阶段进行：通过支配力这个概念，承认企业的权力；抑制企业的某些意向性。企业作为组织具有独立的目标，与其每个成员的目标无关，它有行动自由。因为有他人存在，道德就存在，而且有这种必要，那么企业就有一种对他人的意向自由。于是，它就成为一个对其社会经济环境施加影响的主体。当然，公司作为一个主体，它的目标可以不同于公司成员的目标。因此，企业的责任与企业内的责任便有一个协调的问题，就出现了集体负责，这一出现促使民事责任保险的发展，同时确保避免造成损失者破产。

我们公认三个学派的工商企业道德伦理的发展，本章对这些学派理论进行分析和研究，并说明它们对评估社会生活的各种活动和成果有着十分重要的作用。企业责任的适用性是以道德伦理行为与市场稳定及发展条件的统一为前提的，在这种情况下去实现利润。关于对责任的可能性探讨，公认的学派有三个，主要学派就是美国的工商业道德伦理学派，另外两个学派是德国的讨论伦理学学派和法国以批判的工商业道德伦理为主的学派，这两个学派并没有真正形成。这三个学派除了解释了责任概念，还致力于道德伦理行为的研究，即把哲学原理与关于道德伦理行为的讨论结合起来。还把企业行为或企业内部的行为进行各种评估工作也带动起来。评估活动主要是通过专业化事务所而得以发展。美国学派的特点是承认利润不再是企业的唯一目的，但对这一概念的意义尚未真正达成共识。德国学派是哲学学派，得到企业的积极响应。不同于美国学派，德国学派不是研究经营管理的伦理学，相反，它涉及整个集体，职工是这种伦理学的主要相关人员，这种论证伦理学的创意在于：以对所应从事的事情进行协商一致的对话为基础，来建立伦理道德的准则。法国学派则是适应企业特有的实践活动而形成的学派，从严格意义上说，该学派既非思想学派，也非实践学派，不仅借鉴了美国学派的工商企业伦理学，也借鉴了德国学派的论证伦理学，还具有并发展了某种独到的见解。企业与国家一样，由于它在社会上的重要作用，而越来越被看作是责任的承担者，而且责任越来越大。从这个角度来说，对企业行为进行评估，所经历的变化是很大的。凡企业领导者都把在企业内部制定道德法规，或者鼓励营造有利于产生行为的道德准则的社会风气作为自己的一项任务。

我们探讨了合乎道德伦理的行动，研究了道德伦理在企业内部和外部如何发挥作用。一个企业的经济活动，最终仍然与它维护一种有利的品牌形象的能力有着密切的关系，它应该能够与消费者以及那些与它有来往的私营或公营机构建立起一种信任关系，实现利润与捍卫伦理道德并不是矛盾的，企业同有决定权的利害关系人之间彼此信任，应该是调和伦理道德与利润的主要基础。开展符合伦理道德要求的活动有多种具体形式，其中对人的管理是中心环节。合乎伦理道德的行动产生于企业内部。对人力资源实行合乎伦理道德规范的管理，并不是只在某个时间对某项规定进行检查，相反，这是一种从人的生活到工作的整个过程（从受聘用到被解雇）都一以贯之的行为。除了人力资源管理之外，还有一些旨在使伦理道德行动与经济效益紧密结合的新做法也发展起来，本章主要是储蓄投资和消费，尽管公平交易在很大程度上仍依赖于大的替代经销网络，但它还是取得了长足发展。这些行为活动的可检视性和实践性完全一样，往往都是通过制定伦理准则表现出来的。这些已形成文字的伦理道德准则，成为企业在人力资源管理、与分包商关系、尊重人权以及保护环境等方面的政策的参照标准。

企业必须将伦理道德融入企业的发展规划中，其实施行为应该与实现利润结合起来。对于企业来说，实施伦理道德行为最低要求就是不让企业的正常发展受影响，当然，能带来更好的正面效果，是每个企业都想得到的。对这种统一关系，可以通过两种方式建立，第一种方式是建立一种可以与属于某种信念的道德伦理相联系的辞书编纂式方法；第二种方式是指通过罗登公司原理，把基点放在市场上。企业的利润越高，它就越会将其中的一部分拿出来再分配给集体，而这样做对企业的未来不会产生负面影响。所以，企业利润增加，社会压力可能会加大。反之，利润微薄，股东施加的压力会加大。当利润增加时，股息提高，股东在政策方面的限制会相对少一些，在这两种压力的限制下，有一种能够使人力资源政策变得比较协调的利润标准，这就是一种能使各项政策与外部压力保持一致的最佳利润。近 20 年来，利害关系人试图超越利润最大化公司理论，把个人或社会团体的各种利益及要求与企业挂钩，这些团体不只限于股东、供应商或对企业拥有经济权力的个人。该理论不满足于拒绝公司与其环境之间相互影响的狭隘看法，相反，它应该能够确定"谁重要，谁不重要"。各种经济要素之间的信任关系，在很大程度上取决于所掌握的信息以及与行为或决定有关的风险，因为没有掌握全面的信息，因为有风险存在，信任关系才作为减少搜集信息的费用和不定因素的手段，得以存在和发展。人们建立起多种对信任的接受方式，直接影响着公司的效益。

本章阐述了企业员工与道德伦理之间的关系，还论述了企业员工和领导应该如何自我管理，以达到企业有效发展，从合作到控制每个环节应该注意哪些问题，强调了企业人的重要性，该如何在企业中进行合乎道德伦理要求的行动，还研究了职工的企业工作寿命周期，阐述了道德伦理在这种工作寿命周期各个阶段的作用。尊重人权，首先是尊重人的尊严，这是企业里社会关系的根本。无论是企业与其员工之间的关系，还是企业员工与员工之间的关系，以及企业员工与所处环境之间的关系，对人员的管理应该是企业经济发展和社会发展的矛盾核心，同时也是员工的积极性和参与性的关键。职工与企业主的相互关系往往是不平等的，但一般来说对处于附属地位的人不利；而道德伦理，作为这种文化的主要源头，同样也是促使企业文化发展的手段，是通过对道德伦理问题的思考调整企业文化的手段，道德伦理可以起到一种调整作用。精神契约是劳动契约质的进步，道德伦理内容是精神契约的根基，是领导者的道德，雇员的道德，还是出自各利害关系人之间达成广泛共识的道德。企业领导者率先以身作则是对企业道德伦理的实践行动，企业领导者应该首先提高自身的道德意识，积极承担道德职能，是企业建立好信任关系的关键因素，应该体现三种榜样作用，即个人表里如一，言行一致；观念的化身（领导者不可凌驾于法律之上，而应是"活标准"）；准则人道化（领导者不可凌驾于道德准则之上，而应使之符合企业情况，使之人道化）。一个人从他受雇到离开企业，他在企业的工作寿命周期的各个方面（招聘、薪酬、辞职离开或被解雇）都与道德伦理有关。

一些合乎道德伦理要求的实践活动，如投资、储蓄和贸易，促进了道德伦理发展的新兴活动。近 20 年来，责任与合乎道德伦理的行动正在以新的形式展现出来。如果说企业在其政策上已经开始重视社会和环境问题，那么，来自消费者和股东这两方面的外部压力，则可促使它们强化自己的责任，促使它们的行为更加符合伦理道德，其中表现尤为明显的是合乎伦理道德的投资方式和公平贸易。这两者都是把经济行为与符合道德伦理的行为统一起来，使对责任的承诺能够通过日常生活中的消费和储蓄这类属于经济性质的决定反映出来。以具有责任感的方式进行的消费和储蓄并不一定总是多花钱和少赚钱的情况。合乎道德伦理要求的投资，就是把钱投放于符合某些道德伦理标准的经济活动中，或者把从事经济活动所获得的部分收入，用在帮助穷人的、团体的、社会的和教育等方面的项目上，比如共享式基金、伦理性基金和伦理性储存等。公平贸易建立在社会公正思想基础之上，必须使经济活动与公正的社会分配标准一致，首先要尝试与各种常规做法不同的方法来考虑国际贸易问题，尊重人的尊严和保护环境被认为是根本大事，寻求竞争不可损害劳动者和当地民众的利益。建立这样一种新型的贸易，必须有生产者、出口商、产品经销网、进口商与消费者之间的有机结合，从生产活动开始，通过经销到消费，在每一个环节上，都应该本着行为要公正这样一种意愿。

道德伦理从非正式到正式的规范化，反映了国际上的道德伦理规范，如美国、日本和法国，日本和美国的企业都拥有某些有助于制定道德伦理规范的民族文化（特别是在法律和道德方面），伦理、道德、职业道德、品行宪章或准则，这样一些涉及公司生活各方面的文件，都是从美国的一些企业引进的，它们反映了企业领导者希望以书面形式把其员工必须接受的价值观和必须施行的行为正式化的意愿，而欧洲在开展这一活动时有很大的保留，日本和美国的文件就有别于欧洲规范，是因为美国偏重法律，日本具有集体精神。除了国家法规以外，道德伦理规范所依据的是联合国、国际劳工组织或者欧盟等一些国际和欧洲组织的一系列文件（法律、公约、宣言……）。非正式化的道德伦理规范只有在规模较小的企业才有可能，因为企业雇员之间的交流比较容易，权力下放程度也没那么厉害，在法国，只有大企业才有道德伦理规范。不管是鼓励性的（文化性）还是强制性的（纪律性）行动，道德伦理规范应能使企业所有人员以及所有利害关系人切实注意：不能为了获得经济效益而不计代价，也不能说目的正确就可以不择手段。道德伦理规范是调节企业、企业人员以及利害关系人之间关系的工具。长期实行颇得人心的父道主义而且规模不断扩大的企业，就要通过制定伦理宪章来保持这种精神状态，当然，道德伦理规范可以成为一种极好的管理手段，但是，也不应把它当成解决企业中的所有利害冲突的灵丹妙药。

第二节　创新与贡献

一、父道主义的兴衰发展

企业的道德伦理有一个历史的发展过程，它不是在 20 世纪的最后 25 年才突然产生的。在 19 世纪，它以父道主义的名称出现，以后又称为公民企业，现在人们又通过当代伦理与企业之间关系的概念来研究企业的责任问题。

父道主义既不是制度也不是学说，而是一种处事态度。父道主义是家长制的一种经济组织形式，在这种形式下，一个家庭的主人既是带领这个家庭干活的家庭成员的家长，又是他们的师傅，父道主义对保护者与被保护者之间所存在的各种家庭式的关系做了规定。男女之间的不平等关系被用来为经济上的不平等做辩护。这种父道主义在法国北部、东部和东南部的企业主身上表现尤为明显。父道主义要实现两个方面的目的，一个是降低企业员工的流动性，保证企业有一个稳定的发展环境；另一个是给予那些危险阶层的员工机会，实施再教育。有些企业家真心诚意地把帮助处于困境中的工人当作己任，他们都算是先进的企业家。大多数企业领导者都对自身的道德义务具有高度的自觉意识。

到了 19 世纪，随着工业革命的兴起，出现了企业父道主义，它主要表现为以下几种不同的体制：企业从员工入职开始，就负责他们的物质需求一直到其死亡（物质上的父道主义）；企业控制员工们所有的权利（权利上的父道主义）；在道德方面负有责任，特别是必须信教，做"好工人"，即工人必须节俭、忠诚、克制（道德上的父道主义）。老板认为他们对自己所雇用的工人应该像他们的前人对待农民那样负有责任，业主及其家人把工厂看作是他们自己的财产，把工人看成是自家人。父道主义工业家既是慈善家也是竞争对手。

19 世纪自发产生的父道主义，到这个世纪末期的时候，成了工业家们反对工会组织和社会主义不可多得的工具。社会主义者自己也把实行父道主义的企业主看作是危险的对手，因为他们淡化了阶级斗争思想。至于工会的态度则暧昧不明甚至是矛盾的，他们不同意家长式管理，但又反对人们去触动它所带来的既得利益。父道主义的初步定义："由旨在人为地在上下级之间（不论是哪一级）建立家庭式关系的态度所表现出来的思想状况，当然，这种关系的最终目的是要使从属者获得解放。"

在 1919 年至 1945 年期间，父道主义在物质、精神和政治方面均达到鼎盛时期。相对于 19 世纪而言，它的宗旨发生了变化，这个时期的主要目的是保证企业的稳定发展，降低员工的流动，确保企业的发展实力，不支持企业中建立工会组织，也不希望国家来干预市场影响企业的发展。随着企业规模的扩大，父道主义变得很挑剔，以至于把劳动力市场搞得零零散散。不过这只涉及一部分雇员，即企业要挽留的那些人。

1945 年以后，国家社会保障体制有了大的改动和变化，使得父道主义不再关注于外在的组织形式，而更加重视人们的精神需求。为了消除原先消极的影响，父道主义也逐渐改称为新人道主义、博爱主义等。

因此，承载着新内涵的父道主义使用一些新的人力资源管理办法得以继续实行。这些办法包括受薪者参与管理（建立质量保证小组、交流与情况进展小组、雇员意见直接反映小组等）、培养企业素养（被看作是在企业成长过程中形成的一整套共同的标准和价值观）以及打造公民企业等。

超越自我，有竞争精神，有个人成就感，出类拔萃等，这些被认可的伦理原则使企业在各种传统角色（教会、军队）都受到质疑的社会中，能够把道德伦理重新恢复起来。这种伦理道德与19世纪的伦理道德不同，这是一种经过整治的外表年轻化的父道主义，实际上它总是试图用同一个模子来塑造每一个人，即塑成雇主所要求的那种人。对劳动的颂扬代替了19世纪天主教的道德学说。

后来，在"完美的父道主义者"的新外衣上又贴补了一些新标签，如企业精神、社会销售学研究等。父道主义之所以提出这些新的标语或外在形式，其主要目的是提高企业整体的经营成效，促进企业的发展。还有一个当务之急，就是长期以来与工会运动的斗争。这样一来使人觉得父道主义变得有些支离破碎了。

在20世纪，为父道主义及其存在的基础进行辩护的人似乎越来越少。但它却并没有因此而消失，而是不断加以完善，力图求新，哪怕只是换汤不换药。争论超出原来的范围，人们更愿意谈论道德、伦理、责任感等，企业的社会责任也成为企业讨论的话题，企业道德伦理成为了"父道主义"的衍生，企业也更愿意这样称呼。

19世纪，一些经济和社会学说在使用这个概念时，是明白讲出来的，20世纪时则是不言明的。前卫的企业主或慈善家，他们作为父道主义先驱者，所关心的是企业的效益。他们通过两个方面来实行这种父道主义：企业在物质方面，提供一系列奖励和福利，体现出企业的父道精神；企业在精神方面，关心员工的生活和工作，提供更多的激励和鼓励。

从那以后，企业效率往往通过各种形式的个人中心主义来实现。父道主义采取这种虚假的形式，是由对现实前途的危机感和缺乏积极性等不安全因素所造成的。由于失业增加，工人稳定问题已不是当务之急，雇主最关心的是灵活性问题。就在这种情况下，父道主义又找到自己立足的位置，它把新的就业形式与新的家庭形式结合起来。

雇主们的新战略以特定的方式面向各类劳动者，因为每类人都有特殊的家庭背景。这种为了寻求灵活性而在劳动力类别上做文章的做法体现了父道主义的生命力（就业—家庭的一致性），与任何形式的自由主义不可同日而语。

二、责任与利润

合乎道德伦理活动必须与利润结合起来，这只是一种条件，并不一定就说明结果比方法重要。企业实施伦理道德活动不仅是企业发展的一个目的，也是企业实现利润增长的一个途径。企业的社会责任似乎并非完全不能与实现利润兼顾。可以考虑用好几种理论方法来讨论这个兼顾问题。但是，企业应该对谁承担责任呢？利害关系人理论不仅仅针对股东（利害关系人），相反，它试图将社会环境纳入考虑范畴，从企业与社会环境的关系着手来界定企业的责任。既然关于公司社会相互关系理论的扩大问题确定了，那么，企业与利害关系人就可能对实现利润产生影响。在资本主义制度下企业利润能体现很多方面的功效，其主要能影响企业投资方向、评估企业的发展轨迹、分析企业生产要素回报率等。

法国经济学家弗朗索瓦·佩湖（F.Perroux，1926）研究了很多关于利润的问题，他承认了利润的重要性，是不能被削减的，同时强调了利润有着很大的作用，它有助于企业、国家经济的发展，也促使着慈善福利事业的发展。然而，追求利润最大化与进步可能是背道而驰的。

如果可以说各种经济发展成果自身就包含了生产成本的降低以及新产品的创造，那么，一般意义上的经济发展指的就是推广革新以及把发展的果实分配给一切集体，尤其是分配给个人和弱势群体。

因此，企业的发展应该与企业的集体责任联系起来，这样不仅能解决企业的成本问题和企业创造新产品的问题，而且可以建立企业的核心竞争力。同样，也不能再认为利润与责任是不能兼顾的。

然而，值得指出的是，有人说追求利润会导致责任感松懈。某些意想不到的事情可能对此提供了佐证。例如，称之为"疯牛病"的海绵状牛脑炎发生的部分原因，就是因为追求扩大利润的结果。为了节约加热费用，掺到饲料粉中的家畜肉骨碎料只用较低的温度蒸煮，这样不能把产生疯牛病的传染性蛋白微粒杀死。传染链感染了牲畜，从而扩大到人体。可以肯定地说，在此事件中，追求利润的最终结果造成了这种地方病，其责任就在于此。有些企业非常明确地表示，愿意兼顾利润和某种伦理道德责任。

虽然人们都愿意承认道德伦理思想的重要性，企业也愿意接纳这种价值观，但是要将这种理论思想转化为现实行动，并期望它能带来某些益处，人们往往觉得这是不切实际的，也是很难达到效果的。有的企业不主张这种思想，有的企业却积极实施这种道德伦理行为，这就会给这些主动的企业带来成本压力，很容易受到行业的排斥，高成本的企业运营也使之在某些方面失去竞争力。在理想竞争或者有争议的市场条件下，道德完全由企业领导人决定。鲍莫尔（1990）的杜绝浪费理论（Waste-Preclusion Theorem）认为，必须在很长的时期内杜绝一切不能导致降低成本，因此也不能提高利润的开销。这个理论是在假定企业处于竞争的情况下制定的。一切导致浪费、造成无益开支的决定都可能使公司在竞争中陷于不利地位，都可能被竞争对手排斥在市场之外。然而，正如鲍莫尔自己所强调的那样，企业应该将其自身利益与慈善活动联系起来，这样再多的慈善活动都是被允许的，也不会给企业带来资金、人力和时间的浪费。

伦理底线是指社会上所能接受的最低限度的道德行为，或者被普遍接受或施行的行为的道德底线。如果社会或市场的一些行为影响了伦理底线的接纳范围，那么为了更好地适应社会和市场，我们个人和企业就应该进行自我调节，也就是说由于有像竞争这样的外部压力而不得不接受这种状况。如果道德底线递减的话，则意味着竞争使一切道德伦理活动取消，对于一个企业来说，资金上支撑不住，责任也就越来越适应不了竞争的现实。

在市场上，伦理原则的遵守不是某一个人或企业的责任，而应该是所有人或企业一致认同和接受的伦理原则，这样才是公平的，才能谈得上道德伦理。但是，正如德国著名经济伦理学家彼得·科斯洛夫斯基（Peter Koslowski，1998）所指出的那样，这种对市场经济和竞争的看法，对于竞争有效性来说太过乐观，而对于道德伦理行为成本来说又太过悲观。

事实上，企业家合乎道德伦理的行为可以有多种形式，其中有些形式不会导致附加成本。彼得·科斯洛夫斯基从中归纳出四种情况：

第一种情况：道德表现形式符合实现某种补偿性活动的需要，这种活动带来一些个人花费，但大家却可以从中受益。在这种情况下，显然不存在任何鼓励道德行为的问题。人们处于集体财产的传统模式之中。

第二种情况：道德表现形式也与补偿性活动有关。在财务方面，它不带来费用问题，但不论是在企业外部还是在企业内部，其中的收益颇丰。从费用角度看，这是一种"中性"道德。人们发现，有不少是针对消费者、供货商等的美德，比如诚实，都可以在这里表现出来。成本不高而收益无论集体还是个人都很可观。这其中有些是对伦理道德行为的鼓励，但它与市场是不相容的。

第三种情况：道德表现形式，是指拒绝通过像行贿这样的不道德手段以及违背纯粹的和理想的竞争，而获得补偿性利润。实际上，这是通过违反市场操作而获得的一种收入。在这种情况下，道德与市场相互兼得，这是毋庸置疑的。对于企业来说，作为补偿，这样做却损失或错过了要得到的东西，但同时会带来集体福利的增加。在这种情况下，不是超出市场要求对合乎道德的行为给予小小的鼓励，而是稍微鼓励一下不违反市场规则的行为。

第四种情况：道德表现形式，与前面一种情况相反，如果所有其他竞争者都搞违法活动，比如采取某些行贿手段，那么此种道德表现形式在于它可以承受起各种适应市场行为的代价。即使存在对以道德的方式行事有所鼓励的措施，这样做也不会与市场运作原则背道而驰。反过来说，由于有了合乎道德伦理的活动，市场运作可能会更好。

此外，即使同意接受道德伦理行为而不因此导致成本增加，那么也会存在与非道德行为相联系的间接成本。

如果任何伦理道德都没有，或者从积极方面说，如果有一种伦理道德得到遵守，企业内外消极的连带后果就会蔓延开来。这样一来，当企业的合乎道德伦理活动或企业内的道德伦理活动开展起来的时候，各种眼前的不利因素一般来说都会显现出来。不过，还是要看到长远利益。

与此同时，与非道德行为相联系的未来的不利因素也应给予重视。在这种情况下，不从事道德伦理活动能否使各企业长久存在下去，这就很难说了。反之完全有理由相信，长远地看，随着伦理道德而建立起来的大众的信任，在推动企业从事合乎伦理的活动方面将起到重要作用。

三、精神契约是劳动契约质的进步

19 世纪的特点是法律不完备，经济秩序不严格，比如没有劳动法规、经济上自由放任，这些都对雇主有利。企业主需要人，但他也可以随时换人，而雇员则不得不为了生存而工作。随着国家的干预，到了 20 世纪，《劳动法典》制定出来，又有工会发挥作用，这才部分地恢复了平衡。然而，雇员的经济状况因失业而恶化，与雇主的情况相比仍不平衡。即使有些理论认为，劳动使人得到充分的发展，但对很多人来说，它始终是一种原始的东西。在很多企业中，交换关系并不能保证就能达到一种"双赢"关系。

按照法国法律中的劳动契约，雇员与雇主之间是一种从属关系，雇主拥有超乎寻常的权力：权威、惩戒权。不过，劳动契约保证缔约者之间的关系在法律上平等，但是在实行中无论是对雇员还是对企业来说，都做得不够，很靠不住，甚至反复无常。首先，雇主和雇员交易的最终结果是不确定的，亦即是说受雇员工是否尽到其最低限度的努力？企业效益尚未明了之前，老板是否同意给予起码的报酬？其次，劳动契约促使雇员置企业目标于不顾而只追求个人目标（工资，奖金……），同时它要求企业履行经济上的承诺，而丝毫没有道德或心理的考虑……不成文的契约理论和实效工资理论解决了这种先天存在的不确定性。精神契约这一概念，则弥补了劳动契约在道德伦理方面的欠缺。

显然，因为各方行为（因犯的两难选择）的不确定性，根据劳动契约而获得的平衡不可能达到最理想状态。实效工资理论对不成文的契约理论是个补充，这种不成文契约理论是基于薪酬协议而建立起来的，这样就可以使风险共同承担：

——在形势稳定时，雇员宁可领取中下等的工资；在形势对雇员较为不利时，他们更希望在经济上获得较多的保证。他们对风险表现出一种厌恶的态度，因为工作是他们唯一的收入来源。

——雇主冒各种经济风险，由于劳动成本降低，所以他们赚取的是中上等利润。

在这一理论中，劳资关系在企业一级存在着君子协定——"无形之手相握"，(Okun，1981)，以便根据双方对经济形势的看法以及对风险的厌恶程度，来确定工资水平和工作岗位总量。这样使雇员的购买力不至于发生突然的变化。这是一种心照不宣的交易，双方都相信对方言而有信。故而，相互信任是这一交易的基础。

精神契约通过强调劳动契约质的方面，对不成文契约予以补充。这个概念于20世纪60年代产生于美国，其定义是："职工与企业对双方义务的期待"（Poilot-Rocabois，1998）。它是不成文契约，不具有任何法律效力，它只产生于劳资双方各自所能体会到的承诺。

遵守精神契约可以使个人和组织双方的期待都得到满足。这本来是一种积极的工作关系。精神契约可分为两种类型：交易型和关系型。交易型精神契约主要以短期货币承诺为特征；关系型精神契约可以具有货币性质，但它主要是情感性的，因为双方的往来是在诸如忠诚、诚实、信任等情感方面进行的。为了换来企业所允诺的最佳工作条件、职业前景、社会地位等，职工承诺提供高生产力，把尽可能多的时间贡献给企业，全身心地投入工作中……这样双方都得益：对企业来说，职工忠诚、诚实、生产力强……对职工而言，工资更高、劳动条件更好，得到社会的承认，在工作中个人得到充分发展……

彼此信任是精神契约的基础。这是相互的期待，有可能落空。无论是个人还是企业，对各自的义务都有自己的认识，但是因为这些义务是心照不宣的，所以，职工、企业或者其有关各方对它们的看法并不一定都一样。怎样才能知道彼此的意愿？在尚不存在成文契约的情况下，采用何种手段进行沟通？手段有多种，比如讨论、实践、企业政策等，但最常见的仍是不言明方式，尤其职工方面更是如此，他们既不对企业也不对有关各方说出自己的期待。有不少著作都试图具体地说明因劳资关系背景而异的精神契约的内容。参与、多面手、培训、可雇用性，这都是有可能采用的项目。

违背精神契约的情况是存在的，原因有：对义务规定双方意见不一致，说得不明确或故意不遵守，这就像是"一种失望、挫折、气恼、痛苦、义愤的情绪和情感经历，这是因为其中任何一方感到它的一项或几项义务未能得到满足"（普瓦波—罗卡布瓦，

113

1998)。

精神契约首先使人想起 19 世纪"好工人"和"好老板"的形象,这个形象差不多维持到 20 世纪 70 年代。它建立在稳定、相互尊重与信任的基础上,把企业看作是一个大家庭的形象。雇主向其雇员保证:增加工资,提供社会福利待遇(随着福利国家的现,其性质发生了变化)和稳定的工作。作为回报,雇员全身心投入企业,诚实、忠诚……

随着社会—经济环境的改变(技术迅速发展、全球化、竞争激烈、企业重组、失业……),心理契约的内容也发生了变化。企业中职工的工作稳定性和参与愿望都存在问题,企业主与企业人员的关系性质也发生了变化。

在这种新环境下,必须找到新的方法来调动职工的积极性。伦理道德当仁不让,它通过自己的表达方式乃至规范,尽量使精神契约在人员管理方面的内容具体化,尤其是在共同的价值观以及责任化、权力下放、职工参与的各项原则方面更具体。因此,道德伦理内容是这种契约的根基。

第三节　点评:观点的碰撞与交融

具有社会责任感的企业并不是虚构的。在历史的长河中,它曾经有过各种不同的形式。19 世纪,父道主义是这种尝试的一种特殊形式,它要把工人打造成"好工人"。于是,企业或老板便采取必要措施培养工人的道德观念。公益事业(住房、教育、卫生)是责任机制的核心。在没有国家社会保险制度的情况下,企业起到保护者的作用。这种地位使老板有权力管理工人的生活。同时,按照通常的说法,工人从出生到死亡都依附企业。这种制度在 20 世纪逐渐消失。这种制度因成效甚微及其过度地统制经济而受到质疑,逐步为福利国家所取代。但是,企业并没有因此而把一切形式的责任弃之不顾。传统确实应该代代相传。尽管如此,企业在社会生活中的作用已经发生了真正的变化。企业把再分配让给了国家,而自己集中力量承担经济角色。随着福利国家出现危机,这种分工也被削弱了。企业再度成为争论的中心。

20 世纪后半叶的一个明显特点是社会文化特性出现危机,而经济危机又激发或加剧了这些危机,诸如,家庭的变迁(单亲家庭、家庭重组、妇女解放……),政治纲领缺乏,积极性丧失,失业痼疾……总之,那段日子,社会秩序混乱,人们道德空虚,经过多年的放任，大家才对道德伦理问题有了意识。除了这种伦理危机之外，科学及其在技术上的应用也带来冲击。作为集体，它意识到这些冲击存在的危险，它需要一种未来的伦理道德。不只企业家对把伦理道德与企业这两个概念联系在一起感到发怵，既讲伦理道德又赚钱，在这个自由的（甚至是野蛮的）资本主义占主导地位的世界上，似乎是不合时宜的。然而，以不道德的手段谋取利润使某些企业家付出了巨大的代价。伦理道德是我们这个社会的一种真正的需要，也有人说它是一种伪善的东西。总之，这不单单是企业的问题。伦理道德问题是美国人首先提出来的，20 世纪 80 年代开始在法国出现，主要涉及生物学、金融、政治、媒体、环境、广告、国际贸易等领域。

本章讨论了关于西方工业化社会企业福利制度发生、发展过程中相应的一些道德伦理问题，可以发现企业的发展总是与道德伦理息息相关，西方工业发展的历程上，这种关系也不断发生着变化，国家逐渐接纳了 19 世纪的父道主义，实施再分配管理制度，企业的主力是大力发展经济。今天，随着福利国家阐述危机，这种分工再次被削弱了，企业承担的社会责任再度成为争论的中心。

本章不过度涉及统制经济，而是批评它无能力顾及其经济活动的外部效应。企业像替罪羊一样被指责为行为非道德：解雇、污染……它们依靠整个集体来消除它们的经济活动的外部负效应。面对这种指责浪潮，一些公司采取了某种道德伦理措施，以便从骤然形成的把经济行为与社会及生态破坏行为混为一谈的局面中摆脱出来。在历史发展进程中，企业的社会责任确实存在，如果说这种责任有缺失的话，那是因为国家无处不在而产生的一种特殊情况。

采纳社会的或道德伦理的标准，对企业来说不仅仅是一种公民行为，同时也是一种与竞争者争夺市场的手段。无论是企业为经营而采取合乎道德伦理的行为，还是经营迫使企业去施行这样的行为，不管这种伦理是顺应式的还是反应式的，道德伦理与利润关系都变得越来越密切。在一个实施道德伦理似乎是一种"付出"的竞争世界中，每个公司都会热衷于鼓吹责任措施。于是，是否相信那些讲道德伦理的企业，就成了核心问题。如果说道德伦理这个"时髦"的东西在不断发展，这是因为它在市场上传达了这样一种信念，即增加利润与施行好的行为准则是并行不悖的。但这主要是表现，而不是实际行动。即使应该实行道德伦理准则，也不必做得太过分。企业应该能够在各个方面都取得成功。因为真正的道德伦理措施可能付出甚多，而一无所得，道德伦理形象却能获益而又花费不太大。

"装潢门面"的政策低估了消费者获得、选择和处理信息的能力。虽然信息繁多经常会鱼龙混杂，但是，有责任感、有理性的消费者今后会有各种信息来源，使他们能够在选择时有起码的可靠性。各类互联网标准化的统一管理大大方便了对产品及其生产条件的比较。只依靠宣传道德伦理形象是不够的,对符合道德伦理行为的评级机构通过其传媒中介发布信息,会越来越准确、全面且容易获取。有责任感的消费者不会被长期欺骗。这对道德伦理的评估是一个重大挑战。道德伦理是一场实质性的运动,从长远看,施行道德伦理行为的企业("橱窗"式的除外)有可能在市场上获得相对优势。

替代性融资和储蓄活动以及与贸易有关的活动也会对市场产生影响。非传统网络对产品的认证,能够促使传统网络也对它们的某些产品进行认证。不过,这类非传统做法本身也有自己的局限性。常常提到的问题是资金不足,有时是专业化程度差。把维护网络工作人员所特有的价值观与必须使整个社会接受的价值观这两者混为一谈,也掣肘着这类活动的发展。进步和自由可能很快就要因道德的原因而受到冲击。

道德伦理不能局限于这些非传统的网络,它应成为社会的事。这并不意味着要对必须采纳的合乎伦理道德的行为达到共识。在道德伦理行动上的共识,可能会造成一种"弱势"道德伦理。反之,个人的、多样化的承诺可能有助于在竞争的世界上造就一种"强势"的道德伦理。价值观的多元性不能囿于共识。所以这对企业的挑战就更大。在企业内部,接纳价值观并使之规范化反映着企业领导者的偏好。于是,企业领导者与职工之间可能会在企业内部规范问题上出现矛盾,企业与某些社会团体之间也有可能在这个问题上看法不一致。事情不仅在于"我是否应该接受道德伦理措施",而且还涉及"选择何种价值观,选择何种伦理道德"的问题。

在当今社会中存在很多违背道德伦理的行为,并且这种行为已成为普遍现象,政界人物也间接地受到影响,普通公民对此已忍无可忍。今天,为了赶潮流,我们个人和企业都应该积极遵循道德伦理,提高个人和员工的道德意识,培育高尚、高素质的员工,打造符合道德要求的产品等,而诚信这一原则在这些活动中起到了一个很重要的作用,关系到事情的成败。亚里士多德曾经就说过:"诚信应该是单纯幼稚和使用权谋的结合。"如今,已经有很多企业在很多事件中失去了诚信,我们必须重提伦理道德来挽救企业已遭受的损失。

第四节　本章小结

从古至今,很多哲学家、经济学家、企业文化学家、社会学家等都在研究经济与伦理的问题，它们是那样地须臾不可分离。如果说经济与伦理道德曾经分开过的话，那无疑是从个人利益成为经济思考的中心那个时候开始的，但并不能因此就说经济与伦理道德不再有任何联系了，因为道德或伦理也是从对经济的思考之中产生的。

一、信任的重要性

企业管理的道德伦理内在含义的关键词：公正、社会责任感、典范性、相互信任、尊重他人。这些词的意思都与伦理有关，伦理只能存在于"公正的社会制度"中，它通过企业成员的榜样（伦理行为）使企业在社会上担负起责任，它促使彼此间的信任（企业内外的），也确保对他人的尊重。"伦理道德的三个'C'"，即商业伦理应该体现在以下三个方面：符合标准（法律、道德标准、习俗、企业政策、公正）、企业能够对社会做出的贡献以及企业对内对外的商业活动结果。

信任是一种与各种参与者之间的关系有关的概念，在此，各种关系随着个人利益的多种表现方式而建立起来。人们的各种想法、价值观以及对他人的评价，还有人在社会中形成的所有关系的好坏，都与我们与外界的信任程度有关系。不过，同各种参与者之间的任何一种相互关系一样，信任并不能消除与各种关系并存的风险。信任关系离不开如下三个基本因素：信誉；证明许诺有效的材料；记性。它们之间的相互关系是关键。这三点组成了信任，而各经济行为人之间的率直坦诚以及这些人员行为之公开透明，则使信任得以维持。没有信息，就没有信任可言。如果信息太准确太全面，信任也就失去其意义了。

信任关系存在着多种形式，每种形式都与一群人或者组成利害关系人的个人有一种对应关系。有三种主要效应被凸显出来，每种效应都程度不同地与一个或数个利害关系人组成的团体有联系。这三种主要效应分别是：管理效益、诚实效应和声誉效应。管理效益理论可以把一个人的满足感与公司的效益最大限度联系起来。这样的个人很容易感激他的同事和他的上级。诚实效应不仅与一些利害关系人（如消费者）而且也与供应商有着紧密的联系。如果没有了信任，那就很容易失去这种诚实效应。信任与声誉之间的联系可以建立一种良性循环，积累起来的声誉资本逐步增加，使参与的各方在交易中感到满意，同时增进了合作伙伴之间的信任。由于信任可以使公司与利害关系者各方建立起持久的联系，故而，它亦有助于利润的创造。

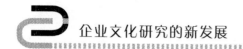
二、今昔父道主义

从人类起源到现在，尽管父道主义形式千变万化，有时甚至出现程度不同的支离破碎，但它在各种社会结构中都或隐或现地存在着。在工厂中，它遵守等级制度，即男人工作岗位稳定、高薪、有地位、有权威，而妇女则处于从属地位而且工作不稳定。父道主义只有在其雇员安排私人生活的道德标准与安排其职业生活的道德标准相一致的情况下才能发挥作用（许多男人由于担心在家庭中丧失权力而希望禁止妇女工作）。

作为管理劳动力的一种合理的策略手段，父道主义通过诸如参与企业管理（质量检查团体，交流与提高小组，职工意见小组……）、企业文化（被视为从企业历史演变产生的共同价值观）等新的手段得以实施。公民企业之后是讲伦理道德的企业，它们都强调超越自己、竞争意识、个人成功、出类拔萃等价值观，此类企业在传统的权威象征（教会、军队、家庭）受到质疑的社会里，使企业的道德精神日益恢复。由于它们始终要以资方所要求的同一个模子来塑造个人，因此，它们摆脱19世纪的道德标准，建立起一种父道主义外表年轻化疗法。19世纪基督教的道德学说被对劳动的颂扬所取代。

企业精神和社会营销学对新的一套"完美的父道主义"是个补充。这些新的父道主义形式只有一个最终目的，就是提高企业竞争力和企业效率，而且都是通过工作的灵活性来达到目的的，反对工会活动一直是当务之急。所谓"完美的父道主义"是一种已经解体的父道主义，是"狮子契约"，雇员在那里再也得不到什么好处。19世纪，雇员与父道主义企业完全绑在一起，甚至可以说成了奴隶，以他们的顺从换来勉强可以说是稳定的工作。如今，企业毫不犹豫地探究雇员的隐私，要求他们的思维方法必须符合企业的规定而且没有回报。

虽然企业在社会方面采取的行动与过去的父道主义企业所采取的行动有某些区别，但是，它们的目的却是相同的。19世纪的那种以良好愿望为掩饰，对劳动力的绝对控制，到了20世纪下半叶，虽经乔装打扮，但这仍是资方最关心的问题。在父道主义实行过程中，所有中期目标和行动手段都随着整个社会尤其是经济和社会背景的演化而发生变化，然而，最终目标却没什么改变。

三、企业的社会责任

企业，从奉行父道主义时期开始到演化成公民企业，它似乎总是要承担一些纯经济性活动之外的责任。在环境问题尚未提到重要地位之前，企业的责任首先是面向社会问题。然而，不管是哪一方面的问题，责任概念的含义本身也在变化。责任是与审慎、自由联系在一起的，它被看作是意愿的自主权，现在已变成对他人负责。这不是简单的概念拓展，而是对责任的思考方法上的一个根本转变。企业回避不了这一变化，做起来有时也并不容易，虽然我们很容易承认企业积极承担社会责任，却很难对企业的自愿作界定，并且有时候企业对他人承担责任会引来不必要的伤害。责任的适应条件，也就是确定责任的条件，必须具备这两个前提：一是从企业家负责过渡到企业负责；二是建立企业责任制而不是集体责任制。市场应该让企业有自由行动的机会，不过应是审慎的，于是，审慎的行为说明企业是负责任的。

这种形式的责任，不论它本身作为一种社会性质的制度，还是作为一种属于与自己的行为产生相互作用的更广泛的社会性质制度的组织，它都与企业有关系。在这种情况下，企业对整个社会以及它的成员负全部责任。组织责任必须以它能够保证承担以其名义所实施的行动的责任为前提，这就意味着该组织是一个法人或者法人代理。企业必须以共同负责为前提，在人与社会之间有一种作为相互负责的基础的准契约。公司责任，这意味着具有确定行为意向的可能性，意味着各个层次的人之间的目标是一致的，一个组织所有人员形成共有的一整套价值观、信仰、态度和德行，从而形成了集体的责任。

> **● 案例：瑞福油脂股份有限公司实施伦理宪章，践行知行合一**
>
> 　　瑞福油脂股份有限公司是股份制民营企业，是我国最大的芝麻制品公司。公司主导的"崔字牌"小磨香油及系列产品荣获中华老字号、中国驰名商标、绿色食品等荣誉称号，被山东大学评定为"学生实践基地"，被山东省旅游局评选为"山东省工业旅游示范点"。公司生产的"崔字牌"系列产品荣获"中国驰名商标""中国国际农业博览会名牌产品""全国食品质量放心品牌"。被中国绿色食品发展中心认证评为"绿色食品"；被评为"山东名牌""山东省粮油行业十大名牌""山东省著名商标"等。经过20多年发展，"崔字牌"小磨香油以其被信赖的产品质量销售到全国70多个大中城市，并远销日本、韩国、加拿大、南非等地。
>
> 　　强者，专也。一个好的企业定位除了要告诉社会你专注什么，还要告诉社会可以把自己的专注做得优秀。瑞福油脂志在"一辈子只吃一碗饭"，是因为会把这碗饭做得最好。产品的优劣界点在质量。在瑞福油脂，什么都可以商量，唯独质量没商量。瑞福油脂对质量慎始慎终，坚持选用最好的芝麻做原料，采用最优的传统生产技艺，生产最正宗的"崔字牌"小磨香油。瑞福油脂坚信：定位，不是去创造某

种新的、不同的事物，而是去操控消费者心智中已经存在的认知，去重组已存在的资源存量。凡成长性强的企业，都是将创新作为企业发展的一种文化。瑞福油脂不仅在今天创造未来，更习惯用未来思考今天。创新已成为当今瑞福油脂的主旋律，成为瑞福油脂的核心竞争力。

瑞福油脂股份有限公司的文化密码是"一辈子只吃一碗饭，一百年只做一件事"，这句箴言式的企业理念，既是瑞福油脂的发展宣言，也是瑞福人的"共同愿景"。多年来，瑞福油脂股份有限公司心无旁骛，秉持"质量是企业的生命""品质源于细节""唯诚为贵、唯信为最""服务就是让顾客满意""越磨越香、越香越磨""闻着香、吃起来更香""时时检讨、事事检讨"的理念，"一辈子只吃一碗饭，一百年只做一件事"是瑞福油脂与百年梦想的一份约定，这里的"百年"，不是时间上的具指，而是讲的企业寿命。企业寿命问题已成为当代社会的一个沉重的话题，不少企业由兴到衰之间，似乎存在一个周期规律问题，成功了的，要走向失败；胜利了的，要走向灭亡。谓之"兴之亦勃，亡之亦勃"。如何使瑞福油脂由成功走向成功，保持长久的成长势头，是企业必须解决的重大课题，也是瑞福油脂亟须解决的重大课题。

一个好的企业定位首先要告诉社会你专注什么。"一辈子只吃一碗饭"，是瑞福油脂对产业发展的专注目标。瑞福油脂发展的战略选择不外乎有三种：第一种是一辈子只吃一碗饭，吃得非常精彩；第二种是一辈子什么饭都想吃，结果什么饭也吃不好；第三种是一辈子什么饭都能吃，这多数是那些超强的商业帝国，然而这些商业帝国又无一不是从吃一碗饭起步的。踏实做事的瑞福油脂从不好高骛远，不是见了什么做什么，而是一心一意做好"崔字牌"小磨香油，靠"崔字牌"小磨香油生存，靠"崔字牌"小磨香油发展。不管市场上有什么样的诱惑，从不改变自己的目标。瑞福油脂之所以一辈子只吃这一碗饭，不是因为他们不可以吃别的饭，而是因为他们知道，从事香油的生产经营，既是自己拥有其他企业所不拥有的核心技艺，同时他们也知道香油市场无限大，单是只吃这碗饭就吃不完。对瑞福油脂来说，之所以要坚持一辈子只吃一碗饭，还是瑞福油脂一种责任的担当。瑞福油脂从现实的需求中看到，随着营养学的普及与香油对人体健康的解读，消费者对瑞福油脂有着越来越高的期待。瑞福油脂要吃的这碗饭，紧紧维系着当代人类的健康状况，是消费者也想吃也要吃的饭。董事长崔瑞福先生说："消费者需要什么，我们就做什么；消费者的意志，就是我们的意志；我们要快乐着消费者的快乐，幸福着消费者的幸福。"

瑞福油脂发布《瑞福油脂企业伦理宪章》是时代的需要，也是企业的需要。企业伦理宪章绝不是可有可无的，它是企业行为的基石。一个企业，只有用伦理道德的自律，才能真正满足顾客和社会对这个企业的需求，满足社会对这个企业的认可。遵循它，员工在制订自己的工作计划时，才能考虑到公司利益和个人利益、上下游客户与消费者的利益；遵循它，企业在运营的过程中，才有了更加人性化的标准。伦理宪章的导入是为了动员全社会关心、支持和参与企业伦理宪章的创建工作，引导和推进各领域所有的公司自觉自愿履行社会责任，守法、诚信、安全生产经营。《瑞福油脂企业伦理宪章》是瑞福油脂企业文化管理体制上的一次提升和变革，它将整合原有的企业文化体系而建立新生理念，强调的是企业与社会的关系，关注的是消费者的权益，明确的是员工的职业规划与健康，使得员工切实增强责任感与使命感，站在全局的高度，把企业伦理宪章作为一项工作任务而引起高度重视。

"知行合一"在本质上是集道德、伦理、政治于一体的道德人文哲学。不仅要认识"知"，尤其应当实践"行"，只有把"知"和"行"统一起来，才能称得上"善"。"知"，主要指人的道德意识和思想意念。"行"，主要指人的道德践履和实际行动。因此，知行关系，也就是指的道德意识和道德践履的关系，也包括一些思想意念和实际行动的关系。瑞福油脂的企业文化建设杜绝空洞地喊给外人听的形式主义，瑞福油脂企业践行知行合一，真正把企业文化与管理实践结合起来，把企业文化中的商业伦理落实到行动中去，当企业文化变成企业的一种氛围和空气一样重要时，企业文化的强大作用就显现出来，瑞福油脂企业也就能靠文化来成就企业。凡长盛不衰的企业，都是文化牵动的企业。经济失去文化就像是一只没有航标的船，一个好的企业未必是一个先进的企业，先进的企业之所以先进是因为文化的先进。文化成就了瑞福，文化改变了瑞福，文化发展了瑞福。瑞福油脂不只是传统技艺的密集型企业、信息密集型企业，更是思想密集型企业、文化密集型企业，瑞福油脂面前流通的，不只是物流、资金流、信息流，那源远流长的更是思想流、意识流、文化流。

第七章 企业文化与经济伦理

第一节 引言与合理内核

本章从企业、个人角度讨论了文化与企业经济的关系，论述了处理问题的伦理道德原则，帮助人们提高伦理意识和处理企业经济问题的能力。本章将理论与实践相结合，站在国际视角，给予企业一些借鉴，应该重视企业个人与企业发展的相关性，同时，还应该积极承担全球经济领域中的社会责任。

本章从不同角度阐述了经济伦理。

主要涉及经济伦理问题：是什么？为什么重要?这是本章的铺垫。

我们讲述了经济伦理与价值观。本章作用相当于场景设置，提出了一系列问题。本章一开始提出，人们能够通过叙事媒介，创立、维系和交流价值观，接着提供了第一个经济伦理案例，随后进行利益相关者理论的探讨，最后介绍了四大公司理论，其中每一种理论都有其关于构成伦理行为的假设的理论基础，旨在让企业了解一些影响现代社会的关键因素——经济伦理的各种可能性的重要议题。本章结束时回顾了其他讨论伦理问题的方法，如描述法、规范法和反思法。经济伦理问题能够由故事加以例证，这些故事有时表现为传奇剧、悲剧、讽刺剧、喜剧，有时表现为闹剧。许多著述者和组织认为，公司采取合乎伦理和负责的行为有经济价值或理由，这两者之间存在相关性，但是负责的公司是因为自己的善举才盈利，还是因其盈利花得起钱，才能成为负责的好公司，这个问题不容易证明。运用利益相关者理论能够透彻理解许多经济伦理问题。关于组织及其在市场体制中的作用是否合乎伦理这个问题，古典自由主义、社团主义、多元主义和批判主义提出了四种不同的观点。对古典自由主义模式的怀疑鼓励组织中的个人发挥其道德主体的作用，道德主体需要反思什么是对，什么是错，需要在组织中努力为善。

有关经济伦理议题。我们的目的是从重大议题转向具体议题。本章确定了在经济活动、组织和管理中发现的伦理和道德问题的范畴。详细的案例研究使企业可以清晰地理解许多问题。本章中心议题是确定经济与管理领域的伦理议题的范围和种类。本章包含许多案例研究，综述了管理及组织生活有关的伦理和道德问题，其中有许多问题已经在经济和组织领域中引起麻烦和辩论，这些问题涉及有争议的、错误的，但是合法的行为，覆盖了从伦理到道德的范围。读者在接触理论问题之前如果有具体案例作参考，理解理论问题会比较容易，由于我们开始讨论理论问题，所以，我们安排了大量的案例研究。这些案例研究也是其他部分的参考资料。企业应该借鉴那些跟企业类似或相关的案例研究，或者那些感到有必要、值得深思的内容。本章讨论了以下几个要点：公司和组织的主要品德是：做好事（社会发展、社会责任），仁慈（互惠、公平）；主要的恶是：漠视对他人的伤害（撒谎、自私），实施伤害（威逼、对社会不负责任、损害社会和环境）。以上各个标题下的议题均可提出有关什么是对和什么是错的问题。伦理问题不容易明确归类，看似两难选择的困境，在这种困境中，各方都有对自己有利的论点，但困境中的主角却只能持有和表述一种观点。

影响经济、组织和管理者的一系列伦理议题，同时列举了一些相关案例供企业思考。因此本章提供了进行伦理思考的工具，描述那些可以用来分析伦理问题的正式伦理理论和原则，便于分析这些伦理议题，这些工具可以在解决或思考伦理问题的时候使用。我们把这些工具称之为伦理理论，实际上，这些理论是一套思考伦理问题的思想体系。这些工具可以帮助我们对伦理问题的本能反应提升到对伦理问题的系统分析，它们多半源自西方哲学史。由于这方面的理论很少与经济有关，所以我们详论了这些理论对于组织及组织中的个人所蕴含的意义。但是，当我们真正要使用这些理论来解决问题的时候，它们并不那么好使。因为这些理论很多，并且都是一些基础理论，人们在对照问题的时候，不能更好地选择用哪种理论更恰当、更合适，也不知道应该如何正确具体地使用这些理论。从古至今，理论知识一直都是一个被人们用来研究、论证和辩证的哲学命题，它并没有一个统一一致、绝对性的见解和定论。因此，我们在解决问题的时候，应该把这些理论作为我们分析问题的基础，而不能作为最终的答案。通过这些方式可以最理想地解决工作中的伦理问题，全力以赴地培养有德行、有判断的人，使他们在面对伦理问题时能做出合乎道德的决定并实施这些决定。通过这些方式可以很好地解决工作中的伦理问题，将组织视为由个人组成的网络，这些个人通过个体和集体的体验、思考进行学习并分享这种学习心得，及应用那些应该成为我们行动指南的完善的道德准则，并预测哪些行动带来的利益最多。

涉及个人对伦理问题的反应，其研究方法的一个特点是，从个人视角来思考经济伦理问题，概述了这个大专题下的一个重要问题。我们介绍了工作场所的个人价值观，本章的主题是价值观，这个问题涉及诸多方面。本章集中地讨论了个人价值观的应用，介绍并讨论了关于价值观的五种截然不同的观点，使企业能对相关议题有全面透彻的理解。伦理学代表着解决当前道德问题的一种理智的取向，而价值观则代表一种回应，这种回应基于的信念是人们具有情感依附。在处理经济伦理问题时，这两种理念都需要加以考虑。关于价值观在经济伦理中的作用，有五种观点：传统主义、现代主义、新传统主义、后现代主义和实用主义观点，人们可能持有其中一种观点，他们采取的立场决定了他们对工人们究竟持哪种观点将取决于自己在组织中的从业历史和经验，取决于他们所受的教育和培训。没有必要把组织里的人划分成有伦理的与没有伦理的，所有的经理都有干坏事的可能，但是诱惑方式以及他们不合乎伦理的活动的性质将取决于他们自视为预言家、主观主义者、修辞学家、沉默主义者。人不是单纯地"拥有"价值观，人的价值观取向随境遇和谈话对象的不同而不断地被重新定义和重新调整优先次序，我们的价值观是我们的伦理依托，可是我们每个人很难说清自己的价值观究竟是什么，人极少被逼到极端，以至发现自己真正的"价值之锚"。当我们遭遇道德失败时，我们的失败往往带着性情与态度的特征，换言之，重要的不是我们的价值观是什么，而在于那些价值观对我们来说有多么重要。

我们讲述了价值观与启发式策略，讨论在受到伦理挑战的情境中，人怎样才可以全面透彻地思考，在实践中如何做出伦理决定。我们讨论了哲学家与伦理学的著述者们关于人们应该如何思考伦理问题的一些主张。本章主题是启发式策略对人类思考的作用。论点是：人们在形成关于伦理问题的观点时，运用的并不是完全理性的方法，而是启发式策略，从而降低了形成观点或做决策的难度，并简化了围绕任一伦理问题的大量竞争性的意见与信息。当人在复杂的伦理情境中挣扎搏斗时候，个人价值观可以被视为过滤器，通过这个过滤器，伦理情境中凡是受到质疑的元素都被过滤掉（同时还有别的过滤器，如权力感知、他人支持等）。试探是一种"认知捷径"，使我们可以按照逻辑理性的取向去处理至少在个人眼里看来是复杂、难以定义和不完全的信息。本章对伦理思考的解释带有一定的推测性，讨论了人们如何做出有关伦理问题的决定，该讨论基于已确立的思想和新的理论，但这些思想及理论尚未完全应用于伦理思考，因此这里提出的论点需要读者做出自己的判断。理性的和分析的理论解释了应该如何做出决策，启发式策略可以解释人们如何在实践中做出决策，启发式策略过去常常被视为偏见与歪曲的根源，快速极简的研究计划将启发式策略视为切实有效的决策手段。价值观可能在有关伦理问题的决策中发挥启发作用，价值观能够被用来限制和阻止决策者对信息和选项进行更多的搜寻，在设定优先性及决定如何对组织的错误行为做出反应时，问题在于从许多互斥的价值观中选出那些应该被采纳的价值观。

我们介绍了个人对伦理问题的反应，讨论了个人可以怎样定义一个伦理情境，即怎样为它"贴标签"。"贴标签"涉及的两个主要方法是归类与个别化，而个人的价值观将极大地影响个人做出选择，这两者之间关系紧张，这是本章探讨的问题。我们讨论人们对工作中的伦理问题的反应，讨论对伦理问题的思考。对伦理情境的反应不仅明显地涉及对问题的思考，而且超越了思考。人们对伦理问题的反应包括人们说什么、怎样说和怎样做。对反应的选择涉及两大认知过程——类别化与个别化。其中，第一个过程需要把问题放进一个类别中，说"这是我处理这个问题的方式"。这些类别往往以价值观为根据。本章描述和解释了不同类别对伦理问题的反应，探讨的问题是人们可能不会只采用一种类别，而是可能就一系列彼此冲突的类别同自己或别人争辩。由于人们意识到了新信息和对问题的不同观点，他们对一个问题的分类方式可能会随时间推移而改变。本章还讨论了影响人们对问题分类的一系列因素，让企业有机会对这些论点进行反思。

对工作中的伦理问题采取的立场可能有八种，人们可以对一个问题采取不同的态度和行动，这取决于他们的良心、伦理推理和对他人观点的理解。一个人的良心、伦理推理、对他人观点的理解与他们行动之间的紧张状态可能会引起心理不适和人际冲突。具体伦理问题的特殊性也会影响个人对立场的选择和改变立场的倾向。

人们选择伦理立场时会受到很多因素的影响，这些因素包括个人的认知发展水平和人与群体或社会共有的价值观。

在讲述举报人和证人时，应该思考伦理行为，特别是这类员工的伦理行为：他或她极其反感组织的做法，以致在通过正规组织渠道解决问题的努力失败后，会向组织内部或外部的另一个人披露自己的担忧。本章讨论的问题和论点集中关注那些个人，他们在组织里遭遇的伦理问题严重挑战自己的价值观和伦理观，可是他们却找不到满意的解决方法。本章讨论的问题是：一些员工由于多种原因陷入某种困境，他们对其组织的某些行为感到难以容忍，除向他人提起外，已别无选择。这里的他人可以是同事、组织内部的资深人士、家人或组织外部不相干的第三者。这个听取举报的人举足轻重，因为在英国这能影响当事员工受法律保护的程度，但是当事员工无论向谁举报，其行为性质都是相同的，这种举动通常被称为举报，举报人被称为告发者。为了改变人们的观念，应该将举报者术语换成"证人"，而不是"告发者"。举报行动包含但不限于向外界揭露组织的问题，有必要对举报行为的贬斥进行反思和理解，尽管没完没了的举报不值得推崇，但是所列举的案例研究中反映的组织同样令人反感，把举报者看作证人而不是告密者是个进步。

组织对伦理问题的反应，焦点应转移到组织层面的分析，公司的伦理义务和问责交代问题。

关于公司责任、公司治理及公司公民。这三个彼此关联的主题是从组织层面看待经济伦理时首先要关注的问题，"公司治理"旨在确保实现公司的目标。从理论和法律上讲，其目的是股东财富最大化。备受瞩目的公司丑闻，如麦克斯韦尔通讯公司（Maxwell Communications）和国际信贷商业银行（BCCI），以及安然（Enron）、世界通讯公司（WorldCom），帕玛拉特（Parmalat）和全球跨越公司（Global Crossing）等的丑闻，提出了大量有关公司治理的深层次问题。然而，对于许多只关心与自己切身利益攸关的股东利益的人来说，这些辩论只不过是一些抢眼的噱头。最初使用的"公司社会责任"，正在转向"公司责任"，"公司公民"这个概念也已经被使用，这种术语上的变化反映了人们仍在寻求一个概念，希望它能概括地表达商业—社会的关系并使辩论各方满意，但重要的是要能扩展法人代表的责任，使其超越对股东的责任。人们用"公司责任"和"公司公民身份"等术语延伸了这一论点：公司的责任不仅是关心股东利益最大化。通过案例研究和其他范例作为媒介，对这些论点的伦理基础做了探究。对价值观与信仰的问题，不同代表强调了不同的视角，在南非，这个问题强调亲属关系、社群和对全人类固有的信任和公平信念，英美国家公司治理中的价值观问题是隐含的，由伦理个人主义和个人是自利并且天生不值得信任的观念支持。我们也许正在进入或者已经进入这样一个时期：关于商业—社会关系的辩论更为公平，因此，在未来 10~15 年的时间里会发现，有限责任公司的发展可能已经快速远离了世纪转折时的状态。

关于可持续性与负责任的企业，从多个视角对可持续性，包括（但是不局限于）环境可持续性问题进行了思考。辩论了以下问题：当前人们更喜欢用市场"经济"手段来解决温室气体排放问题；人们在为应对可持续企业和可持续社会的挑战而制定政策时，其假定是：人类行为的基本支撑是伦理利己主义。可持续性观念应该被看成是社会、经济和环境议题之间的共生关系，可以用不同伦理立场来支持特定的可持续性立场，然而，用功利主义分析来权衡不同主张可能导致结论的片面或极端，并非所有与某项决定有关或受其影响的事物都必然具有同等的重要性。所有政治领导人都必须具备应对赤贫、童工、非人的工作条件、全球变暖、温室气体排放和政治腐败等可持续议题和全球性危机的领导能力。但是，全球契约决定绕开 1999 年政治程序，直接争取最大企业的积极支持，以应对全球性挑战，事后看来这一决定是有缺陷的。尽管政府以往做得很差，但政府是处理许多可持续问题的战略的关键部分。只依靠价格机制来裁夺和反映有关可持续发展问题的社会偏好，有许多深刻的弱点，必须成功突破传统的思维定式。消费者和政府能够或必须发挥作用，支持企业采用可持续和负责任的实践与方法，目前关于可持续发展行为的辩论与要求倾向于排斥消费者和政府的这种作用。我们面临的选择涉及许多议题，但是这些选择应首先符合支撑当地社区和社会的价值观和伦理道德原则。

我们应该坚守伦理的一致性，并且不断优化它，使得更多人来遵守更多的正式机制，这些机制被组织用来建立和维护特定的合乎伦理的实践，并鉴别不可接受的实践。其中最常见的机制是行为守则和伦理规范。这些守则和规范可以由组织制定，并应用于组织内部程序和环境。不过，也有外部机构制定的行为守则和伦理规范，它们有时候也与大公司合作，因为这些守则和规范与这些公司有关。本章讨论的发展，随着人们对经济伦理问题日益关切已变得不言自明。一般说来，这些发展表现了人们对一个或更多的妨碍特定公司或工商部门的问题所做的反应。由于受政府或集团压力影响，有时候发展的表现形式可能是组织及公司集团拟定的工作守则和行为守则。行为守则与伦理规范之间的区别虽未得到普遍或一致认同，但两者之间的区别对于明确制定守则的意图是有帮助的。工作守则可以成为使工商企业成功达到自己的社会位置的重要机制，工作守则在组织中的作用是多样的，但未必相互排斥。制定工作守则一方面可以理解为企业的发展，另一方面也反映了企业对员工的诚信和依赖缺乏信任。有人反对在制定工作守则时，把伦理实践摆在组织活动的核心位置并使其成为"工作方式"。凡是公司能够承诺的各种国际和公共伦理最佳实践标准，都有各自不同的优先考虑和重点，组织的文化与领导者对于理解一个组织的实际价值观（区别于推崇价值观）至关重要。组织起来的游说公民团体对企业的挑战也是监督公司伦理表现及其对规范的遵守程度的重要手段。

关于国际背景下的经济伦理情境，我们概述了全球和地方价值观及国际商务。不同社会和国家的经济伦理观与价值观可能不同，社会或国家内部及社会或国家之间均可存在经济伦理观和价值观的异同。价值观和文化是多样化的，这听起来像是陈词滥调。但是对于在各种不同文化背景中苦心经营的国际组织来说，若不想触犯各种各样的敏感问题、价值观和法律，承认"差别"十分重要。本章比较了西方与亚洲的经营环境。各国伦理体系可因不同哲学传统和文献已确立的严格伦理观而不同，即使国家和社会拥有共同价值观，实践这些价值观的程度也会存在差异。本章描述国与国之间及一国之内的经济伦理标准、价值观和实践的差异程度，还讨论了那些努力制定经济伦理普遍化标准的尝试。本章提出了伦理普遍主义者（相信正确的伦理体系只能有一个）与伦理相对主义者（相信文化的伦理差异是正当的）之间的哲学辩论，讨论指出，相对主义并不意味着"什么东西都行"，因为存在经济伦理有效差异与无效差异的判断方法。在一个普遍适用的经济伦理观尚未确立的世界里，在一个各国的经济伦理观存在有效差异的世界里，人们应该遵循全球化发展理论。

我们概述了全球化与国际商务。对于多数人而言，全球化的伦理学仍停留在功利主义的细枝末节上。全球化带来的伤害多于益处吗？如果全球化既带来了许多伤害，也带来了许多益处，但是不同人群对于伤害和益处的感受各异，那么应该怎样权衡一些人感受的益处和对另一些人造成的伤害？仅仅指出益处总体上多于坏处，可能不足以安抚那些处境不利的人群，因此，在思考全球化伦理以及跨国企业在全球化中的角色时，必须包含对全球化带来的冲击的分析。本章全面探讨了在全球范围经营的公司所面临的问题，公司代表积极发展力量的潜力，但是公司的介入也使许多担心公司权利和行为的人忧心忡忡。全球化关注由国际贸易和国际互联扩展而产生的政治、经济和文化影响。跨国公司选择自己的经营地点的目的是从将给他们带来更多投资回报的机构和法定管辖权中受益，政府的对外、对内政策可能会被跨国公司的需求所扭曲，从而减少公共利益，跨国公司在发展中国家的经营可能会加剧所在国国内政治和族群的紧张局势。全球化部分地减少了世界文化的多样性，在全球范围助长了一种消费主义和品牌导向的文化，然而，文化变化是一个不可预测的过程，且各种不同文化都有可能汲取西方的消费主义价值观，以意外的方式改变自己，并使自身适应这种变化。

我们陈列了道德主体性和改善经济伦理之刍议。本章的作用远不止"总结"。一方面回顾了许多在前面章节中讨论过的问题、论点和理论，同时提出了对"全球化"的忧虑，而且，还进一步提出了有关改善经济伦理的初步建议。后者显得颇为大胆和冒险，因为这些建议有点像规则，仿佛意味着"我们最有权威"，所以在建议前面加了一个形容词"初步"。总之，本章阐述了两个对于笔者来说很重要的问题，第一，将在本章强调和讨论过的关键问题整合到一个连贯的逻辑框架中；第二，提供了一个所有辩论和争论都围绕其展开和深入的框架。一些强有力的论据显示企业是实现民主理想的刹车，应使企业在民主过程中更加负责。对可持续性问题做出回应，需要审视不断增长的特权和财产权，需要设计市场机制，从而阻止公司的不可持续性行为。有必要就意识形态的设想和选择爱好展开世界范围的公开辩论，使之成为国际组织的组成部分，以便监督和指导世界贸易和经济发展。在伦理问题中，"魔鬼藏在细节中"，应依据个案妥善处理问题，关注问题的特殊性，鼓励组织决策者在审视伦理问题时，也像对待多数管理决策一样，采用"道德想象"方式，应在社会和组织两个层面健全体制与结构，以克服人们低估伦理问题或不能对其做出反应的倾向。

第二节 创新与贡献

一、经济伦理的善与恶环境

讨论组织价值观管理和企业伦理学，我们的符号矩阵从善的概念开始。第一类关系是对立的。如果我们从善开始，它的反面是恶。这两个词汇都有自己的矛盾。在逻辑矩阵中，对立和矛盾不是同一个东西。矛盾通过用特殊性和实用性来否定形式的和普遍的措辞而发生。譬如，诗人埃德娜·圣·文森特·米蕾（Edna St Vincent Millay）的名言："我爱人类，但是我仇恨人。"换言之，从形式上和普遍意义上讲，米蕾赞许人类，但是她不喜欢个人有时候表现出的令人厌恶的地方或人的多变性，这与她赞许人类的信念发生矛盾。如果善被否定，我们就只剩下善的缺失，这不同于恶；它可以仅仅是冷漠。但是与"恶"相连的冷漠则代表第三种关系——互补，因为"只要好人袖手旁观，邪恶就能凯旋"，这句名言（可能有误）据传出自埃德蒙·伯克（Edmund Burke）。冷漠会纵容恶，但还不是恶的全部。冷漠用逻辑方阵中的术语从属于恶。现在剩下最复杂的关系，它是"恶"的矛盾体，否定之否定。如果我们离开恶，我们就会剩下仁慈（具体体现在"首先不伤害"原则中）。这是冷漠的对立面。仁慈生善而避恶，但仁慈本身并不构成善。仁慈仅在于避免伤害，其本身与行善无关。本章按善良顺序，确定了对与错的四个级别，它们是：善、仁慈、冷漠和恶。这四个类别形成了从善到恶的层次，用来解释企业、组织、经理以及任何受其影响者所面临的各种伦理问题。从善到恶的尺度也可以从不同视角来看。从道德行动方面讲，对尺度上"善"的那一端应该鼓励成规定，而对"恶"一端则必须惩罚和禁止。有些著述者对伦理与道德做了区分，以强调这一对比。伦理要求人们专注于做好事，讨论什么是人类的美好生活。与伦理不同，道德所关心的是正义，即关心防止不公正行为及让不公正行为复归公正。在这里，伦理被认为是起改进作用的，而道德则被认为是起判断作用的。

（一）崇善

社会发展的定义是：由一个组织或公司为改善社会的经济、文化或环境条件而采取的行动。公司的社会发展活动不必直接与其经营活动发生联系，但即使如此，也可以认为组织希望通过善举来间接改善自己的声誉。经济的动机与慈善的动机几乎永远混杂在一起，但是这不应有损于发展活动的价值。

在本章中"社会责任"的词义比"社会发展"狭窄。它可以被定义为：组织按照社会、环境的高标准来从事经营活动。社会责任与社会发展的区别在于，社会责任不规定组织超越自身的经济目的去从事慈善活动。而且，社会责任影响的领域比社会发展影响的领域少。社会责任不包括社会和文化公益，而它们对社会发展则是适当的。社会责任对于组织很重要，"因为，即使不相干的坏事也可能会在利益相关人群中毁灭性地打击组织声誉"。许多大公司须介绍自己作为对社会负责的组织的表现。

（二）仁慈

如果不做好事、不好自为之是不负责任的行为，那么自私则是损人利己。本节讨论人类的利己或利他行为倾向。自私是人类的行为规范——这一假设的理由可能靠不住。对昆虫和动物进化的研究暗示，利他主义、牺牲自己以利他者，可能是进化选择的结果。互惠一词也许比"利他"更恰当，因为个体期望这种行为可以为近亲带来某种未来利益——假如不是为了个体自身。一种互惠的形式叫亲缘选择。只有当"骗子"（那些只受惠而不回报的个体）最终受到"惩罚"，这种利他行为才会发展。在这种情况下参与者必须不断会面，使信任得以发展。根据这个分析，在缺乏信任的地方或者如果人们不认为与被自己自私行为伤害的人在同一社区，这时候就会发生自私行为。

公平所关心的，是在人与人之间或实体之间成比例地进行资源分配。资源可以是货币、尊重或一个社区可在其成员间进行分配的任何财富。在公正的分配中，第一人与第一份之比等于第二人与第二份之比。公平这一伦理论题关心对人的德行的衡量是否适当，人的德行与份额之比同别人的德行与份额之比是否公平。

（三）冷漠

撒谎是错的，但是，在日常生活中撒谎并非总是错的。是否接受谎言，部分取决于制造谎言的环境。撒谎应否受到严责，可能还取决于谎言的性质，完全说假话总是比无法全部讲真话更坏。对谎言的另一个检验标准是谎言的目的，人们对可以接受的谎言有

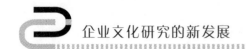

许多种叫法，其中包括无伤大雅的谎言和无恶意的谎言，撒这种小谎是为了避免冒犯他人或引起他人悲痛。谎言牵涉故意欺骗，如果没有这种故意，就不存在谎言。

欺骗这一类别的伦理议题关心的是遵守规则。在组织中许多人看来，重要的问题是，违规带来的利益是否足够大。违反规则不总是使违规者受益，在官僚主义制度下，违反规则常常是为了保护那些本来会受到制度严厉制裁的人。然而，在现代许多组织中，有些人却纯粹出于损人利己的目的违规和撒谎。

（四）制恶

在组织中，威逼是虐待、羞辱或哄骗他人的一种权力滥用。与可能会涉及身体伤害的学校操场上的威逼不同，组织中的威逼更可能是社会性的威逼。对于威逼问题的一个答案是允许受害者为威逼下定义。如果有人说他们受到了强者的威逼，那么他们就是受到了威逼，只要我们接受这一点，就赋予了弱者反抗强者的权力。

伤害这个范畴涉及对个人、动物、机构、组织或环境造成伤害的问题。如果伤害行为的整体结果是好的，那么可否接受一定程度的伤害？另一个争议点关心的是，如何对特定行为造成的伤害和带来的好处进行准确预测。

二、公司责任——社会契约

社会契约是一个有趣的概念，远可以追溯到柏拉图（（Bosanquet）和亚里士多德（Aristotle），近可以追溯到霍布斯（Hobbes）、洛克（Locke）和卢梭（Rousseau）。莱斯诺夫（Lessnoff）很好地介绍了社会契约思想和理论的历史。

有人提出公司必须赢得并保住"经营执照"。这是社会契约的最新表述。经营执照代表的不仅是对经济规则的承诺。这种方法没有忽视经济问题，但两个有趣的著述者——托马斯·唐纳森（Thomas Donaldson）和托马斯·邓菲（Thomas Dunfee）在过去20年中出版了多种著述，如，唐纳森（Donaldson，1982，1989，1990，1996）；唐纳森和邓菲（Donaldson and Dunfee，1994，1995，1999）；邓菲（Dunfee，1991，1996）；以及邓菲和唐纳森（Dunfee and Donaldson，1995）等。唐纳森和邓菲汲取社会契约的思想并发展了一种很有特色的理论——"综合社会契约理论"（ISCT）。理论核心是四个规范，亦称四个价值观，中心是基本核心价值观。

四个规范的描述如下：

"最高规范"（超规范）被认为是基本的人权或大多数共同的规定。根据定义，最高规范所代表的价值观为所有文化和所有组织所接受。最高规范具有普遍规范的特点，是否是最高规范，须经过理性辩论并得到认同，如果被证明不能普遍化，那么就不能成为"最高规范"。普遍规范问题引起了康德伦理学遇到的全部难题，但是，唐纳森和邓菲没有转向与罗斯"初确义务"（prima facie obligations）类似的理论，而是引入了两个容许"当地"变数存在的"低标准"规范，其中第一项为"相容性规范"。

"相容性规范"比最高规范规定得具体，但与最高规范和其他立法标准一致。立法标准被定义为"一种不与最高规范抵触的规范"。公司任务书就是"相容性规范"的一个例证。

"道德自由空间"这是一个有趣的概念，这个概念容纳那些可能与综合社会契约理论中的最高规范发生冲突（或有限矛盾）的规范。

"不合法的规范"无法与最高规范调和。有人认为这类规范可能与某些社会对待妇女儿童的方式有关。另一些人认为，部分此类"问题"可以归入"道德自由空间"。"道德自由空间"为各方阐释自己的理解留有余地，以使他们能够找到一种更长期的修正"问题"的途径。

看来，可以将最高规范短期"悬置"起来，在道德自由空间进行功利考量。在这一点上有争议，而且这点很可能得不到普遍认同，但是它确实显示了灵活性，而一个具有这种灵活性的框架对于谋求发展的跨国公司至关重要。某些惯例，如裙带关系，不被西方文化所接受，但是在别的文化，如印度文化中，则是可以接受的，甚至是非常重要的。在欧亚各地区经营的跨国公司应该如何处理这种冲突？他们需要一种长期原则指导下的短期战略。

本章认为综合社会契约理论是多元主义的，它既承认普遍行为规范（最高规范），又承认重大的文化差异（相容性规范和道德自由空间）。也承认，在该理论中，个人、企业和共同体必须为各自制定出各种水平的"规范"。

为了提供一种有助于实施综合社会契约理论的机制，本章采用了罗尔斯"无知之幕"的修正形式。在罗尔斯的"无知之幕"中，那些（在设想中）处于"无知之幕"后面的人对自己的地位、族源、体能、性别、地理位置、政治和经济制度等一无所知；本章提出的"无知之幕"仅隐蔽了与经济有关的一些特性，如个人技能水平、经济制度、雇用单位类型、工作岗位等，这样修正是希望有利于对"客观的"公正进行反思和辩论，"客观的"公正应该是一种经济体制所固有的，也应该是这种体制的伦理道德基础。

综合社会契约理论既坚持普遍化规范（放诸四海而皆准的最低行为标准）的完整，又避免非后果主义立场的僵硬。这是通过引入相容性规范和道德自由空间来解决的。这个进展很有意义，提供了一种框架，企业家可以借此框架来探寻特定情境中关键的伦理道德问题。唐纳森和邓菲强调，综合社会契约理论不是不动脑筋拿来就用的框架或方法。究其本质，综合社会契约理论是一种促进讨论、辩论的框架。它不是一个决策工具，因为企业经常面临的伦理挑战情境总是太复杂、太多面，以至于用简单公式和计算根本无法解决。无论如何，综合社会契约理论的思想和范畴确实提供了一种话语和一系列概念，可以帮助决策各方建设性地思考复杂商业情境中的不同问题和内在因素。

三、负责任的企业与可持续发展

当可持续性一词最初用于社会和经济活动语境时，专指环境资源的利用和损耗。有许多陈述切中了可持续概念的精髓，其中最早的陈述来自联合国布伦德兰委员会（UN Brundtland Commission，1987）的声明。该声明指出，可持续性的发展理念既能满足现代人的发展需求，又能不损害后代人的满足需求。换句话说，就是总将人类看作这个星球的承租人和守护人。从这一点出发，便有了下面的陈述："我们从我们的子孙那里租借自然资源，而他们则向他们的子孙租借。我们所有人都必须明智地行事。"

如果人们不对有关生活方式的观念进行重大调整，目前不可能实现从全球可持续利用自然资源角度看是必要的调整。这句话既未否认许多西方社会现在的生活方式是不可持续的主张，也不否认理性的人无论如何也无法接受一种调整过后的生活标准。但是不得不承认，由于目前伦理利己主义显著地影响着人类行为，如果政治领导人宣布其政策将导致根本性调整，在一些人看来，如果这种调整意味着生活水平的降低那无异于政治自杀。

（一）可持续的延伸

对许多人来说，可持续性仍然是指人尤其是公司活动对环境的影响。但是，对于另一些人来说，这一概念需要扩展。由于社会和政治制度与经济活动纠缠不清，任何解决剥削人和滥用自然资源问题的希望都必然借助公司和政府力量。此外，解决环境和社会问题时，全国性行动和国际性行动同样重要。无论如何，必须承认大企业的参与十分重要。公司活动是造成许多环境和社会问题的主要原因，只是这一点强调得还不够，所有的公司一致积极协作，是解决世界环境和社会问题的一个重要因素。

这个观点的部分证据是：企业为了维持可持续发展，必须在社会认可的限制范围之内经营，其中包括企业如何利用和对待环境与人。关于"社会契约"讨论的部分内容，

1999 年联合国秘书长科菲·安南提出"全球契约"和 2004 年对"全球契约"的进一步完善和推进，这些活动的目的也是引起企业思索、辩论和行动。

降价大战证明了竞争力量之间的紧张冲突，它本身只不过是人们所说的不可持续的行为的结果。

经济的可持续发展必须依托以"共生"为核心的情境。共生指一种相互依赖——社会（包括公司与其员工的关系）、环境、政治（这里的"相互依赖"有时候必须更慎重、更疏远）与企业本质上毋庸置疑是竞争的，但是为了长远发展，它们之间又是相互依赖的。因为在这些关系中存在内在的、有时会变得非常麻烦的紧张与冲突，这就意味着，当紧张与冲突极度动摇这些关系时，需要一种或若干种黏合剂来捆绑这些关系。这些"黏合剂"必然是多成分的，是由程序、规则、法律、自愿行动和问责机制合成的，这种问责机制将疏于遵守或选择不遵守制度的个人和企业予以充分惩处。

（二）环境的可持续性

人们可能会这样认为，对掠夺和污染环境的速度感到担忧是不久以前才开始的，因为过去的社会经济活动太有限，不至于使人担忧人类活动会对环境造成的影响。人类正是因为有了理性和自我创造力，才有别于其他不同的生物，人们通过这些能动性给自己的家园带来繁荣，但同时，这又是对大自然的一种破坏力。森林正在消失，河流正在干涸，许多野生动物正在濒临灭绝，气候正遭到毁灭。这意味着当前对全球变暖、森林破坏、海平面上升和污染程度的担忧不过是由来已久的担忧的持续。

关于环境问题的三种不同观念，每一种理论都将商业企业定位于资本主义驱动的市场经济范畴。每一种观点都承认企业必须通过立法寻求为股东盈利的新途径，而其他利益集团（员工、顾客和供货商）则因这种公司活动而以不同方式受益。这些观点认为自然万物即资源，任由全社会和企业处置调用，只要社会和法律允许，均可用来促进经济活动。

（三）伦理自我主义与可持续性

根据伦理自我主义观，基于市场的经济和社会活动的协调是基本自由的基石。市场机制能够协调人的全面能动性，互动越多，其结果越能反映所有参与者的独立、"自由"的选择。允许市场成为了解社会偏好和选择的支配形式，其假定是价格包含所有相关信息，且市场不会因力量失衡而过度地走入歧途。如果让简单的市场行为来反映这些不同的权衡，那么经济力量雄厚者会占据优势，他们可能剥夺那些有较高原则性的人伸张正义的权利。市场信号的应用在环境保护语境中似乎很有限，可以说是一种"市场失败"，从而使政府作为人民代表和调解人的干预变得至关重要。然而，政府对经济和社会事务的干预令市场原教旨主义者厌恶，任何违背这一原则的做法都被视为危险大滑坡的开始。对那些更乐于接受政府干预的人来说，他们所担心的主要是政治的腐败。政治，在他们看来，极易受强势个人和企业的侵袭。

可以用不同伦理立场来阐述支持特定的可持续立场，消费者和政府能够或必须发挥作用，支持企业采用可持续和负责任的实践和方法，企业的大力发展涉及许多议题，但是这些选择应首先符合支撑企业和社会的伦理观和道德观。

第三节　点评：观点的碰撞与交融

本章用很多篇幅从个人层面来关注和思考经济伦理问题，同时也并未忽略从公司层面上去关心和讨论经济伦理的必要性。关注个人的理由是：事实上，企业在实施某项行为活动时都是由一个人或者一群人去完成的，所以人是最重要的资源。这不是否认企业能够具有某种人格形式，即我们所谓的伦理文化，这种企业文化能够通过叙事、故事、传记和艺术品而得以传承，关于这个议题，企业外的人将集体或单独地感受到这些行动和文化的作用。正是由于这些原因，才如此关注个人。

本章还强调了经济伦理学中富有争议的核心问题。从本质上讲，经济伦理学这门学科缺乏事实，它是理论、信念和论点的总和。但是这门学科的重要性不会因此受到丝毫削弱，相反，深信它具有极其深刻的重要意义。由于经济伦理发端于论辩，本章帮助企业树立信心，去理解各式各样的伦理观点与立场。即使一些论据被判定为虚弱或具有欺骗性，但大多数有伦理异议的情境同时也是争议性观点的辩论论坛，在讨论争议性问题时，不可避免地需要辩论与论证，而笔者认为，讨论经济伦理学的主要目的应该是帮助企业找到发展论证的技巧，也就是所谓的修辞的技巧。本章旨在给企业提供思想、见解和激励，促进企业的独立思考。

本章除应用案例研究外，还全面回顾标准/古典伦理理论，新的视角将使企业在面临组织环境的挑战时能够应对自如，为企业提供经济伦理学的概览与来龙去脉，是进行研究的极为有用的辅助手段；本章对关键词做了显著强调和解释，指出了本章某个部分讨论的伦理理论与本章在别处提出的相关应用或论点的联系；真实的案例研究将抽象理论融入实际背景，有助于企业展开讨论和学习，鼓励企业对自己的价值观和伦理标准进行反思；学科的学术理论和具体问题融会贯通，富有挑战意义且激动人心；帮助企业影响和改善自身经济伦理观，使论点变得"更有意义"。

本章论述了关于发展道德意识和辩论商业道德问题的能力及伦理问题的复杂性和原则。一个行之有效的资源，这里呈现出具体问题和学术理论的成功融合，为企业提供一个有或无组织的世界的实践经验。本章对工作中个人的良知给予尽可能多的重视，同时还强调了在全球商业世界中，公司应该积极承担社会责任行为。本章在许多问题上覆盖面广，使用真实世界的案例研究和模拟，有助于刺激辩论，并且欣赏伦理辩论的多方面。

本章可以使不同行业的企业从中各取所需，伦理理论和伦理推理的资料对企业都有裨益。提供这些理论资料，是为了使企业能够在就经济伦理问题的特定观点展开正反论证时拥有充分的信息资源。企业在思考不同伦理立场和理论时，其可借鉴的商业经验往往受限。于是，本章为例证如何应用各种伦理理论，提供了大量的案例研究。读者可以参照自己处理或了解复杂经济伦理情境的经验，将本章中的案例研究加以扩充。案例研究的作用有：第一，实际应用伦理理论与论点，使这些论点更加易于接受和理解。第二，案例研究用事实证明了腐败、欺诈或其他不道德行为可能会带来极大的痛苦和折磨，由此彰显了经济伦理与个人和社会的相关性。

经济伦理学是一门重要学科，关于伦理思想的辩论已有千年历史，这些思想涉及人类实践与活动本质的信念，经济伦理作为应用伦理学的一个特别领域以及后来作为一门学问的诞生，这大约可追溯到 20 世纪 20 年代。

企业是大多数人在其中度过他们大部分生命时光的竞技场，而且一些跨国公司的经营规模使它们对世界事务（不仅是经济事务）的影响力比某些政府更大。因此企业的行为，无论被判断为"好"还是"坏"，都会对组织内外的许多人产生影响。于是，将企业行为的消极作用最小化，不仅是经济领域的大事，也是人类政治和社会领域的一件大事。

经济效益是经济活动所取得的经济成果与活动过程中的劳动效率之间的比例关系。企业在经济活动中追求经济效益最大化，获取合理利润是毋庸置疑的。但是如何谋求提高商业经济效益，存在着道德选择和道德评价的问题。辨明谋求经济效益的行为方案正确与否的前提，是明确衡量经济效益的道德标准。具体的说就是，需要平衡各个方面的利益，符合社会的道德评价标准。然而，简单地给一些很复杂的问题或情境贴上"好"或者"坏"的标签，是过分简单化的。我们常常被迫面对两难选择，我们面临的选择包含正反两方面因素。本章就是为了让企业能够在面对这些复杂问题的时候，运用这些理论作为辩论的伦理支撑，帮助企业在任何情况下都能有理有据地选择正确的方向。

从伦理学的角度来分析经济运行中的相关要素，案例特别多，本章结合案例来讲述伦理与价值观，比较生动，弥补那些纯叙述的枯燥无味。在我们遇到不同情况的问题和麻烦时，影响我们做出选择和决定的有很多因素，这些不仅包括了我们各自不同的价值观，还与这些问题可能带来的风险、权力在哪些人手上、我们关心人的安全等。本章大篇幅地谈论了价值观这一概念，因为价值观是理解伦理推理和道德行为的重要元素。价值观可以是过滤器和触发器，能激起人们对具有伦理异议的情境做出反应，本章探讨了价值观的本质及作用。然而，没有提出某些价值优于另一些价值的主张。这个结论应该由我们每个人自己得出。本章主要是帮助企业对伦理情境进行分析、阐释、提出问题，而不是规定企业应该如何看待伦理情境。

本章说明的是特定问题的伦理制高点。关于这个问题，存在一些针锋相对的看法，但是各种观点不大可能有同样的效力或价值。本章的目标是为读者提供必要的知识，使读者们能在渗透于经济活动的许多不同而复杂的问题上，形成自己理由充分的论点和具有伦理含义的立场。

第四节　本章小结

经济活动指的是，在一定的社会组织或市场秩序之下，人们为了生活通过自我劳动或者抵付一定价值的东西换取各种生活资料的活动。它是以满足人的需求为目的，以劳动力等生产资料换取商品和服务。商业活动，是以买卖方式使商品流通的经济活动。从狭义上来说，家庭成员之间的交易活动，不属于商业活动。从广义上来说，一切经济活动，只要是不同个体之间的交易活动就是商业活动。本章中的经济活动，采用的是广义的概念。商业活动，在人类的活动中扮演着互通有无的行为角色，通常是被认为对交易双方都有利的事情，但是这种"有利"的活动在实际过程中却有可能对不参与交易的其他人或自然界造成危害，甚至因为其他因素让这个"有利双方"的活动变成"有利一方"或者"有损一方"或者"无利双方"的活动。只要有其中任何一种情况，必将影响企业的发展。因此，商业伦理理念的引入成为企业长远发展至关重要的环节。

伦理学是研究道德现象的学科，研究的对象不仅包括道德意识现象（道德情感），也包括道德活动现象（道德行为），还包括道德规范现象。伦理学这门学科从道德起源分析开始，探讨了道德的本质意义和发展进程，不是研究人类的道德活动，而是脱离人类范畴的道德研究，研究道德和物质之间的关系以及道德行为原则和道德评价标准，从而打造道德规范体系，其中核心的内容是道德与经济活动中的关系（如：个人利益和整体利益的关系、个人信念与物质利益的关系）。

二律背反从字面上就可以看出，应该存在着两种观点，这两种观点正是一个问题两个相对立的观点。这两个观点应该呈现出互相排斥、此消彼长的状态。企业在发展过程中，领导者们通常通过两个途径来实现企业的决策行为，一个是领导的自我理性判断；另一个是领导的经验判断。领导者经常用自我理性的认知去解决问题，而忽略客观存在事实，用实践的经验去检验问题，可以征得相对性和绝对性的统一。

美国经济学家阿瑟·奥肯认为，在经济效益与伦理道德这两者之间存在一个二律背反现象。社会面临着一种抉择，他说："找一份工作干，否则就挨饿"，"不成功，便遭难"。他告诫人们应该安分守己，但又鼓励我们应该去努力争得我们想要的，他给人们颁发很多奖励，为的就是让我们明白在遵守伦理道德前提下，应该执着地去追求经济效益。

是不是所有情况下的经济效益和道德都是背道而驰的呢？答案是否定的。在这个重大的抉择面前，仍有选择两全的可能，甚至两者是相得益彰的。英籍美国学者查尔斯·汉普顿和阿尔方斯·特龙佩纳针对美国、英国、德国、意大利、瑞典、日本、新加坡等12个国家的1.5万名企业经理人的调查出了一份报告《国家竞争力——创造财富的价值体系》。[①]这份报告指出，每一个企业在创造自身经济效益的过程中都会受到各个方面价值观的影响，但是，有一点是大家一致认同的，那就是大多数企业领导者认识到，企业实施"反经济信用行为"，会大大增加企业的运营成本，无形资产——商誉，将会受到重创。

组织作为经济活动的主体，和个体相比较，其经济行为更复杂，经济活动时间持续更长，经济效益更明显。把组织作为道德主体来研究，产生的效果会更明显。组织应该制定一定的规划和控制系统来管理组织的经济活动，并将一些道德伦理原则融入企业文化建设，使得这些理念渗透到组织经济活动的每一个环节、每一个部门、每一个人。从这个角度来看组织，组织实际上就是一个活生生的"经济人"。一个经济活动中的"经济人"，应该具备伦理道德，遵守伦理规范。经济活动中体现出来的伦理规范是由组织

---

① 刘光明：《企业的核心价值观是第一生产力》，《管理评论》2002年第5期，第47页。

中的个体（员工）道德品质和组织的整体道德组成，两者相互交织在一起，你中有我，我中有你，融合在一起。不应单独地区分哪一个属于组织成员的伦理，哪一个属于组织的伦理。由此而言，商业伦理学研究的是，在经济领域里如何处理好企业与个人、企业与社会、企业与企业、企业与政府的关系的一门重要学科。

商业伦理涉及的内容很广，本章主要从五个方面来论述——国际、国家、行业、企业和个人，这五个方面是相互联系而不是各自独立的。如果将这五个方面构成一个金字塔模式，那么从上到下依次应该是国际层面、国家层面、行业层面、企业层面和个人层面。层级越高，伦理标准越高，范围和内容越广。层级越低，则相反。

国际层次的商业伦理反映了整个人类社会在更好的生活和发展方面对商业伦理追求的最高境界，对各个国家和地区的道德伦理起着指引和监督的作用。国家层次的商业伦理不仅是本国发展过程需要坚守的道德标准规范，而且还受到国际伦理舆论的监督。行业/职业层次的商业伦理是对该行业/职业的道德规范起到道德监督和约束的作用，也受到国家政策、法律法规、国际公约、国际认证的影响。企业层次的商业伦理既要对企业行为、企业员工起到规范准则的作用，也要受到行业/职业道德标准的制约，还受到国家政策、法律法规、国际公约、国际认证的影响。个人层面的商业伦理不仅受到企业的道德规范影响，还受到行业/职业的伦理标准监督，也受到国家政策、法律法规、国际公约、国际认证的影响。

要落实商业伦理的普及和实施，必须要了解各个层面的道德状况，通过个人、企业、行业/职业、国家和国际各个层次的多种措施加以引导、沟通、激励和监督，才能发挥最大的效果。让人庆幸的是，世界各国人士纷纷意识到商业伦理在经济活动中的重要性。第一届全球商业伦理论坛于 2009 年 7 月 2~3 日在日内瓦联合国会议中心举办，来自 30 个国家的 500 多位商业领袖和意见领袖、学者和经理人、国际公务员和非政府组织代表出席了此次盛会。这次论坛的举办并不寄希望于在短短的 36 小时内勾画出全球范围内通用的伦理框架，而是鉴于当今激荡的全球经济形势，希望为企业和其利益相关者探索出可能实行且长期有效的行动方案。这次论坛通过主旨演讲、圆桌会议、分组讨论的形式探讨三大主题：企业社会责任（在经济危机背景下，企业社会责任如何变得休戚相关）、社会创新（社会创新和社会企业家如何为可持续发展贡献力量）和管理教育（管理教育如何发展并推广不同于主流模式的新教育模式）。随着每年商业伦理论坛的召开，商业伦理越来越受到重视并且慢慢渗透到各个层面的经济活动中去，成为经济活动中必不可少的一项标准和规范。

● **案例：浙江安邦护卫集团的企业伦理**

浙江安邦护卫集团有限公司（以下简称"安邦护卫集团"）成立于2006年8月1日，是根据国家相关法规规定建立的，为了营造平安的浙江，在浙江省成立了一家专业化的武装押运公司，是浙江省唯一一家具有武装守护押运资质的公司，主要从事货币、贵重物品、有价证券的守护、押运工作。公司属省市两级公安机关共同组建的具有武装性质的专业押运公司，自2013年起实现集团化管理，2015年正式成为省属国有企业，服务于社会金融改革，维护了社会的稳定，最终为构建和谐的社会而努力。

随着时代的发展，安邦护卫集团也有着大的变化和新的服务要求，能力得到进一步锻炼和加强，其队伍不断壮大，业务不断增加，地域不断延伸，由过去仅有的简单押运工作转向了更高一层的咨询、策划和培训。始终以优质的服务为核心，以客户的满意为导向，是安邦护卫集团始终追寻的目标和方向，在这种企业理念下，公司的服务对象越来越多，口碑越来越好，并且与多个大型金融机构展开了全方位的合作。自成立以来，在省委、省政府和省公安厅的关心、重视下，安邦护卫集团努力践行"安全、高效、优质"的服务理念，从打造"平安浙江"和保障金融安全的高度出发，强化风险防控，加强安全管理，创树安邦品牌，取得了显著成果。十年来，安邦护卫集团未发生一起守押标的物损失的案（事）件，未发生一起影响银行正常营业的事件，为确保全省金融安全、维护社会和谐稳定做出了积极贡献。

企业核心价值观：诚实、守信、高效、优质、安全、精准、纪律、严明、服务、奉献；

企业宗旨：360°安全，365天优质；

企业精神：安全严谨，规范服务，追求社会效益和经济效益双赢；

发展理念：追求完美　创造卓越，责任至上　创新发展；

经营理念：与客户同心共赢；

服务理念：尽心为客户着想，尽力让客户满意。

"保障安全、敬业奉献、至诚服务、信誉至上"是浙江杭州安邦护卫有限公司企业文化中的精神理念，公司践行"踏实、拼搏、责任"的工作精神，树立诚实守信的原则，打造互利共赢的局面，提倡创新能力的理念，努力营造一个和谐的社会环境，引进新时代的先进技术和运作模式，给用户提供更高要求的服务和产品，一心为用户着想，以用户为指导原则。始终坚持以服务社会为主，实行自主经营、自负盈亏、独立核算、自担风险、自我约束、自我发展。坚持理念先导，探索实践、创新机制，在全省推行等级化，科学规范队伍建设，有效提升队伍整体素质和员工综合素质，全面实施素质提升工程。

安邦护卫集团通过产业化经营和市场化运作，规模日趋壮大，公司的发展更趋多元化。目前，安邦护卫集团初具规模，旗下分公司包括浙江安邦护卫科技服务有限公司，以及多个省市的分公司，包括浙江杭州、宁波、丽水、衢州、舟山、台州、金华、温州、湖州、绍兴和嘉兴安邦护卫有限公司，业务发展也都步入正轨，开始进入打造武装守押品牌形象的新阶段。安邦护卫集团秉承"安邦，360°；安全，365天优质"的企业宗旨，从多个方面和角度，为用户提供360°的服务，做到财产安全、时间准时、服务优质、工作高效。安邦护卫集团实施系统管理化，严格要求行事的规范化和军事化，科学规范的管理方式是集团快速发展的关键因素。集团集合了国内外专业人才，精细化的管理使得活动任务中的每一个环节都做到安全高效，集团还拥有国内外专家组成的顾问团队和研究机构，帮助集团解决技术和方法的难题，不断研发新的产品，使集团长久稳定地发展，为创建一个和谐社会而努力。近年来，在市公安局党委的领导下、省安邦公司的指导下、公司全体员工的共同努力下，取得了社会、经济效益双丰收，为金融体制的改革、平安浙江的打造、和谐社会的构建做出自己应有的贡献。

"十三五"期间，安邦护卫集团坚定不移地贯彻落实省委、省政府的决策部署，紧紧依靠省国资委和省公安厅的管理指导，抓住改革发展战略机遇期，深化改革、创新发展，进一步强化与金融机构的合作力度，巩固、拓展以金融机构为依托的相关业务；开发随身护卫、安全评估、安全培训、大型活动安保等高端业务，深化资源合成，加强优势互补，努力培育构建以人防、技防、物防"三位一体"为基础的高端安保服务产业链，逐步形成结构合理、服务多元、技术先进的专业化、规范化、综合性安保服务产业体系；深化混合所有制改革，优化结构、整合资源、创造条件，力争整体上市，并以实体平台为依托，成立专业投资公司对外进行融资和投资，切实提升集团的服务力、竞争力和社会影响力，努力把安邦护卫集团打造成国内一流的综合性现代安保服务企业，为建设物质富裕、精神富有的现代化浙江做出更大贡献。

安邦护卫集团的企业文化有两大特点：第一个就是内部要求军事化管理；第二个就是外部以安全服务为核心思想。集团内部的军事化管理使得员工在行为过程中高标准要求自己，生活中也是作风严格，奖惩分明，对于违反纪律的行为秉承"零容忍"的态度。企业的军事化管理塑造了一群不怕苦、不怕累、勇敢坚强、勇于承担的企业员工，当然，安邦护卫集团的大多数员工都来自公检法系统相关的学校、社会团体等，都是一些优秀的专业人士，有着严格的纪律组织。安邦护卫集团的"安"字，正是对其企业文化核心思想的描述，这是重中之重的任务，最终的目的就是确保安全。安，要稳如泰山；安，要安居乐业；安，要国泰民安；安，要安邦天下。安邦护卫集团承载着属于自己的那份光荣和责任，不断地在奋进中完善自我，最终实现国泰民安。

第八章　企业文化与企业的社会责任

第一节　引言与合理内核

所谓企业社会责任，就是指企业通过自由支配自己的商业时间和企业资源来改善他人生活的一种行为，不仅传统意义上最大化保证了股东的利益，还对企业其他非利益相关者承担一定的社会责任，旨在改善和维护社会生活质量。而且对企业的社会营销行为提供了衡量的标准，使得企业在进行营销行为时做出正确的选择，同时对这些标准存在的好处及坏处进行了系统的分析，使得企业从中可以学习到企业的社会营销应该怎样运行才算是成功的。

企业在享受社会给予的权利的时候，也担负着承担社会责任的义务，企业积极为社会反馈的形式有很多种，包括对消费者的责任、企业的慈善捐助活动、对债权人的责任、对社会福利和公益事业的责任、企业的社区参与、社区发展、对环境和资源的责任及企业自身的社会营销。为了集中讨论和运用最佳实践，本章推定企业的社会责任为企业通过自由支配自己的商业时间和企业资源来改善他人生活的一种行为，不仅传统意义上最大化保证了股东的利益，还对企业其他非利益相关者承担一定的社会责任，旨在改善和维护社会生活质量。尽全力去做更多的好事，有助于提高企业的营销额和市场所占份额，同时提升了企业的形象和影响力，以至于企业的品牌实力得到提升，从而吸引更多的优秀人员进入企业，降低企业的离职率，企业的成本得到有效控制，吸引更多的优质投资者。企业在这种尽全力做更多好事的模式下，企业的策划和实施活动会更加顺畅。企业将选择的社会责任项目与企业业务、企业营销、企业品牌及企业运营完美地融合在一起，与更多的公益事业合作伙伴达成战略联盟，分享经验，把选定的主题融合到企业营销、企业传播、人力资源、社区关系以及企业运营，让企业的员工积极投身于慈善事业中，使得整个企业都充满做好事的氛围。"做好事"要确认在每一个基本决策点上，管理者和计划制订者都要应对挑战，这些决策分别涉及选择一个社会问题、为支持这个问题选择一种活动、制订和实施活动计划以及评价成果。

本章把企业的社会活动理解定义为企业为了反馈社会给予，履行企业对社会责任的义务而积极实施的社会活动。大多数企业相关的社会责任活动，虽然每种活动存在着共性，但是每一种活动也有着不同的自我特征，其主要概括为：企业公益活动的宣传、企业公益活动关联营销、企业的社会推广、企业的慈善捐助活动、企业志愿者活动和企业社会商业活动。企业公益活动宣传是通过唤起社区意识和促进捐款募集来支持某项公益事业。企业公益活动关联营销是将某项公益事业的捐款与企业的产品销量联系在一起。企业社会推广的独特之处在于，总是针对某个影响行为改善的目标。企业志愿者活动让员工、相关的特许加盟店和零售伙伴奉献自己的时间，以支持某项当地的公益事业。企业的慈善捐助活动需要开出支票或者直接捐助非现金的企业服务和资源。企业对社会负责的商业活动涉及采纳自主的商业实践和投资来对环境改善和社区福利做出贡献。[1]

企业公益活动的宣传主要是指企业通过资金、非现金的捐助，或者运用企业其他的社会资源，来使得大众对企业的公益活动进行了解和关心，对企业公益活动的募捐、志愿者招募活动提供支持。企业通过与他人的沟通和说服来完成这一类企业的公益活动，主要是唤醒大众的公益意识，增进人们对企业社会公益活动的了解和关心，吸引更多的人进行捐赠，或参与志愿者的队伍，得到他们的帮助和支持，让他们积极投身于企业的公益活动中。企业公益活动宣传的成功主要是与他人进行有效的沟通，制作吸引眼球、正能量的广告语，成立有效的执行团队，拓展高效的媒体合作伙伴。合适的沟通渠道、精准目标群体定位、沟通的方式和目的、利益效果的承诺以及企业理想的定位是整个公益活动宣传计划成功的关键。企业的公益活动宣传与其他企业社会活动的主要差别在于它对宣传战略的强调。企业公益活动的宣传活动应该选择一个能够与企业的业务和价值观相吻合的公益事业，这样不仅做了公益活动，还有效提升了企业的业务，同时提升了企业的品牌。企业的公益活动应该纳入企业的长期战略规划中，巩固品牌，吸引更多的公众和合作伙伴，将企业的所有成员和消费者紧紧地捆绑在一起。

企业公益活动关联营销的关键点在于"营销"，这些活动能够吸引更多的潜在客户，提高企业市场占有率，增进企业的营业额，同时增强企业的品牌竞争力。企业通过产品

① 刘玉艳：《浅议公益事业中的商机》，《全国流通经济》2013年第3期，第40页。

的销售来参与公益活动，或按销售额的一定比例进行捐献。企业公益活动关联营销的显著特点就是营销活动与产品销售额紧密相关，同时，大部分营销活动是选定企业的某一种产品，其对应的慈善机构也是固定的，当然这其中渗透着互利共赢的关系，双方彼此成就对方，慈善机构获得资金，企业获得声誉。为此，这种企业公益营销活动也成为一些慈善机构募集资金的一种经营手段，此时，企业应十分谨慎，提前做好万全准备，防范潜在的危机，处理好突发的问题，比如大量的资金、志愿者的时间、与慈善机构的相互磨合协调以及可能的法律问题和营销风险。企业领导者应该有敏锐的判断力，选择一个让企业和大众都非常感兴趣的公益活动，进行充分地营销，达到多方面的良好效果。最好的一种情况就是，企业要合作的慈善机构本身就拥有大量潜在的拥护者，同时企业选定的产品也与慈善机构的公益活动相吻合，并有高效的营销手段。当然，在进行营销活动实施前，企业应该制订非常严谨的营销计划，按照每一个阶段的规定去完成任务，制订完美的促销手段，整合一切有利的资源。

企业的社会推广是企业运营的一种手段和方法，企业运用这个行为方法来改善企业活动的策划和实施，真正为周边的人或事服务，最终达到改善大众健康和安全的目的。企业社会推广的中心思想就是通过活动来完善企业的行为。企业社会推广成功的关键在于制定企业的产品和服务实施营销战略时使用的手段和技巧，推广活动实施一种战略性的营销策划前，首先要对市场进行分析，确定受众群体，再确定活动的目标，同时对企业不完善的地方进行行为改善，综合多方面的诉求，制定出最适合企业发展的营销策略。企业的社会推广活动同时给企业带来潜在的利益，比如品牌地位的提升、选择企业产品的实用性、吸引更多的客户和提高企业业绩。除了营销之外，其他重要的潜在利益包括改善盈利能力和产生真实的社会影响。企业社会营销活动所具有的一些顾虑和潜在的缺陷是真实的，有些社会主题尽管很重要，但对企业来说却不是合适的搭配。企业的社会推广应该选择一个与组织的核心业务、员工以及当前的营销策略相关的主题；专注于一项对长期承诺具有潜在影响力的活动；同时赢得管理层的支持；并且与能够提供专门知识、信誉和社区影响力的公共机构和非营利组织建立战略伙伴关系；预先制订可靠的计划，落实明确的资金来源、可测量的目标以及清楚的职责和责任。最后，就像任何战略性的营销规划一样，一个连续的计划制订过程是必不可少的。[①]

企业的慈善捐助活动最普遍的表现形式就是现金拨款、捐款或非现金服务的形式，这些所有的形式都是企业直接对慈善机构或公益活动做出的捐助。企业的慈善捐助活动

---

① 刘玉艳：《浅议公益事业中的商机》，《全国流通经济》2013年第3期，第40页。

是所有企业社会责任活动最为常见、最传统的活动，这种直接捐助的企业社会活动对于周边环境的健康、安全、卫生和公共事业机构的组织来说，企业的慈善捐助活动是这些组织的主要资助来源。现今，企业有很多慈善捐助项目的选择，这些项目早已超出传统的捐助方式，逐步转向更多样化的捐助方式，比如向慈善机构捐助企业的产品、服务和技术，允许受益者使用企业的设施、分销渠道和多余的设备等。企业的慈善捐助活动可以显著提高企业的声望和信誉，同时对社会带来积极的影响，尤其提升了大众的慈善意识。专家们正在激励企业着眼于慈善活动的其他潜力，比如提高生产力、拓展市场和确保企业将来会有一支强大的员工队伍等。很多人表达出来的一些最主要的顾虑和挑战，涉及评价和选择可靠的公益事业合作伙伴、处理股东对所选定的社会主题的担忧、圆滑老练地让企业的努力引起公众的注意、追踪和评价活动的影响和成果甚至仅仅是确定（量化）捐助的水平。面对这些困惑，应该选择与企业的使命有关联的社会主题；确定所有的部分参与公益事业合作伙伴的选择和捐助水平。在制订计划时，要让员工参与其中，要确保领导层的支持，要制订一个沟通计划——即使它仅仅针对于内部沟通。

企业志愿者活动就是要求企业成员奉献自己的时间和才能投身于做好事的活动中，企业希望和鼓励企业员工、合作伙伴以及供应链上下游的经销商们积极主动奉献他们的时间和精力，来帮助当地组织的公益活动。不论是专业知识、手艺和创新的思维，还是身体上的体力劳动，企业希望每一位志愿者奉献出自己的一分力。企业志愿者活动得到企业的大力支持，是当今我国各种企业参与社会活动形式中最真诚、最令人满意的一种。企业对志愿者活动提供多方面的支持，有的为志愿者提供带薪服务，有的为志愿者提供灵活性的服务时间，有的为志愿者提供匹配衣物、工具等，有的为优秀志愿者颁发奖章，使得志愿者们在工作中找到幸福和快乐，企业把志愿者的工作和企业的发展整合起来，作为企业社会活动的一个补充发展要素。与制订和管理这些计划相伴的顾虑是真实存在的，包括要付出多大的代价、能否产生有意义的社会影响、能否实现商业利益（适当地）以及怎样追踪和测量结果等顾虑。企业志愿者活动成功的关键在于，企业积极整合社会、环境和文化的资源，将企业志愿者的努力和公司的发展结合起来，将志愿者的热情纳入企业的发展理念中，并且和企业其他的社会活动联系起来，预先赢得管理层对长期参与的支持，对优秀的志愿者提供支持和奖励，建立评估测试系统。尽管关于外部沟通的范围和本质还有争论，但是，当传递信息的人是志愿者活动的受益者或讲述自己给人启发的故事的员工时，对活动的宣扬会收到最佳效果。

企业社会商业活动首先应该是对社会负责任的项目，企业通过自主投资和支持社会公益活动，来提升社会经济，做到改善环境。企业社会商业活动强调了活动的性质，首先企业的这项活动必须是在企业自主的前提下进行的，同时该项活动是健康和安全的，受到大众的支持，最终达到对社会负责的商业活动。大多数的活动涉及改变内部的流程和政策、对外发布消费者和投资者信息、为消费者接触和消费者隐私做准备、确定供应商以及设施和工厂的位置。作为结果产生的财务利益包括降低的运营成本、来自管制机构的货币奖励、员工生产率和保留率的提高。营销利益也有很多，因为这类活动具有提高社区声誉、建立品牌偏好、强化品牌定位、提高产品质量和增进企业尊重的潜力。另外，这些活动也可以使得企业与政府机构和事业单位组织有机会建立外部合作伙伴关系。实施新的、更负责的商业实践，企业的动机会受到怀疑，其行动会受到评判，其结果会受到严格的审查。企业的管理者应该采取一些方法来促使其他人减少怀疑和批评。在适应和实施对社会负责的商业实践时，主要牵涉于精心地挑选活动将要支持的社会主题，为实施制订完整的、战略性的计划，设定可测量的目标并为追踪和报告结果制订计划等。

为企业和公益活动谋取最大利益的最佳实践——旨在帮助企业从用于改善生活质量的自主企业投资中获取最大回报，并希望企业未来对这些活动的参与越来越令人满意。企业通过做好事来做得好已经不再仅仅是可以接受的，而是必须接受的。企业选择某项公益活动，首先要对社会进行分析，选择目标社会问题应该选择当地人们最关心，同时支持人数较多的话题。在收集合适的话题中选择与自身企业的理念、价值观、产品和服务吻合度较高的、可以共同协作的公益活动，在确定某项公益活动之前，要对企业自身的各个环节进行资金客观分析，确定有足够充分的资金来支持完成该项公益活动。确定完某项公益活动后，便要对参与目标群体进行分析和选择，选择企业能够长期支持，并且企业全体员工感兴趣的活动。在选定一种公益活动后，如何有效地与企业发展结合起来？在确保某种公益活动正常运作的情况下，企业应该选择最有利于实现企业终极目标的活动，可以为该项公益活动制订多个实施方案，防备公益活动中的不足，在不违背企业经营目标的条件下，允许公益活动优先需求的活动。同时最好是选择能够给企业带来好处的合作伙伴，充分发挥现有的资源优势。选择好公益活动后，就需要为企业的社会活动制订具体的实施计划，组建专业的职能小组进行方案实施计划的编制，同时让该项公益活动的合作伙伴参与整个计划的制订，为企业设定明确、可测量的目标（成果）；为公益事业设定明确、可测量的目标（成果），制订沟通计划，确定其他的战略要素并为其制订计划，赢得高级管理层的支持。评价成果的实施过程中，要确定评价的目的，测量和报告资源输出，根据企业的发展目标来评估和预测会给企业带来的结果，根据公益活动的目标来评估和预测给公益事业带来的结果，随时更新方案，做好防控措施，对

整个公益活动进行实时监控，确保公益活动的状态，为评估和预测分配足够的资源。

上述总结性提出了一些综合性的指导方针和原则，遵循这些方针和原则，非政府组织和公共机构就最有希望赢得企业对社会活动的支持。这些方针和原则会令人想起制订一份营销计划时惯用的步骤：一个找出组织的使命、目标和能力与市场需求之间的最佳搭配的过程。这是一个根据目标受众的独有特征来策划和完成产品、定价、分销和推销策略的过程——一个去争取的过程。本章是写给向企业寻求援助的非政府组织和公共机构的高级主管、行政负责人以及项目经理的，是为了帮助他们策划和实施旨在支持某项公益事业的社会活动。

通常，这些组织在为他们的扩展服务努力寻求财务支持，同时，这些指导方针适用于主动向企业提交计划书的组织，但其中的基本原则也适用于企业主动提议与他们建立伙伴关系的组织。

第二节　创新与贡献

一、说服性沟通的重要性

当企业的公益活动关注点在宣传推广这一因素上的时候，企业该项的社会活动就属于公益活动宣传了，其所有的重心就应该放在沟通上，那么企业的实施策略就应该强调沟通的强有力作用。沟通目标集中于：加强公众的了解和关心；说服人们去深入地了解；说服人们向某项公益事业奉献自己的时间、金钱或非货币资源；说服人们参与活动来支持某项公益事业。最普遍的情况是企业与非营利组织和特殊利益群体合作，尽管也有少数企业是独立发起和实施活动。在很多情况下，作为提供支持的回报，企业会得到在宣传材料和媒体上露脸的机会。

大多数的企业利益是与营销相关的，因为此类活动的拥护者们坚信公益事业宣传能够强化品牌定位、促成品牌偏好、增加顾客流量和加强顾客忠诚度。

对企业来说，一些潜在的不利方面是这些宣传活动所固有的：公众对企业的注意可能很容易消失；大多数的宣传材料都是不持久的；总体投入以及宣传投入的回报非常难以追踪；因为其可见性，这种努力可能导致太多与此项公益事业有关的其他组织提出支持请求；同开张支票相比，这种方法要求更多的时间和人员参与，这样的宣传往往容易复制，会潜在地消除想要得到的任何竞争优势。

　　企业应该认真谨慎地规划企业公益活动的宣传，首先企业努力进入一个巨大的潜在目标市场，确定合适的公益项目，与企业的业务联系起来，并得到企业所有成员的支持，反过来员工能够从这种努力中得到学习和激励，企业应该寻找可以使用非现金的服务来支持活动的机会，发展可以长期合作的战略合作伙伴，企业应该把自身的参与目标限定在帮助公众提高公益的意识，帮助公众了解和关心公益活动。企业制订公益活动宣传的实施计划，为了获得更大的支持和帮助，首先要考虑所有相关者的利益，其次专业小组确定受众群体和媒体渠道，活动的正常流程以及关键流程，确定活动评价的方案和预算，完善活动中的监管环节。

二、制订企业社会营销活动计划

　　有计划的方法是成功的关键，因此在制订一项战略性的社会营销计划时，我们建议企业遵循如下八个步骤和原则。我们还强烈地建议，企业应该在正式的计划制订过程开始之前确定合作伙伴，并让合作伙伴参与制订计划的每一个步骤。

　　（1）进行情况分析。从描述活动的意图和中心开始，同时分析内部的优点和缺点以及外部的机会和威胁。在这一步，企业应该特别努力地分析过去相似的活动，吸取经验教训，并考虑仿效和复制的潜力（比如强制推行安全带使用的"系上安全带，否则接罚单"活动，最初是由北卡罗来纳州发起的，如今已经被纳入美国明文规定的交通法中）。

　　（2）选择目标受众。首先从那些有最大需求、最容易受到影响、最适合参与组织和最愿意采取行动的人开始（比如把新近怀孕的妇女作为"戒烟热线"关注的焦点）。

　　（3）设定行为目标（想看到的行为）和行为改善目标。在这一步，成功的关键是要确定行为目标——成为活动核心的唯一、简单、可行的行动。还要从目标人群中行为改善的角度确定可量化的目标，类似于企业营销模式中的销售额目标。

　　（4）确定行为改善的障碍和动力。要确定促成目标行为的感知成本和感知利益，因为它们可以为策略的制定提供丰富的素材。另外，在这一步我们还要确定"对手"——也就是目标受众当前正在做或喜欢做的行为。

　　（5）制定营销组合。其中包括产品、价格、渠道以及促销策略——这些策略可以独一无二地、战略性地处理目标受众在接受目标行为时遇到的障碍和获得的动力。对于上

述每一个策略中，成功的关键包括如下方面：

1）产品：要在活动中包含某种有形的产品或服务——它将推动希望看到的行为（比如为了支持一项某一州的垃圾预防活动而由各便利店分发垃圾袋）。

2）价格：要寻求可以为交换创造价值的非货币的认可（比如由当地的一家苗圃向同意进行自然庭园护理实践的住户颁发的"庭园野生动植物庇护所"牌匾）。

3）渠道：要为目标行为的实现开辟空间、提供便利（比如在流动货车上提供由一家保险公司资助的牙齿护理）。

4）促销：要在选择媒体渠道之前确定广告词。要专注于明确、生动、具体的广告词（比如"不要把得克萨斯弄得乱七八糟"），以及可以提供持续提示的、持久的媒体渠道（比如写有"乱扔垃圾罚款"和企业赞助商名字的州级公路的交通标志）。

（6）评价和监控制订计划。评价应该基于对第3步确定的行为改善目标的测量，假如存在一个真正的结果衡量标准。另外，企业可以制订评价计划来测量意识和态度的改变，以及活动的进展（比如活动的影响范围和频率以及宣传材料的分发）。

（7）确定预算并找到资金来源。应该探索与各类组织——政府机关、公共机构、事业单位组织、慈善基金会和特殊群体协会建立合作伙伴关系的机会。

（8）制订共赢的公益活动实施计划。考虑到行为改善可能来得缓慢，活动往往需要时间来教育受众、改变态度并为支持行为改善提供基础设施（比如更多的垃圾箱），一项三年期的计划是理想的。

三、企业做好事的六类选择

本章结合社会公益活动和企业的利益，在不违背两个主体目标任务的前提下，分析总结了六种主要的企业社会公益活动。这些活动既有与营销相关的（也就是企业公益活动宣传、企业公益活动营销和企业的社会推广），也有超出营销部门通常职能之外的（也就是企业志愿者活动和企业社会商业活动）。对企业来说，关键是要做到：为了从企业能从事的各种潜在的社会公益事业中做出选择，企业要彻底了解推荐采纳的最佳实践，企业选择的公益活动必须在满足企业发展利益的同时也为社会公益活动谋取最大的福利，企业在制订实施活动计划的时候，要增加评估体系，随时评估活动给企业和公益活动带来的成果。本章的一个基本假定是：大多数的营利性企业至少会在某个时候、出于某种原因做些好事。

在企业社会责任的名义下，本章提出了可供企业选择的不同类型，这些不同的活动类别在相互关联、存在差异性的同时也存在着共性，所有这些企业活动都有着相似的公益活动、相似的操作模式、相同的合作伙伴和所使用的媒体渠道，然而每一种活动又有着与众不同的差异。"公益活动宣传"强调了宣传的重要性，通过沟通交流唤醒大众的公益意识，使得更多的人来捐助和支持某项公益活动。"公益活动营销"凸显了营销这一重要角色，使得企业将一项公益活动与企业的销售业绩联系在一起。"企业的社会推广"是为了通过公益活动的影响来提升企业自身的声誉和名誉。"企业志愿者活动"为的是让企业更多员工、供应链和合作伙伴参与公益活动中，通过奉献自己的时间和精力支持当地的公益活动。"企业的慈善捐助活动"直接捐助慈善活动，是为了寻找到更多非现金捐助的企业服务和资源。"企业社会商业活动"强调了企业的自主性，在自愿的原则下，企业通过投资来改善周围环境的行为。

这些社会公益活动看似相似，其实不同，企业只有选对适合自身发展的公益活动，了解各种类型活动的使用条件和方式，再来匹配自身企业，才可能做出正确的选择。传统的企业公益活动主要表现在其中的一类活动，那就是慈善捐助活动，还有更多的公益活动类型等待着企业去选择。新时代的企业，应该有多样化的选择模式，应该谨慎选择一个更具有战略性的公益活动，真正地为公益事业做贡献，同时也为自身企业谋取发展。

华盛顿互惠银行对 12 岁以下教育的公益活动形式是多样化的，不拘于一种慈善活动，这些公益活动涉及上述所描述的每一类活动。在很多企业积极计划公益活动的方案中，这种多样化的模式得到了更多人的认可，非常有效地把企业的发展同一项公益活动联系起来。麦当劳公司的社会责任活动就涉及了少数类型——儿童健康、灾难救助、环境保护，这种通过少数活动类型来承担社会责任的模式是当前世界上企业普遍流行的方案。还有一种模式就是，一个计划方案包含了几种公益活动，例如，星巴克有一项名为"星巴克让你扬名"的计划，为支持当地社区以及像清扫小路和公园这样的非盈利项目招募志愿者。这项计划有公益事业宣传的成分（也就是招募到店的顾客，让他们到 Starbucks.com 上签名参与特定的项目）。该计划有公益活动营销的成分，因为它承诺将基于志愿者为项目付出的志愿服务时间，来向非盈利的活动发起组织捐款。另外，该计划还含有企业志愿者活动的成分，因为它也鼓励星巴克各加盟店的员工参与活动。①

对六大类型活动进行更深层次的分析，每一个类型活动下还有着不同子类型，对这

①菲利普·科特勒、南希·李：《企业的社会责任》，姜文波译，机械工业出版社 2011 年版，第47~48 页。

些活动的子类型进行更深入的描述可以帮助企业全面了解自身的需求，谨慎考虑选择合适的公益活动方式，是企业在实施某种类型活动时取得成功的关键，每一类活动独特的适用条件，使得企业在操作过程中应用得更加灵活自如。企业的"公益活动宣传"重点在宣传上，其子类型包括了企业为公益活动推广和宣传的所有方式和方法，比如企业的公益活动广告、公益活动赞助等；"公益活动营销"重点在营销上，其子类型包括了为公益活动所做的一切营销行为；"企业的社会推广"重在推广形式上，一切有利于公益活动推广的方式都是它的子类型；"企业的慈善捐助活动"相关联的所有企业慈善捐赠行为都是它的子类型，比如企业捐赠、企业服务、企业技术支持等；"企业志愿者活动"体现了志愿者的服务精神，是奉献一切可以奉献的无私行为；"企业社会商业活动"强调了企业自主性，比如企业积极投资，带动当地的经济发展行为。

四、最佳实践总结

（一）选择要支持的公益主题

（1）选择支持人数多的社会主题。

（2）选择大众最关心的主题。

（3）选择与企业的发展目标、企业文化、企业价值观、企业业务吻合度高的主题。

（4）选择企业各方面有能力支持的活动主题。

（5）选择目标群体、利益相关者（员工、供应商、顾客、投资者、股东）关心的主题。

（6）选择能够得到长期支持的主题。

（二）选择支持公益主题的活动

（1）选择最有利于企业实现目标任务的活动。

（2）选择可以优先满足公益活动的需求。

（3）制定公益活动的多种运作模式，完善公益活动中的不周到。

（4）选择能给企业带来好处（包括潜在的好处）的合作伙伴。

（5）选择企业曾经举办过类似活动，有充足经验的活动。

（6）选择能够为企业带来更多社会资源的活动。

（三）制订和实施公益活动规划方案

（1）成立专业小组来制订方案。

（2）让企业相关的合作伙伴参与方案的制订过程。

（3）制定企业可行性、明确的目标任务。

（4）制定公益活动可达到的、明确的目标结果。

（5）制订沟通计划。

（6）确定其他的战略要素并为其制订计划。

（7）赢得高级管理层的支持。

（四）评价成果

（1）确定评价的目的。

（2）测量和报告资源输出。

（3）根据公益活动的效果来评估和预测会给企业带来的结果。

（4）根据公益活动的效果来评估和预测会给公益活动带来的结果。

（5）整个过程实施监控管理，对活动一致要求保持公平透明的状态。

（6）为测量和报告分配足够的资源。

（五）对最佳实践的总结评论

绝大多数企业能接受的最后或许也是最重要的一条建议，就是要花些时间来制定一份正式的文件，明文确定企业的社会活动指导方针——它们将指导与上述的很多最佳实践有关的方法，使得企业操作起来更简便，并将企业过去的历史、现在的发展水平、未来的目标规划以及企业的文化和战略规划都包含在内。这份明文规定的计划方针由成立的专业小组来制定，同时也接纳了利益相关者的意见，并且每隔两三年就需结合时代的变化进行重新修订，具体包括如下内容：

（1）选择的公益活动主题。

（2）通过社会活动的运作得到企业的经营成果。

（3）从社会活动中得到的活动预期的效果。

（4）选择社会活动类型。

（5）确定公益活动的计划。

（6）选择慈善捐助类型。

（7）选择社会活动合作伙伴。

（8）对专业小组制订计划的期望。

（9）企业内部和外部沟通协定的计划文稿。

（10）企业社会活动的影响力以及他人的看法。

- 跟踪、评估社会活动计划的全过程。
- 确定是否继续实施该社会公益活动。

这份文件或者至少其中的某些要素，可以拿来与潜在的社区合作伙伴分享，以帮助企业尽早地确定重点考虑的对象和期望。一如既往的是，高级管理层的赞成和热情，对这些指导方针的有效性来说将是至关重要的。最理想的情况是，他们真正地接受了这些指导方针并尽最大努力做好事，就像肯尼思·科尔产品公司的首席执行官所阐释的那样：

当初作为一种个人努力和对社会的贡献以及一种经营战略而发起的活动，如今已经变成了我们的商标。我们的公益事业关联营销是一个从每个季节初的会议开始的过程——在这些会议上，我们会盘点如今我们关心的、我们相信在未来几个月内将仍旧重要的主题——在缺乏疗效的情况下，我大叫，咆哮，最终没了力气，然后就听着其余的每个人也都像我一样，大喊大叫直至没了力气。当我们问自己怎样才能正确地解决让我们惦记的问题时，整个房间恢复了平静。

——肯尼思·科尔[①]

五、企业获得社会支持的十条建议

十条建议是基于我们从企业主管那里听到的声音：他们在从企业的贡献中寻求哪些利益，他们可能因哪些顾虑而退缩，哪些情况会促使他们更有兴趣参与，他们怎样从中选择要支持的社会活动，他们怎样评价潜在的方案，他们对合作伙伴有哪些要求和期望。现在，我们关注的重点已不再是选择、策划和实施社会活动的过程，而是怎样与企业接洽并赢得其支持的指导方针。从这一刻开始，企业的决策者已经处在了客户的位置上，而公益事业的代理机构则是推销者。

（1）要首先列出你们的组织或机构当前负责支持的、会从额外的资源中受益的社会主题，要具体。

[①] Kenneth Cole. *Footnotes*, New York: Simon and Schuster, 2003, pp.162-163.

（2）要把可能与这些社会主题有联系的企业列成一个简短的清单——这种联系可能涉及它们的企业使命、产品和服务、顾客群、员工热情、当地社区或者企业捐助历史。

（3）要与企业或它们的传播代理机构接洽，更深入地了解它们在支持社会活动方面的兴趣和经验。

（4）要倾听它们的经营需求。

（5）要让企业了解你们组织支持的社会主题、你们正在考虑或参与的活动以及你们的优点和资源。要找出哪些是他们最感兴趣的。

（6）要准备一份计划书并提交给对你们的社会主题最感兴趣的那些企业。要为潜在的支持提供一些可以选择的活动。以尽可能地满足企业的经营和营销需求。

（7）要参与制订实施计划。

（8）要主动提议尽量由你们来负责跑腿儿的后勤行政工作。

（9）要帮助企业测量和报告成果。

（10）要以企业更喜欢的方式表扬企业的贡献。

不过，很多人并不愿意遵循这些准则，人们对这些准则可能没有更多的兴趣、时间、耐心或理想情境，尤其是按照顺序逐个去做，这需要非政府组织、公共机构以及潜在的企业合作伙伴付出更多的努力。至少，要始终努力地制订一个将会为公益事业以及企业谋取最大利益的计划，并坚信公众、非营利组织和私营企业能够并且也应该一起合作，以实现社会目标、环境目标和经济目标。事实上，那正是企业全体股东和捐助者期待企业去做的。

第三节 点评：观点的碰撞与交融

当今，世界上越来越多的企业都履行着企业的社会责任，但是大多数企业的社会责任项目仅停留在表面上的救灾和捐助层面，企业对于社会责任项目选择很随意，时间也较短，范围较窄，这些项目对企业自身的营业发展没有过多的提升价值和帮助。同时，这些项目的操作过程没有完整的体系指导，其最终的效果无法评估，由此种种的企业社会责任行为给企业带来了一种无形的压力和负担，不仅占用了时间、人力和资金，对企业的发展也没有提升作用，导致企业对社会责任行为缺乏耐心，并且失去动力，最终大多数企业呈现出的社会责任就是表面简单的慈善捐助，甚至通过作秀来达到增强企业知名度的效果，使得利益相关者对企业的信任度降低。甚至有的企业每年投放广告几亿元，每年都有很多慈善捐赠的企业社会责任项目，但是这些企业却不愿意拿出一部分钱来对周边环境的污染进行整治和加强企业产品质量的管控，只做大家能看得到的，而真正为消费者服务和考虑的行为却不愿意做，这些企业即使做再多的社会责任活动，消费者和社会也不会认为这些企业是好的企业。因此，我们应该揭露这些只做表面慈善行为的企业，积极推举那些真正将企业价值观和使命融入企业，有能力独立创造企业价值的企业，深层次选择企业社会责任项目，真正服务广大人民的企业。

企业的社会责任项目应该如何选择，应该怎样去营销推广？本章阐述了最系统、最全面和最具指导意义的系统框架，使得那些寻求长久经营的企业家和负责企业社会责任的领导建立正确有效的思考方法，找到企业社会责任发展与企业业务共同前进的途径。企业的实践发展是最具说服力的教材，营销就是在实践中不断摸索、不断完善的一门知识，本章概述和总结了企业社会责任的实践活动，通过不断地学习知识体系，自我开发和反思，丰富自我知识框架，拓展全新的思维。

企业在经营自己企业的时候，可以沿袭传统的文化理念，以追求企业利润最大化来确保股东利益最大化，当今社会，企业不仅对股东利益最大化负责，还对企业的非股东的一些利益相关者肩负起了一份公益责任，帮助社会维护和谐。随着时代的与时俱进，企业社会责任的观念越来越被企业家认同并逐渐普及，企业通过各种不同的外延方式来履行社会责任。对于渴望从公益事业投资中获取最显著成果的营销人和管理者来说，应该选择合适的社会公益活动，选择能为自己带来潜在好处的合作伙伴，我们应该明确企业公益活动能给企业和公益事业带来最大程度的利益。将公益活动精神融入企业文化宣传中，把公益活动纳入企业的发展战略。美国运通在世界各地支持很多的慈善组织，使得当地社区从中获得利益，享受到了幸福和安宁，我们也应该为一个更美好的世界而营销，我们的慈善活动也已经为我们的品牌增添了耀眼的光彩。

企业在指定自己短期或长期战略规划的时候，就应该把对社会和环境的责任融入企业的运营战略，使得企业应该履行的社会责任在企业的运行中一直存在。并且在整个运行过程中，我们能够根据市场的变化和要求，随时调整企业社会责任方案，引进独特新颖的创意和新兴的市场活动，开发和培育新时代的员工。积极拓展优质的商业合作伙伴，建立可以为企业带来潜在利益的合作伙伴，能够同时促进企业和公益事业的多方发展，这些合作伙伴的努力可以在帮助企业教育员工和唤醒公众方面起到良性的作用。即使有些企业的广告让人厌烦，但是那些消费者又不得不使用企业提供的产品和服务，最终还是一如既往地成为企业的客户，这正是因为企业的社会活动发挥了极大的作用，给消费者以及周边生活的人们带来了便利和优惠，使得他们享受到了一流的服务。

对于我国的企业来说，那些一直走在最前端的优质企业，对企业社会责任这一概念已经不再陌生了。但是就我国整体企业发展水平状况来看，与发达国家企业相比较，我国企业的社会责任意识还是有着很大的差距。现在普遍存在一种观念，那就是在企业家的心目中认为这种付出与回报是不值得的，企业通过社会活动来履行社会责任，浪费了企业的时间、人力、精力、资金等各方面的资源，只是使得企业品牌影响力得到一点提升，并没有大的实质性意义。所以，造成我国很多企业并不心甘情愿主动地去参加社会活动，认为只要企业合法经营，不有悖道德就行，而没有义务去帮社会承担一部分责任，也没有必须通过社会责任活动来帮助解决社会的一些问题。在这些企业眼里，它们认为企业社会活动是一种义务，是一种负担，是与企业不相关的一项举动，却不能正确地认识到这种社会活动会给企业带来的无形影响，通过参与社会活动来实现企业各种经营目标，获得企业更多的发展机会和机遇，同时也会促进社会公益事业的前进和发展。用本章的内容来概述就是，这些企业没有意识到"做好事"的深层次的内涵，并且不会正确通过"做好事"，来达到企业"做得好"。

现在世界上很多优秀成功的企业都通过"做好事"来使企业"做得好"，这个理念已经不再停留在认同的层面，更多已经渗透到骨子里，认为这是企业寻求发展必须应该使用的一种方法。当然，这种操作模式会给企业的决策者带来巨大的压力，同时带来更多选择的困难和实施的艰难。比如企业应该怎样选择合作伙伴、选择什么样的公益活动？这样去做会给企业带来什么样的结果？如何把利益最大化？如何分配企业员工？公益活动计划书应该怎么写？怎样整合各方面的资源？等等。面对这些问题，很多企业决策者很难短时间内做出一个明确的答案。

本章针对这些疑惑，给出了一个浅显的答复，虽然企业积极参与社会活动能给企业和公益事业双方带来一定的利益，但是不同的社会活动，其关注点、使用对策等并不相同，企业应该根据其自身的条件和目标任务，选择适合自己的社会活动。本章根据不同社会活动能给公益事业及企业带来的不同利益，把它们划分为六个主要类别，并对每个类别的优缺点给予了简单的描述，同时在论述每一类社会活动时，给出了简单的案例，这些案例大部分都是全世界著名的企业或品牌。企业在履行社会责任的同时，完全不会影响企业的发展，两者应该是共进退、相互发展，达到双赢的局面。我国企业应该提高企业社会责任意识，改变对企业社会责任的消极认识，积极参与到社会活动中来，真正实现创造经营绩效与回报社会大众的双赢。我国企业的领导者、决策者和管理者，应该深入地了解企业社会责任的概念，加强企业社会责任意识，明智地选择符合自身企业发展的社会活动类型，积极承担社会责任，为社会付出一分力。

本章从经济思维对逻辑原理、方法和技巧的实际需要出发，有选择地采用逻辑知识，并将其与逻辑思维技能训练充分结合。本章吸收西方论证逻辑、批判性思维的研究成果，注重培养评价论证、建构合理论证和评价行动方案的逻辑思维能力。帮助我国企业提升处理问题的分析、理解的逻辑技能，言语交际（包括论辩）、明辨是非的逻辑思维能力，信息搜索与预测、管理与决策的逻辑思维能力，快速抓住问题的关键和识别谬误的逻辑思维能力等。

任何一个企业在履行社会责任的时候，都希望在保留传统模式的基础上寻求到更好的创新发展模式，那么企业应该如何寻找到这一创新，为消费者带来更好的享受？首先企业还是应该站在为利益相关者服务的视角上，同时以更包容的创新型发展为目标，打造一种新式企业社会责任模式，从而给企业带来更多的创新机会，给企业带来多方面的发展机遇。本章概述了企业履行社会责任应该积极参与社会活动，选择符合自身业务发展的公益活动，同时还给出了具体如何操作的步骤和方法，如何正确实施整个过程。企业应该选择与企业业务、企业价值观相吻合的企业社会公益活动项目，高效实施企业社会责任的不同类别活动，制订严谨的企业社会公益活动项目计划方案，成立企业社会活动评估小组，更好地、有效地管控整个操作环节。

第四节 本章小结

企业的社会责任是指企业在创造利润、对股东承担法律责任的同时，还要承担对员工、消费者、社区和环境的责任。企业的社会责任要求企业必须超越把利润作为唯一目标的传统理念，强调要在生产过程中对人的价值的关注，强调对环境、消费者、对社会的贡献。"责任"一词意味着与责任相对的"积极响应的能力"，无论是在个人层面还是企业层面，企业都应该定期地做出一些回馈社会的活动来改善社会生活质量，在帮助社会解决一部分压力和负担的同时，企业在某种程度上也会得到好处，品牌影响力和企业声誉得到了提升，反过来这些又会给企业带来营销的便利和利润的增加。

一、本章的两大价值

我国很少有企业将自己的经营经验、发展模式、新颖想法以及遇到的问题进行分析、总结，并上升到理论的高度进行深入的研究。一些成功的企业总是在不断地摸索，在历史的进程中提炼经验，在发展中促转变，在转变中谋发展。如果一家企业几年来，一直使用着同样的经营模式、同样的销售理念、同样的发展眼光，那么这家企业最终就会走向衰败。企业在发展的过程中，难免遇到不同的危机问题，在夹缝中求生存，时刻保持着危机意识，才是企业发展的状态。

（一）提炼总结出企业最佳实施企业社会责任的方式和方法

根据对大多数企业的社会责任实践研究来看，我国企业应该站在统一协作的高度，选择社会责任项目与企业自身业务和价值观吻合度较高的活动来实践，为了更高效地履行社会责任，可以采用企业公益活动的宣传、企业公益活动关联营销、企业的社会推广、企业的慈善捐助活动、企业志愿者活动和企业社会商业活动的模式独立实施或者共同完成。

（二）企业应该拓展新的企业社会责任模式——企业社会商业活动

企业不断地实践、不断地创新，也引申出一些新的理论和价值观。

（1）共享理念（shared concept）：企业通过提倡共享价值创造，既践行了企业的社会责任，也将社会生活质量的提高和企业的经济发展联系了起来，使得企业的竞争力得到了大的提升。企业用改变适合大众共享的产品和服务来履行对社会的责任，不仅改善了一定区域范围内的经济、民生和环境，还高效地为企业自身带来了可观的利润。

（2）节俭理念（frugal concept）：在节俭理念的驱使下，企业要求在生产线的每一个环节、企业全程服务、商业模式的整个过程中都做到节俭，减少对资源的浪费，降低企业对环境造成的不良影响，最终达到节约成本。这是企业一种新型的实现企业社会责任的模式。

（3）社会企业（social enterprises）：社会企业就是一种服务于社会的企业，主要是为了解决社会的疑难问题，甚至传统公司无法解决的问题，这类企业通过对市场和客户的分析，服务解决存在的问题，最后收回投资成本。社会企业是按照企业化来操作的，不同于一般的企业，这类企业不收取任何的投资回报，只收回成本。

二、企业对社会应该承担的责任

(一) 企业与政府

企业与政府的关系就是双方通过共同合作的方式，由政府出台政策思想，企业作为实施主体，双方共同交换信息资源，企业通过各种途径和手段得到政府的支持和信任，从而达到互赢的结果，这样企业就会有一个良好的外部环境，进而促进企业的发展。作为企业，应该自觉遵纪守法、合规经营、不偷税漏税，积极承担政府规定的责任和义务。

(二) 企业与股东

企业和股东是利益捆绑式的关系，企业经营不善，股东的利益就会受到牵连。股东作为企业的发起者，企业作为执行者，股东有权对企业进行决策和改造。现代社会，企业与股东之间的关系逐渐变得社会化，股东最关心的也就是企业的稳定发展和丰厚收益。因此，企业应该承担起股东利益责任。企业不仅要保证股东的利益不受侵害，还要秉持诚实守信的原则，向股东们汇报企业的经营状况。

(三) 企业与消费者

企业与消费者是服务与被服务的关系。企业所有的行为都应该以消费者为导向，只有满足了消费者的要求，企业才会获得最大化的利益。企业通过提供产品和服务来满足消费者的物质和心理需求，这是企业对消费者最基本的社会责任。企业除提供这些产品和服务外，还有责任确保产品和服务高质量要求，同时，在实施社会责任的时候，企业必须遵循真实、公正的原则，不欺骗消费者，不能做有损消费者利益的事情。在这些要求都达到的前提下，企业还应该满足不同时代下消费者的多样化需求。

(四) 企业与员工

企业与员工之间是雇佣关系，企业给员工薪水，员工为企业做事。企业只有照顾好员工各方面的需求，达到员工的心理平衡值，员工才能最大限度地为企业做事。所以企业对员工的生活、家庭、情绪、工作、身体、待遇和满足感等担负一定的责任。在以人为本的企业理念下，照顾好每一位员工，是企业应该做到的。

（五）企业与自然环境

企业与自然环境应该是共存亡的关系，企业发展得再好，整个世界的环境破坏了，企业也会灭亡。企业的快速发展，消耗了大量的自然资源，污染了自然环境，破坏了生态的平衡，给我们赖以生存的自然环境造成了灾害性的影响。在企业不断向大自然索取的时候，也应该做到保护我们的大家园。没有这个大家园，哪里还有企业。现如今，企业逐渐认识到破坏自然环境的危害，大部分企业开始承担起对自然环境的责任，不再乱砍滥伐，不再制造"三废"，不再铺张浪费等，并且有的企业还对自然环境进行维护和保护。

（六）企业与社会

企业离不开社会，社会给予了企业一个可以发挥自身价值的经济市场，企业的存在，就是为了与外部环境进行有效的沟通联系，利益交往是一个互动的过程。企业与外部环境发生关系的过程中，要求企业与当地环境达成和谐共处的关系，对当地的经济发展、就业率等带来一定的推动作用。有的企业还意识到通过恰当的方式把收益中的一部分回馈给当地的建设发展中。

三、企业社会责任规范化的三因素

企业社会责任起源于 20 世纪初的欧洲，但是直到 20 世纪 90 年代企业独立环境报告的出现，才算是企业社会责任真正兴起的基本标志。企业社会责任行为，势必会牵涉到企业与市场、企业与消费者等其他的一些矛盾。本章所描述的企业社会责任为了满足利益最大化的要求，主要通过三个方面来进行规范。

（一）市场经济因素

企业履行社会责任时，要处理好企业与市场的关系，企业在充满竞争的市场中实施企业的社会责任必然受到市场的影响。在实施企业社会责任的同时，还要实现企业的生产和发展，扩大企业的生产规模，提升企业的市场份额，提高市场的就业率，这都是企业实现社会责任的市场行为。

（二）监督管控要素

企业在发展经营的过程中，必须严格遵守法律法规，在不违背政府和社会规定的前提下，对企业的社会责任活动要全程成立监督管控小组，随时处理和解决发生的问题，适应社会对企业的要求。

（三）自主自愿要素

企业的社会责任活动必须遵循自主自愿原则，在没有任何契约合同，并且受到社会环境限制和大众影响的情况下，企业积极承担社会的某种责任，帮助社会解决问题，完全是一种自愿的奉献行为。

> ● 案例：洛钼集团的绿色管理——循环经济模式
>
> 洛阳栾川钼业集团股份有限公司（以下简称"洛钼集团"）是香港 H 股和内地 A 股两地上市的矿业公司，拥有一体化的完整产业链条和世界级一体化的采、选矿设施，是国内最大、世界领先的钼生产商之一，拥有全国最大的钼铁、氧化钼生产能力，且拥有强大的研发力量。在钼、钨产品的采、选、焙烧等技术领域具有强大的研发实力。
>
> 随着洛钼集团的不断发展，公司的企业文化也在不断发展，但主要是以分散的特点和形式在无意识地隐性积累，并以分散而不系统的形式隐性存在于洛钼集团人的工作、生活言行中。在洛钼集团的发展过程中，隐性的洛钼集团文化时刻在引导或影响着洛钼集团员工艰苦创业，在企业发展过程中直接起到了积极、重大的促进作用。价值观管理是一种管理理念，是对组织价值观深刻的认知和提炼，在实践过程中逐渐形成的可持续、富有竞争力以及更加人性化的文化，是一种主要驱动力。工业文化的构建，需要围绕企业的核心价值观，增强企业文化的管理，才能促进工业企业绩效的提升。
>
> 文化是洛钼事业的持久性基石。任何资源都是会枯竭的，文化甘泉则会生生不息。洛钼弘扬诚信、忠诚、敬业、勤奋、奉献、创新、合作等人类美德，依靠洛钼人的共同努力使公司的基业能够长青。洛钼集团的核心理念是"创宏伟钼业、建绿色矿区"，是员工、客户、供应商、股东、政府和公众的利益共同体，其利润观是追求在建立与客户和供应商之间的双赢合作关系基础上的合理利润，道德标准是诚信、勤奋、创新、责任与合作。洛钼的每一位员工都是一个诚信的人——忠诚、信

守诺言、真诚、尊重他人和对自己的行为负责；一个努力勤奋工作的人——敬业、勤奋和讲求奉献；勇于创新和挑战现状的人——富有激情、追求卓越、不满足现状、承担风险和积极探索未知；富有责任感的人——对社会、公司、家庭、团队和他人具有责任心和勇于承担责任；富有团队精神的人——尊重合作伙伴、集体目标高于个人目标、模范遵守组织制度、善于发现别人的优点。

绿色生产和"循环经济"一词是美国经济学家波尔丁在20世纪60年代谈到生态经济时提出的。波尔丁受当时发射宇宙飞船的启发分析地球经济的发展，他认为飞船是一个孤立无援、与世隔绝的独立系统，靠不断消耗自身资源存在，最终它将因资源耗尽而毁灭。唯一使之延长寿命的方法就是实现飞船内的资源循环，尽可能少地排出废物。同理，地球经济系统如同一艘宇宙飞船，尽管地球资源系统大得多，地球寿命也长得多，但是也只有实现对资源循环利用的循环经济，地球才能得以长存。

20世纪70年代，循环经济的思想只是一种理念，当时人们关心的主要是对污染物的无害化处理。80年代，人们认识到应采用资源化的方式处理废弃物。90年代后，特别是可持续发展战略成为世界潮流的近些年，环境保护、清洁生产、绿色消费和废弃物的再生利用等才整合为一套系统的以资源循环利用、避免废物产生为特征的循环经济战略。循环经济是与线性经济相对的，是以物质资源的循环使用为特征的。发展循环经济成为国际社会的趋势，企业在政府的支持下，将发展循环经济纳入其长期发展战略，不仅为宏观循环经济发展注入了力量，同时也大大增强了企业的竞争力。大文豪托尔斯泰说过，幸福的家庭是相似的，不幸的家庭各有各的不幸。如果我们用这个观点审视企业就会发现，成功的企业似乎都遵循着相似的规律，失败的企业各有各的失败原因。破坏环境最终必然导致企业的衰亡，企业只有重视对资源的合理开发和利用、努力营造安全、健康的生存发展空间，大力发展循环经济，才能推进自身和全社会的经济协调发展。洛阳栾川钼业集团这些年的超越式发展，其中一个很重要的原因就是他们的企业文化中蕴含着循环经济的基因："既要金山银山，更要绿水青山"——公司坚持发展经济不以牺牲环境为代价，积极致力于防治污染，保护生态环境；"追求生态效益，守法控制超前"——公司承诺，遵守国家和地方所有有关的法律、法规，加强采矿区塌陷的综合治理、尾矿综合利用等，变废为宝实现生态效益，强调源头控制，实现污染预防，美化厂区环境，保护地球生态；"确保达标排放，合理利用资源"——保证废水达标排放，加强资源综合回收，提高资源利用率，推行清洁生产，从原材料采购、生产过程的控制，到产品的交付、使用，进行全过程的污染预防和污染治理；"全员关注环境，综合持续发展"——通过对公司所有员工进行有效的宣传和培训教育，提高全员环保意识。

所谓循环经济，本质上是一种生态经济，它要求运用生态学规律来指导人类社会的经济活动。传统经济是一种由"资源—产品—废弃物—污染物"组成的单向流动的线性经济。在这种经济中，人们不断地把地球上的物质和能源提取出来，然后又把污染和废物大量地排放到水、空气和土壤中，对资源的利用是粗放的和一次性的，通过把资源持续不断地变成废物来实现经济的数量型增长。与此不同，循环经济要求把经济活动组织成一个"资源—产品—废弃物—再生资源—再生产品"的循环生产新模式的反馈式流程。所有的物质和能源要能在这个不断进行的经济循环中得到合理和持久的利用。

洛钼的发展之路说明，企业和人一样，人的理念决定人的发展和他的未来，一个企业的理念也决定企业的发展状况和未来。特别是在当前，作为微观层面的社会经济细胞的企业，它的理念和企业文化，应当引入科学发展观（人本精神、人类发展指数、人文素质量化体系）、企业可持续发展（绿色生产、循环经济）等科学理念。洛钼人认为，新形势下的企业文化要求全体员工确立全新的绿色生产的理念，这不仅要求企业生产的产品本身的质量要符合环境、卫生和健康标准，而且在厂矿选址、产品研发、工艺设计、生产流程、物流处理、产品使用、废弃物回收的全过程方面都要符合环境标准，既不会造成污染，也不会破坏环境。

第九章　引爆责任感文化——帮助企业实现目标的金字塔法则

第一节　引言与合理内核

本章主要从经历、理念、行为和成效四个方面展开论述，构建了一个成效金字塔模型，根据具体的实际操作案例，展示了能够创造目标文化、树立目标理念、实现目标成效的最佳做法，以及一系列文化管理的模型、工具和技巧，指导人们如何巧用这四个方面来加速变革。

我们考察了大量情景和案例，以说明如何运用这个模型来加速文化变革。我们展示了如何通过逐一解决金字塔的每一部分，以及如何采用最佳做法有效实施模型的每一层，最终实现文化变革。本章还介绍了加速文化变革所需要的具体的文化管理工具，并且教我们如何把这些工具运用到企业的日常经营活动和正在进行的管理中去。

我们阐述如何运用成效金字塔加速文化变革，以实现公司的关键成效。这些实例向我们展现应该如何建造成效金字塔，并由上而下地创建有责任感的文化。接着，围绕着金字塔的每一层——成效、行为、理念和经历，讲述了丰富的客户案例和成功采用最佳做法的例子，使得我们很快就会认同一种基本假设——富有责任感的文化能够产生影响全局的成效。我们向读者展示如何运用并逐步递进地开展成效金字塔中的每一个步骤，以加速企业文化变革。对于今天的每个管理者而言，提高加速文化变革的领导能力是一项必要的技能。知道如何优化企业文化以实现目标成效的企业管理者可以创造出无与伦比的竞争优势。强有力的案例证明：文化产生成效，正确的文化产生正确的成效。

关于金字塔的概览和创建责任感文化。一种优秀的文化给企业带来了成效企业文化，这些文化又决定了企业的成效，企业最终想达到的成效在某种意义上又决定着企业应该要哪些文化。文化决定着成效，反过来成效又依赖文化。企业决策者应该围绕企业的目标，也就是企业最终想达到的成效（如市场占有量、利润增长、品牌提升等）来构建企业文化。明确企业的发展方向和目标，就应该迅速从经历、理念和行为方面构建企业文化，来实现想要达到的成效。最有效的文化就是责任感文化，具有责任感文化的员工寻求创造性的方法以解决阻碍，并将此视为成就大业的机会而不是失败的理由，这些员工不断前进，取得成效，从工作中获得满足感。他们自身、他们的团队和他们的企业因此蒸蒸日上，这些责任感奠定了责任感文化的基础，在这种文化中，人们用一种能够实现组织成效的方式负责任地思考和行动。一旦企业领导者们通过成效金字塔给企业建立正确的企业文化，企业成员们不会再在一种被压迫被命令的状态下工作，而是会积极努力工作，发挥自主能动性，主动承担企业责任。运用成效金字塔加速文化变革，创建责任感文化，责任感意味着人人都要为了实现组织成效做出个人承诺，创建正确的文化不是一种选择，而是商业必需，掌握实施和整合文化变革、产生目标成效的理解力和技巧。加速这种变革将会产生竞争优势——一种改变全局的优势，责任感文化存在于组织中的每个人都自愿采用责任感步骤之时，其中的每一步都建立在前一步之上，每一步都涉及能够代表这一步真正需要的最佳做法。

关于金字塔的第四层——确定能引导企业变革的目标成效。企业拥有明确的目标才会有明确的行为活动。文化变革重要的一步就是定位企业发展目标，并将这种目标清晰有效地传达给企业中的每一个人，完善和修正不符合实现目标成效的思想和行为。企业建立责任感文化应该从成效金字塔的最高层入手，其第一步就是要清楚地阐明想达到一个什么样的目标，并提炼出企业关键的目标成效，最终达成一致。因为目标成效的实现需要每一位企业成员的配合和努力，所以树立正确的关键目标成效不仅需要在全公司范围内创建，而且还需要大家的高度认同，这些关键的目标是企业每一位员工努力工作的驱动力。要想实现目标成效，就必须通过一场文化变革使现有文化转变成目标文化，文化可以产生成效，必须进行文化变革。从成效开始，加速文化变革，并且对目标成效带来及时的影响。为目标成效创建相应的责任感，需要的责任感必须建立在你已经充分了解与现有成效相对应的责任感的基础之上，让目标成效发挥作用。执行文化变革，以实现目标成效的决心为基础，对管理团队的认可是至关重要的，他们对于已经实现的现有成效负有责任。只有当管理层取得进展时，公司的其他员工才能够充满动力地紧随其后。快速的文化变革为其带来了巨大的竞争优势，并在实质上为自身也为同行改变了全局，清晰地定义由现有成效到目标成效的转变使他们得以加快文化变革的速度，从而加速了目标成效的实现。

关于如何通过确定你的行动需要被启动、停止或继续来保持这种加速，也就是金字塔的第三层——采取能产生目标成效的行为。在文化变革过程中，最重要的一个改变是变得更有责任感，责任感作为所有组织进程和组织系统的基础，决定了一切工作关系的基本原则，它是位于企业中心的"神经中枢"，能使正在发生的一切事情顺利有效地运行。加快文化变革意味着每个人将要变革，需要组织的内部化，帮助员工充分感觉到一种强烈的参与意识和主人翁精神，对于加速文化变革是至关重要的，文化是逐一改变每个人的。在投入/产出变革模型中，一种变革的动力（即投入）会导致以下三种变革（即产出）之一的发生：临时性变革、过渡性变革或转型性变革。所有行为都有所回报，即使是现有行为，有效的文化转型，有助于制止防御性的行为，使得人们战而为胜。企业应该清楚地告诉员工需要做什么和不应该做什么，加速改变员工们的行为方式，更好实现企业目标成效。从现有行为到目标行为的转变，以成效为基础而非以行动为基础的目标行为得到更加协调的发展，创建了一种主人翁精神和责任感，确保员工正确做事。了解人们的行为需要进行哪些改变，是加速文化变革过程中最为重要的第一步，员工在行为上需要做出哪些转变，并以此为出发点来描绘目标文化，这一描绘会成为加速文化变革的关键。在一个强调个人责任感的环境中团结协作地做到这一点，会加速变革的进程，并为变革成功提供基础，放弃对传统无效的变革方法的单纯依赖，转而专注于使员工真正接受个人变革的方法，将会极大地强化成功的愿景。

关于金字塔的第二层——明确能带来正确行为的理念。当人们给行为的正当性寻找理由时，人们的行为会受到其理念和经历（即金字塔底部）的影响，识别和创造理念来激励以实现目标成效为目的的正确行为，如果不对员工施加影响让他们采取正确的目标行为，也就将无法有效而迅速地改变文化。仅关注金字塔顶端（成效和行为）的努力不仅会限制你加速实现目标文化的能力，也会缩小员工们采用目标行为的可能性。由于理念比其他任何因素都能激发必要的行为转变，如果改变了员工的思维方式，将会改变他们的行为方式，为了让员工采用可以实现目标成效的目标行为，必须帮助员工接受能产生这一行为的理念。

因此，本章详细地解析成效金字塔的理念层，展示了如何结合员工的行为来改变他们的理念，并以此来加速向新文化的变革。

在力量和确定性上，并非所有理念都平等，因此我们在加速文化变革的时候，同时强调并不专注于改变所有理念。确定目标理念，当你有效地确定和执行好目标理念时，你便加速了文化变革，并创造了一种可以改变全局的企业能力。创建《文化理念宣言》，为文化变革提供了一个极其强大的工具，是创造一场成功文化变革的关键性步骤。改变理念带来的力量，理念决定了员工的行为，文化变革包括使员工接受"行事规则"方面的目标理念。公司的《文化理念宣言》描述了他们的"责任感文化"，清晰地描述出需要变革的核心"文化理念"，有助于加速文化变革并提高实现目标成效的可能性。

关于金字塔的第一层（最底层）——提供能灌输正确理念的经历。位于成效金字塔底部的经历层可以加速文化变革，不论你是否意识到，你每天都在为你身边的每个人提供经历，你在公司中和他人的每次交流都将成为一次经历，这些经历帮助其他人建立了他们自己的理念，你的每一次经历会促进或阻碍他人目标理念的形成。当然，如果一个人能拥有这种改变别人目标理念形成的能力，在企业整个文化变革以及企业责任感文化创造中，这些人会起到带头作用，能力越大，越会加速企业的目标成效实现。当你关注金字塔底部并提供正确的经历时，人们将会自然而然地改变思维方式。如果你改变了他们的思维方式，你就能改变文化；当你改变了文化，你就改变了全局。正确的经历能够促进目标理念的形成，理念源自经历。正确的经历会形成人们所期望的目标理念，在文化变革的过程中，了解经历对文化变革产生的影响，对于成功开展任何一项工作来说都是绝对必要的。经历并非"生而平等"，第一种类型的经历指的是一种清晰并富有意义的活动，它能够迅速地被理解；第二种类型的经历只有通过仔细的阐释，才能促使人们接受目标理念；第三种类型的经历是它们不能改变现行的理念；第四种类型的经历，不论你如何努力，员工永远不会按照你所期望的方式对它们进行解释。经历形成理念，理念推动行为，行为又会产生成效。当员工始终用一种能促进目标理念形成的方式解释目标经历，目标成效就会很快实现。当公司的高层团队决定变革企业文化时，他们也必须变革自己的团队文化，管理团队必须从自己做起。

关于如何在企业各层应用目标文化的最佳做法，来加速文化变革并实现目标成效。将目标文化下的最佳做法整合到企业现有的系统、结构和惯例中，可以强化目标文化，并加速创造和维持责任感文化。本章就整合这一问题提供了大量的实例和最佳做法的建议，在追求改变全局的成效时，这些案例和建议将使你获益匪浅。还介绍了一些实用的工具、诀窍和技巧，帮助整合文化变革，并加速实现从现有文化到目标文化的转变，最终实现目标成效。

关于调整文化快速进步。文化变革并不是一劳永逸的，而是个持续不断的过程，它需要管理者持续而敏锐地关注成效、行为、理念、经历这四大要素，并使它们始终保持一致。本章展示了如何把成效金字塔和文化理念成功整合到企业文化中，从而持续取得目标成效的要诀。持续的整合要求在步骤的每一步上都保持一致性，以一致性为中心进行调整。高级领导团队必须使自己围绕以下几个方面保持一致：企业必须实现的关键目标成效，整个企业在思维和行为方式上需要做出的由现有文化到目标文化的根本转变，以及目标文化理念（它描述了对实现关键目标成效来说至关重要的文化变革）。同时，团队还必须在以下两点达成统一：如何使用关键的文化管理工具，以及如何将这些工具完全地整合到企业的管理惯例中。只有当公司各个职能部门中每个员工的行为、理念和经历都协调一致时，文化变革才能成功地加速。围绕文化变革的一致性越高，大家就会越专注于实现目标成效。在文化变革中，高效的领导者会在管理过程中使目标成效和目标文化获得一致，然后努力保持其一致性。他们的语言和行为会提供目标经历，这种经历有助于创造或加强目标理念，从而激励人们为实现目标成效采取恰当的行为。成效金字塔的各个组成部分排列好，使各部分都按照你想要实现的目标成效进行定位。当所有部分都协调一致，每个人都朝着同一方向行动时，文化变革便开始加速，每个人都步调一致，员工的压力不再那么大，决策过程更加有效，而且几乎所有的事情都能加快进行。在文化转型期间，围绕目标成效和"文化理念"所创造并维持的一致性将直接影响到文化变革的速度。

关于文化管理的三种工具。为了加速文化变革，我们需要围绕目标成效给予人们有针对性的反馈，在公司中分享有针对性的故事，及时对目标行为表示出有针对性的认可。在我们领会了如何创建一致性、如何使用成效金字塔以创建改变全局的文化之后，便可以开始应用三种基本的能加速变革的文化管理工具：有针对性的反馈、有针对性的故事分享、有针对性的认可。这些工具将有助于我们将文化理念融入企业文化之，并加速目标文化和目标成效的实现。通过运用这三种工具来解决企业困难棘手的事情，是一个需要耗费大量时间、人力和精力的事情。确定企业发展方向能够为参与者提供一种清晰性，使得每个想要贡献力量的人能从正确的角度对这些棘手的问题发力做功，企业现有的文化如同一块巨石，需要大家齐心协力，朝着共同的方向使劲，这块大石才会移动。运用恰当的语言进行有针对性的反馈，用讲述故事的语言进行分享，每个使用有针对性的认可、有针对性的故事分享和有针对性的反馈来管理文化变革的人，都会发现这些工具既强大又简单。这些工具向企业里的每个人提供了清晰的方向，指明目标文化是什么样的，他们需要做什么，并且应该将之保持下去以创建新文化。正确使用这些工具能够为移动文化巨石、实现关键的目标成效提供动力。三种文化管理工具（有针对性的反馈、有针对性的故事分享和有针对性的认可）可以帮助读者对文化理念始终保持有日常的、可持续的、紧密的关注。综合运用这些工具，你便可以让文化巨石朝着正确的方向不断移动。

关于文化变革的三大领导技巧。当我们精心打磨和塑造文化以产生目标成效时，文化能够也将会为我们所用，本章研究为实现成功变革所必不可少的三种领导技巧——引领变革的技巧、回应反馈的技巧和推动变革的技巧。文化变革总是要求领导者们精通引领变革所需的技巧。如果公司的管理层不能齐心协力提高自身的领导技能以引领文化变革，那么变革进程就会减缓，变革效率和成功率就会降低。提高引领变革的能力将会加速文化变革，同时提升领导者在其他每项工作上的领导能力。文化变革必须得到引领，并且不能将这种开创性的行为委派给人力资源部、组织发展部或任何其他人员。尽管这几个部门和其他职能部门都扮演着重要的角色，但高层领导团队还是必须保持引领变革的主人翁身份，在公司各个层次引领文化变革，以确保变革在每个管理团队的日程上都被正确地置于优先地位。每一位想要将现有文化变革到目标文化的领导者都需要掌握文化变革的三大领导技巧，它们能够确保文化变革处于正轨并最终实现目标成效。为了实现目标文化和目标成效，领导者个人必须承担责任，确保每一项有关文化变革的最佳做法都能在全公司得到执行，为了使领导者在文化变革中更加有力，掌握技巧总是很有必要的。领导者必须与变革同时开始，而且必须按照适当的顺序来进行，这样做的目的是使领导者可以随着文化变革的深入展开，同步发展、练习并运用三大领导技巧。

根据过去 20 年间获得的经验，本章同大家分享如何把文化变革整合到公司的惯例、步骤和程序中，从而使文化变革能够随着时间的推移经久不衰，讲述了文化变革的三个步骤（分解文化、重组文化和整合文化）。整合的意义就是帮助整个公司的员工接受文化理念，秉承目标文化，就表现出目标行为并实现目标成效。实施和整合同时并行，相互加强，彼此依赖。完全的整合使得文化变革长期持续，一旦文化变革开始进行，管理团队就应该全神贯注于完全的整合。如果没有一种有效的机制将期望发生的改变整合到人们的日常行为中，就不可能创建并维持能够使变革成果长存的规则和焦点。推动文化变革的关键，不仅必须要实施最佳做法，而且还需要完整并充分地将它们与现存的会议和公司制度整合到一起，需要在成效金字塔的底部和顶端同时做出持续的努力，并将这两股努力结合起来。整合意味着一体化，管理文化变革的领导者必须确保公司上下所有员工接收到一致且频繁的提醒信息，当你把最佳做法整合到公司的日常工作中并鼓励员工们经常使用这些做法时，就成功地把这些提醒信息构建到了公司的程序当中。有效整合的三个步骤（分解文化、重组文化和整合文化）有助于将最佳做法和公司每天的经营整合到一起，同时，在制订整合计划时，可能会发现需要开始一件之前从来没有实施过的事项，也就意味着有更多需要做的事。

如何使整个公司都参与进来以加速实现文化变革，让整个公司都参与到变革中。只有让整个公司都参与到创造和维持文化变革的过程中，变革才能带来改变全局的成效。进行文化变革之旅，采取关于创建目标文化的最佳做法、目标理念、目标成效，以及一系列的文化管理模型、工具和技巧，采用能够使整个公司都参与到文化变革中的策略。大家的参与过程集中在目标成效这一层，它位于金字塔的顶端。文化变革总是旨在创造一种环境，使得处于其中的员工能够承担起责任，按照实现企业预期成效所需的方式来思考和行事。其要点是：文化影响成效，因此目标文化能够影响目标成效的实现。目标文化最佳做法反映出目标成效和用来管理文化的步骤、模型、工具和技巧，都在成效金字塔的框架下共同发挥作用。任何对文化变革感兴趣的人都可以放心，做正确的事情即我们界定为目标文化下的最佳做法的事情，一定会带来真正层次上的变革。为了实现这种组织变革，企业需要采取正确的步骤，使得公司内的每个人都参与到变革中，在设计和构建能够使员工完全参与变革的步骤时，有五项原则可以提供指导：从责任感开始；使大家为变革做好准备；从相对高级别和完整的团队开始；形成过程控制并保持它的可靠性；规划设计以寻求最大的参与度和创造力。采用这五大原则来指导员工参与到文化变革之中，将会使公司中的每个人都参与进来，并帮助加快实现目标文化。

　　文化变革能够成为一种特色，会为任何公司带来竞争优势以及改变全局的成效。在当前竞争激烈的商业环境和极具挑战的经济状况下，绩效的改善越来越难以实现，改变全局者也逐渐重要起来。真正的改变全局者需要的远不止一套很好的商业策略、一笔巨大的资本投资或一些更好的计谋。为商业模式制定目标成效时，变革就不再仅是优化当前业绩的问题，而是关于变革企业成效的问题。改变全局性的变革成效实施主要来自对文化变革方案的良好实施。当你变革了文化，也就改变了全局。新的局面会产生期望中的成效，能够为公司塑造和定义成功。善用这些方法及工具，文化变革会提升整个公司的士气，激励每个参与进来的人，从而促使变革成功。企业为了实现目标成效，必须加快企业的文化变革，就必须建立企业的责任感文化，并实施其最佳做法。

第二节 创新与贡献

一、有效运用整个成效金字塔模型

成效金字塔模型主要由三个部分组成——经历、理念和行为，企业为了实现目标成效，应该充分发挥这三个部分的作用，使得它们相互协调发展，最终达到目标成效。经历帮助塑造了理念，这些理念又影响着行为方式，正确的行为方式促成了成效的实现。企业每个成员的经历、理念和行为也就构成了整个企业的文化，并且，正如成效金字塔所展示的那样，企业文化产生企业成效，这是真金不怕火炼的真理。你所拥有的企业文化产生你将获得的成效。如果公司需要改变企业绩效，运用阐述的文化变革过程，这种变革过程可以帮助公司以一种极具说服力的、前所未有的方式激励员工，并创造了以成效为导向的责任感文化。成效金字塔的简单模型将会帮助我们更好地了解、改变，并于之后更好地管理好组织文化，从而实现我们本该完成的最终收益绩效。

企业的每一个成员其实每天都在创造经历，这些经历也是最终形成企业文化的根源。企业实施一些新的政策、奖惩一些人、赞同一些事、规划一些方案等，这些经历都形成了企业行事惯例的理念，而这些理念又影响着人们的行为方式，而人们的大部分行为（除了少数例外）共同产生了公司的成效，这是非常简单而且每时每刻都在发生的事情。不管企业是强大兴盛还是需要变革，学习如何确保公司的企业文化有利于公司未来会带来更大的竞争优势。通过创造文化改变了全局，得到了期望的成效，这种文化是由负责任的员工和团队共同完成的，他们能够执行公司战略并提高公司业绩。

责任感文化是一种有效的管理文化，它能够给企业带来惊人的效果，企业应该创建自己的责任感文化，而运用成效金字塔模型能够促使企业将现有文化向责任感文化转变。成效金字塔模型的核心思想是领导者必须创建企业所需的文化，通过这些文化最终实现企业的目标。清楚地提出这些基本思想，是因为它们适用于我们以往遇到的任何情况。我们坚信，那些能理解并接受这些思想的领导者和管理者将更易于也能更快速地形成管理文化的领导能力。领导者必须管理文化，文化也确实影响成效。

文化为领导者提供一种强有力的、能产生成效的工具。文化的力量同时源于这一事实：它持久并超越我们的个人影响力，领导者必须将创建企业所需的文化视为己任，不是你主宰文化，就是文化主宰你。现今，我们大部分企业都处于一种迷茫的状态，企业没有明确清晰的客户定位，员工们每天按部就班地工作，却不知道该做什么，不该做什么，想改变想突破，但是找不到突破口，企业无法调动他们的积极性，无法实现既定的销售增长任务，这种种的现象正是由于缺失了有效的企业文化，文化没能发挥最大的作用，企业首先应该重塑有效的企业文化，克服实现目标成效道路上的障碍。文化改革，作为组织的领导，必须主动出击。重塑企业文化不是一气呵成，而是需要长久不断地探索和总结，在这些基础上提炼出合适的文化因子，组建成有效的企业文化。企业领导者是企业成功的关键，领导的能力也决定着企业文化变革的速度，提高自身的能力可以加速有效的文化变革，这是一项长久且不能间断的任务。同时，文化的变革应该综合企业每个成员的意见，因为新文化的建设关切到每个人的利益。

为了实现目标成效，企业需要通过文化上的一些改变来激励人们用一种能够实现目标成效的方式进行思考和行动。通常，这并不意味着彻底的文化变革，相反，这仅仅意味着一种过渡，即一种更温和的文化转变。通常领导者企图不改变人们的思维方式（即理念）就改变人们的行为方式，大部分常规的策略，从新员工、新技术到新战略、新结构，即使发挥作用，也只在行为层面有效。只关注金字塔顶端（行为和成效）会产生障碍，若仅仅运用金字塔顶端的两层，你就忽视了人们会思考，并且他们思维方式的形成是有原因的，这种文化变革最终落得两个最能影响绩效的要素——经历和理念——毫无改变。注重金字塔的底层建设会带来更显著、持久的改变，但是也需要花费更多努力，为了加速文化变革，领导者必须同时运用金字塔的各层。领导者应该学习如何在员工身上有效运用理念和经历，不断与员工沟通交流，了解员工的经历，感受员工真正的理念，这都是领导应该去完成的任务。

文化变革的两个不同步骤是很有用的，即实施变革和整合变革。

在实施的第一阶段中，需要分解文化，在这一步，管理团队会充分了解到现有文化的优势和劣势，同时，他们会研究构成现有文化和现有经历、现有理念和现有行为，并仔细考虑需要做出哪些转变。在实施的第二个阶段中，管理团队需要重组文化，这一阶段，团队需要考虑当前的商业环境，明确企业想要的目标成效。同时需要明确的还有构成目标文化的目标经历、目标理念和目标行为。

下一步是把文化变革整合到当前的组织系统和流程中，从而维持目标文化。此时，管理团队需要使用文化管理工具，这些工具能够加速和强化企业想要实现的改变。经过培训，组织的领导者就能变得善于创造目标经历，这些经历能够培养和强化所需的目标理念。在这一过程中，领导者监控文化，将之聚焦于成效，聚焦于获得成效所需的行为和理念。最终，必须使组织中的每一个人都参与到改变和维持文化的过程中来。一旦步入正轨，就会发现在一定程度上，文化变革会自我强化。此时，目标成效作为一种更卓越的成效，自身就会成为一种基本经历，它能够强化理念，使员工相信文化变革是有意义的，是值得每个人持续关注的头等大事。

二、文化带来成效

"不是你主宰文化，就是文化主宰你"，这句话对于我们来说应当有全新的意义，企业对自己的文化承担责任，并进行恰当的管理，就能创造出惊人的成效，从而使自己、同事、整个企业以及消费者受益良多。文化能够带来成效这是个经得起反复检验的结论。如果企业需要成效上的改变，那么企业就需要文化上的变革。文化会一直起作用，无论作用是好还是坏。开明的领导者懂得：不是你主宰文化，就是文化主宰你。正确定义目标成效，将会推动大家明确需要做出什么样的文化变革（即在人们思考和行为的方式上做出改变）。让每个人都围绕目标成效从而实现协调一致并不容易，这需要对话、参与、辩论和领导力。然而，当大家都认可了目标成效时，你便会在加速必要文化变革的道路上一帆风顺。

"告诉我该怎么做"的企业环境只能衍生出负载过度的"行为式文化"。真正正确的企业文化应该以成效而非行为为基础。在这种文化中，人们变得更有责任感，他们将变革的需求内部化并不断自问："我还能做些什么？"现今的领导者和管理者比过去任何时代都更需要关注商业环境的不断变化。这种压力与日俱增。随着变革持续地全面而来、毫无延缓，让员工和企业学会用一种能带来经营成效的方式应对文化变革是很有必要的。"改变"这个词的字面意思是"使之不同或变得不同"。所以，当谈及改变企业文化时，必须确定，每时每刻，组织中每个人的表现都有所变化，并采取了目标行为。显然，需要做的不仅仅是让员工的表现有所不同，还需要引导他们用一种能够产生目标成效的方式在正确的时间做正确的事情。没有那种有目标、有导向、有重心的变化，就不可能实现成功的文化变革。

文化变革有三种层次，初级变革是一种"临时性"变革，它指的是对现有的模式做出了细微的、递增的改变，但这种改变不会长期维持下去。中级变革是一种"过渡性"变革，即对现有模式做出细微的、递增的改变，并不断应用它们。高级变革是一种"转型性"变革，它要求人们在思考和行为的方式上做出显著的改变，这种变革需要全新的思考和行为模式，它带来的挑战也就比初级变革或中级变革带来的挑战大得多。

为了变革企业文化，或为了进行战略性转变、实现更坚实的企业文化，必须着手创建和期望的目标理念一致的新目标经历。我们经常会问："谈到接受'文化理念'，谁是最需要改变的人？"当然，正确的答案是"我"。文化一次改变一个人，能提供的最重要的目标经历是遵循"文化理念"，在每天的工作中展现这些理念的应用。承担灌输文化理念的责任，并提供目标经历以培养和推进文化理念，能够比其他任何做法都更有效地加速文化变革。当把这些重要的目标理念作为典范时，就能向与你共事的每个人发出信号：这是我们必需的行为方式。这样做不仅促进了目标理念的形成，而且提升了你作为变革领导者的声望。"文化理念"是这样发挥作用的：这些理念相互依赖，形成系统，这一系统告诉员工们为实现目标成效，他们需要哪些思维和行动上的转变。这是一系列和谐共存的理念，它们共同作用，指导着目标行为的产生。

迈向新目标文化的文化变革反映出一种文化上的战略性变革，而不是全面转型。由于企业之前成功地实现过文化变革，企业相信自己可以再完成一次，这些企业对于"文化理念"的变革很简单：就是将企业在产品开发部门形成的"必胜文化"延伸到公司的其余每一个部门，从而使公司的每个员工都以一种和产品开发小组同样的高竞争优势来工作。市场部、生产部、质保部以及其他每一个职能部门都需要在各自的领域拥有竞争优势。快速地使员工拥有主人翁精神可以加速文化变革，创造转变理念所需的经历，产生得体的行为，从而实现目标成效。

理想的变革方向由企业想要取得的目标成效所决定，这一变革方向决定了企业文化这个巨石的移动方向。在文化变革的过程中，企业的文化理念指导着每个人的着力点，它决定了大家应该站在哪一边去推动巨石了解从哪里开始变革以及如何维持变革所需的动力对变革的成功至关重要。想要了解这两点，你就得从目标成效和文化理念入手。尽管"移动巨石"非常困难，但企业文化能够被改变，事实上，当你把正确的文化管理工具综合运用到个人和团队的日常商业实践中时企业文化就会被改变。

温斯顿·丘吉尔曾经说过一句话："首先我们塑造环境，然后环境塑造我们。"当然，他指出的是任何人类社会存在的因果关系：我们形成传统，继而传统又来塑造我们。毕竟，我们是习惯性生物，这恰恰是文化发挥作用的机制。你一旦创建了所需的目标文化，它就将占据主导地位，自我延续，在每个转变的关口不断强化哪些是重要的以及应该如何行事并不断重申作为特定企业文化基础的理念、习惯做法和传统。

三、文化变革的三大技巧与三大步骤

能带来成功文化变革的领导能力并不需要过人的个性、神秘的操纵力、鼓舞人心的演说或对伟大的狂热追求。相反，它需要诚实的动机、有意识的思考以及有针对性的努力，这种努力应该在行为上为大家树立一个能够展现目标文化的榜样。领导技巧模型将这种影响力置于每位经理人和员工力所能及的范围内，并起始于为公司每个人塑造新的文化。领导者应该有大局意识，用改变全局的方式来影响目标成效，运用变革的必要工具，能够进行有意义的变革，企业领导者再运用一些变革技巧，就能够加快文化变革的进程。引领变革、回应反馈、推动变革，这就是环环相扣的三大领导技巧。

引领变革的技巧，每个层次的领导者都需要就如何运用最佳做法进行训练。这种训练应当将最佳做法和角色扮演相结合，以确保必要的技能熟练程度。准备工作对确保领导者能够有效执行最佳做法至关重要，它包括对每个步骤都进行必要的预先计划。尽管有时领导者在匆忙中也能有效运用最佳做法，但这样的方式难以带来你所需要的长期影响。以提高文化变革领导力的精通程度为目标的指导必须同时来自团队外部和团队内部。外部指导给予团队额外的观点和专家意见，从而确保团队能够成功地运用最佳做法。内部指导则鼓励高层团队当中同事间的互相支持，给出的意见旨在将每个人的努力都调整和定位于将影响最大化。领导者应该在开展文化变革的同时同步做到以上三个方面。

回应反馈的技巧，当我们在变革早期运用有针对性的反馈，并深入了解他人的观念时，你将很容易地了解到为了提高自己的能力，以创造更多引人注目、能强化期望文化理念的目标经历，还需要做些什么。运用"变革理念的方法"来转变人们抱有的现有理念，从而加速企业的变革过程，可以省力而有效地改变人们对于我们领导技能的看法，从而让人们看到你渴望重塑文化理念的决心。它也可以帮助我们创造所需的目标经历，从而对人们所持的理念产生持久而难忘的影响。还可以利用"变革理念的方法"来动员大家一起探寻你想要建立的经历与理念间的一致性。步骤一：确定所需变革的理念；步骤二：告诉员工你希望他们秉持的理念；步骤三：描述你将要为员工创造的经历；步骤四：征询员工对于计划经历的反馈；步骤五：让员工对你的进展提供反馈。

推动变革的技巧，使自己的沟通方式变得非常具有推动性是一种重要的文化变革领导技能，而实现这一点通常需要花费一些努力。使每个人都参与到有意义的对话中，讨论需要进行哪些变革，并确保这样的对话在公司各个阶层都能进行，对于加速文化变革

来说是很重要的。持久有效的文化变革总是需要协作、团队合作以及对话的。作为企业领导者，在提出问题、寻求反馈、制造对话以及使员工谈论适当话题方面的能力越高，就越能加速大家对目标理念的接受。推动恰当的对话，需要一种想要了解大家内心真实想法的热情，以及提出恰当的问题来开启并维持对话的能力，为了做到这一点，应当问三个问题：你怎么想？你为什么会那样想？你会怎么做？学习如何使自己的沟通方式变得非常具有推动性并让大家坦率地与你交谈，不仅有助于使大家都参与到变革中来，还有助于领导们在全公司确定和分享最佳做法。

必须坚持不懈地强调整合，因为如果没有它，文化理念和最佳做法的实施最多只能是漫无目的的试验。如果变革需要额外的努力和时间，那么人们根本无法找到时间，或无法集聚足够的动力去运用最佳做法。那就是为什么在变革之旅的这个时刻，学习如何将所有最佳做法和组织当前的管理实践天衣无缝地整合到一起是非常重要的一步。领导文化变革意味着不断努力地实施和整合最佳做法，其中一项活动会增强另一项的效果，进而相互加强。整合并不是召开更多的会议，创建一份更长的任务清单，或者延长工作时间。相反，当你把文化管理工具整合到组织中之后，你就将它们嵌入了精心选择的现有会议和活动中，它们会借此提供推动文化巨石朝目标文化前进的杠杆。它经得起重复：整合意味着将这些工具和目前公司的程序、步骤和系统进行一体化。当整合正确地进行时，它将会把文化变革程序和公司中事务运转的方式天衣无缝地编织在一起。如果没有运用好它，员工最终会感到你只是在他们需要实施的诸多项目中又增加了负担沉重的一项。

最佳做法有很强的杠杆作用，有助于向前推动巨石并构建企业所需的文化。在变革步骤早期使用这些最佳做法，将有助于创造动力，使大家向正确的方向前进。文化变革包括实施最佳做法和整合最佳做法这两部分，这两项活动形成了一个连续的循环。

能否将最佳做法成功地整合到文化变革步骤中，取决于能否有效运用三个独特步骤中的每一步。第一步，确定将最佳做法整合到会议中的时机；第二步，确定将最佳做法整合到公司体制中的时机；第三步，制订整合计划。按顺序采取这三个步骤，找到整合的最佳时机，将努力最优化，并将干扰降到最少。

第一步：确定将最佳做法整合到会议中的时机。

整合是在完整的团队内完成的。尽管整合的时机因团队不同而有所差异，但是当谈及将最佳做法整合到会议中的最佳时机时，应该包括"一对一"会议在内的团队当前召开的所有会议。记住这些标准，就能够相当迅速地建立一个强大的时机列表。选择最佳时机可能要求的是一种判断力，但是找到能够帮助用最大杠杆移动文化巨石的时机，将

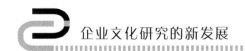

会使我们把工作的重心放在能带来最大回报方面。

第二步：确定将最佳做法整合到公司体制中的时机。

除了将最佳做法整合到会议中，还需要研究公司的正式体制，寻找将最佳做法整合进公司体制的时机。将变革整合到公司体制中包括评估公司的政策和流程，以及这些政策和流程正式和非正式的应用。当我们思考公司体制以及能够对此做些什么改变时，需要先考虑一下员工如何通过内部通信、内联网等媒介分享信息。看看人力资源系统，如岗位描述、绩效评估、招聘公告、奖励、激励和晋升。考量一下决定是如何做出的，工作是如何批准的。尽量不要忽视任何重要的公司体制，因为它们为公司的每个人创造了日常经历，这种经历不是强化就是背离文化转型的努力。

第三步：制订整合计划。

能否成功地把最佳做法整合到文化变革之中，取决于我们是否以前两步为基础，制订了一套整合计划。这个计划应该专门考虑如何将最佳做法整合到已经选择的活动中。

整合是发展性视察的核心与灵魂。就像莱克所说："我们所讨论的一切又和文化理念联系到了一起。它由我们一切所作所为积累而成。有时候，我们乐在其中，我们会让员工说出各条理念的名称及定义，以此考察员工对七条文化理念的理解。"这并非意味着考察期间不需要关注数字。相反，这期间会告诉我们，通过文化理念内再化并整合最佳做法，绘制出实现这些数字的蓝图。

第三节　点评：观点的碰撞与交融

关于责任感和文化变革的理解，责任感文化给企业带来一种竞争优势，如何运用更强烈的责任感加速文化变革，以达到企业所需的成效。经过与客户多年的深入合作，我们掌握了更多关于如何运用责任感以加速企业变革的知识，他们的客户对"如何建立责任感文化"的掌握已今非昔比，那些客户很多人都在公司内部运用了所教授的方法，并在此基础上加以革新，充满激情地追求文化变革，从而使工作绩效达到了更高的水平。本章为了向更多企业管理者分享这些学习过程，将创造责任感文化的最佳做法推而广之。

最有效的文化是责任感文化，其效果取决于个人与组织承担责任的能力。当将文化变革建立在责任感的基础上，并采用目标导向型的做法时，我们不仅能拥有竞争优势，还能获得长久保持这种竞争优势的工具。我们能够创造目标文化、树立目标理念、实现目标成效的最佳做法，以及一系列文化管理的模型、工具和技巧。对于文化变革而言，经验才是最好的老师，过去 20 年中许多难得的经验告诉我们哪些做法是可行的，哪些做法是不可行的。这些经验总结和概述了实现责任感文化的最佳做法，通过实施这些做法，我们可以加速文化变革并长期保持其成果。根据多年来和众多客户打交道的经验——如果能够正确地执行这些最佳做法并将之融入企业，就能产生文化影响成效，而文化变革一旦被正确地实施，就能够加速这种影响的产生，并带来改变全局的成效。

很多企业面临着一个问题，那就是企业为了提高利润，不断通过各种方式降低成本，简化流程，引进创新技术和人才等，但是仅通过这些方法无法真正实现企业的目标成效。这些问题经常使企业领导们感到困惑，而本章就是告诉这些领导者，其问题的核心在于企业文化的问题，本章就是将残酷的现实和文化实际应用相结合，为领导者提供了文化管理的工具，领导者将这些工具运用于企业中，便能收获骄人的成果。身为公司管理者，如果继续为以往之所为，那么公司不会有任何变化；但是，如果想让公司成为业内领袖企业，采用切实可行的文化变革方法是每一位领导者必须掌握的。

每一位有经验的企业领导者都知道，拥有正确的企业文化对自身的成功而言至关重要。这一事实使得本章成了每一位领导者，以及每一位渴望成为领导者的人的必读之作。文化变革的方法是我们见过的诸多方法中最好的一种。它能调动起人们的积极性，改变人们的日常行为，提高企业的业绩，并将这种变革成果长期保持下去。

本章就如何转变企业文化这一问题上没有泛泛而谈，而是独创了用成效金字塔加速文化变革的方法，并十分具体地教授读者文化变革应该如何展开。本章所介绍的方法可以帮助管理者创建并维持能够产生高绩效的企业文化。本章为管理者在企业内部根植责任感提供了一条清晰的路径，这种责任感文化能帮助企业实现那些看起来尚且够不着的目标，并能用一种历经检验的、合乎常理的方式调动起全体员工的积极性。

本章所阐述的一个观点——从崭新的视角出发，具体解释了如何做才能以一种能产生持久成效的方式加速文化变革，提供了创建以成效为导向型的责任感文化提供的框架，本章结合实际案例，精准地展现出企业管理者们打造责任感文化的本质，帮助企业快速实现文化变革以及目标成效的实现。

我们相信我们能够成功，能够赢得市场，能够准时交货，能够超越顾客对我们的期望——并且，我们真的做到了。本章带来了一项影响深远的企业文化变革方案，每一位领导者都能运用它转变自己的企业文化，并让公司的所有成员都为实现企业目标负责。

只有实现了企业目标的公司才可视为是真正成功的，而管理好企业文化就是帮助公司实现目标的关键所在。它倡导在公司中建立一种责任感文化，并为建立这种文化提供关键的理念和必要的实践工具。在这种文化中，每个人都会将责任感内化，并积极主动地确保企业能够成功，能够实现预期的目标。转变企业文化从来就不是一件易事，本章所介绍的工具与理念具有重要的现实意义。

企业应该创建自己的责任感文化，通过提供一种成效金字塔模型，从经历、理念、行为和成效四个方面描述了成效金字塔每一层的内容，结合一些真实案例，将这四个方面巧妙用于企业文化建设中，加快企业文化变革的速度。帮助企业领导者更好地掌握知识要点，引导领导者一步一步实施文化的变革，最终实现企业的目标成效，获得长久的竞争力。

在当今变化多端的社会、充满激烈竞争的市场环境中，企业要想实现宏伟的目标，取得长久的胜利，就必须建立以目标为导向型的责任感文化体系。只有这样，才能有效实现企业的发展目标，使得企业的每一个成员对其他人、对企业、对社会负责。企业责任感文化不是判断谁对谁错，奖励成功惩罚失败，而是让企业每一个成员都担负起自己工作的一份责任，发挥员工的主动性，确保企业朝着正确的方向前进。

第四节　本章小结

当企业领导们仍在寻觅良方之际，成效金字塔模型能够帮助企业构建以目标为导向的责任感文化体系，帮助企业从停滞不前的状态向飞跃发展转变。虽然很多企业领导对企业文化这个"软实力"并不看好，一度认为它没有作用，但是却被很多著名的企业管理学家研究和认可。一个人有没有责任心，关系着他的家庭、事业和工作的成功，同样的道理，企业每一位成员对企业有没有责任心，影响着企业的成功和失败，强烈的责任感文化确实能够给企业带来更大的发展。有的企业虽然认同责任感文化，也一直强调责任感文化决定着企业的成效，但是没有更深层次地去探讨如何构建这些文化，导致在企业面临很多棘手问题的时候，寻找不到合适的解决办法。真正的责任感文化要求人们的自愿性，不论发生什么事，员工都能自主积极地去承担自己的责任，不受任何等级和权势的影响，也不害怕所面临的处罚。简单来说，很多企业还是没有找到创建企业责任感文化的正确方法，有些企业领导过度重视成效金字塔模式的顶端（企业目标的实现），就直接通过上级命令要求员工改变行为方式（行为），虽然短时间内能够取得一些成效，但是并不长久，因为这些企业领导并没有改变影响企业员工行为方式的思维理念，而这些理念又是在人们的日常生活的各种经历中总结出来的，所以这种操作方法，并没有从根本上改变企业的发展进程。

在当今世界，运用成效金字塔加速文化变革，第一名意味着一切，加速变革的过程对于获取商业成效而言至关重要。毋庸置疑的就是能够及时创造文化变革以影响公司当前核心的商业成效。本章为企业领导者提供了一个有效模型，那就是成效金字塔模型，其核心思想就是通过经历来形成理念，再由理念来改变行为方式，最终实现企业成效。

企业创建正确的文化是企业发展的需要，而不是一种选择性行为。企业目标管理的关键就是培育企业所有成员的责任感。上文我们已经说过，无论企业成员每天都在做什么，其实都是经历创造的过程，而这些经历又形成了员工的观念，从而影响着员工的行为方式，逐渐又形成了企业的文化，进而实现企业的目标成效。金字塔模型的第一层是经历阶段，其本质就是企业的日常活动；第二层就是观念阶段，企业在日常活动中形成了一定惯例，这些便是观念形成的基础，当然，这种观念必须是大部分都认可的一种观念；第三层就是行为阶段，企业的思维方式决定着企业的行为方式，是企业上下统一的行为；第四层就是成效阶段，是企业最终目标实现的阶段。可是，企业在建设责任感文化的时候，应该首先确定成效金字塔最顶端的目标成效，只有确定了企业的发展目标，才能确定适合目标的一系列行为方式，同时带来实施这一系列行为的正确观念，最后企业应该找到能够给员工们全面灌输这种观念的经历。企业责任感文化的构建起始于企业所经历的每一个日常活动中，使得企业成员的观念、行为和目标都保持高度一致性，最后实现企业的目标成效。本章在实践经验中总结得出企业创建责任感文化的最佳金字塔模型，为企业打造责任感文化并长久的保持提供了具体的工具和技巧，确定企业目标成效—统一的行为规范—共同的思维理念—日常生活经历。希望每一个企业领导者都能将这套方法运用于企业的文化实践中，建立适合自己企业的责任感文化体系。

不论是面对消费者、社会还是企业自身，企业每一个成员都应该加强自己的责任感，只有这样，才能真正提高企业的成效，实现企业的发展目标。责任感能带来令人惊叹的成效，本章以我们20多年来为顶尖公司提供咨询和培训的经验为基础，证明了这样一个事实，即增强责任感能够也确实产生了改变全局的成效。企业真正的责任感是从企业每个成员的经历、理念、行为和成效四个阶段，一个阶段接着一个阶段发展过来的。在你寻求提高公司成效时，它会有所帮助。责任感远不是对失误和失败的惩罚，而是一种有力的、积极的、可行的原则，是个人和企业获得成功的基础。它不是一种选择，也不是一种时尚，而是在当今复杂而瞬息万变的商业环境下的一项基本要求。塑造一种人人都对彼此负责、人人都对公司负责的企业文化，是成功进行企业变革的中心步骤。如果没有责任感，变革过程就会迅速中断。在这种情况下，员工就会将变革的需要外部化，抵制让他们进步的行为，甚至破坏企业变革的发展进程。如果企业每一个成员都拥有责任感，那么企业中每一个环节都将会高效地运转，给企业文化的变革创造了良好的氛围和条件，同时员工们也将呈现出主人公的态度，带动企业真正的发展。正确地运用责任感将会提高透明度和开放性，增进团队合作和互相信任，促进有效的沟通和对话，实现工作任务的彻底执行和全程跟进，带来更高的清晰度和对结果更紧密的关注。责任感应该成为贯穿公司这块复杂锦缎上最结实的一根线。它是当今企业，尤其是那些想要在全局范围内进行变革的企业所面临的头等大事。最终，责任感越强烈，成效就越显著。当你建立起责任感文化，你就创造了一个以责任为重的企业，在这个企业里，人人都能够也将会创造出改变全局的成果。

● 案例：东风汽车公司积极践行荆楚"和"文化

东风公司的前身是"第二汽车制造厂"，它从十堰大山里走出来，长年的积淀，使东风汽车塑造了朴实、团结、坚忍的性格，在中国汽车大集团中，东风有着鲜明区别于其他汽车集团的特色。为了可持续发展，面对复杂多变的市场环境和竞争环境，东风意将其传统的文化提炼升华，使其上升到战略高度，以更加宽厚和气的开放心态去参与竞争。走出十堰大山，从武汉辐射全国又走向全球竞争的当口，东风的高层越来越体现出了开放、包容、以"和"为本的姿态，这也影响到了合资对方的态度。

"东风独具特色的发展历史与道路，决定了东风的文化基因——讲合作、重融合、务实奉献、开放进取、胸襟博大，也因此孕育了东风独具特色的'和'文化。"东风公司总经理朱福寿说，面对着竞争越来越激烈的市场，全球汽车企业都在寻求内外协同发展的最佳路径，以降低成本，提高效率。

2014年车展前夕，东风汽车公司在北京发布了企业文化战略。东风汽车公司打造的文化战略核心价值观就是"和"文化，其内容主要分成四个部分——东风"和"的内涵、"和"的理念体系、"和"的行为体系、"和"的视觉体系。这是我国车企首次对外发布文化战略。

东风公司"和"的内涵就是"和衷共济，和悦共生"，最终实现人、车、自然和社会的和谐共存。

东风公司"和"的理念体系包括四个部分：第一个是企业的使命——"让汽车驱动梦想"；第二个是公司的愿景——建设一个自主开放的国际化百年企业；第三个是公司的精神——"海纳百川，砺行致远"；第四个是公司的经营理念——"关怀每一个人，关爱每一部车"。

东风公司"和"的行为体系包含了一个中心和五个发展，以把企业做强做大做优为中心点，帮助实现企业的自主、开放、绿色、协同和共赢的全面发展局面。东风公司始终以"深化合作、改革开放"和"创新驱动、自主发展"为基本行事方向，提高企业的产品质量和发展水平，整合一切可以整合的资源大力推动企业自主品牌的发展速度和影响力，加快了东风公司的国际化进程，推动企业与战略合作伙伴的协同共进，赢得一个和谐共赢的未来，使得企业上一个更大的台阶。

东风公司"和"的视觉体系，强调了"和"的意义就是在一起，一起成长、一起发展，其口号就是"东风和畅、与你偕行"。东风公司的"和"视觉体系融合了多个东风计划的印记，使东风的"和"文化融入企业的每一个位置。

——"和衷共济"的精神。何谓和衷共济？和衷，就是坚守共同理想，坚守共同信仰，同心同德，群策群力；共济，就是汇聚各方资源，协力共达目标，风雨同舟，永不言弃。在东风既有以员工命名的工作方法、生产线、科研室，也有以"公约""行动纲领""共同宣言"为统称的各板块企业文化。表面上看，企业的竞争在于产品，但归根到底是文化，因为它已深深扎根于东风运营的各个环节。这种精神彰显着东风人不服输的信念追求，源自东风人不变的文化传承。20世纪90年代后期，与全国绝大多数国有企业一样，面对市场的变化，东风也一度表现出不适应，企业发展遭遇前所未有的挑战。在最困难的时候，东风公司的流动资金几近枯竭。

——"海纳百川"的胸怀。"和衷共济"是东风人面临机遇和挑战时以及发展事业的文化追求，"和悦共生"则是东风人最大的梦想，实现人与社会的协同发展，达到双赢的一种文化理念。何谓"和悦共生"？和悦，就是正视彼此文化差异，求同存异，以和为悦，携手兴业，和乐共处，和美相伴；共生，就是统筹平衡各方利益，精诚合作，互助共进，和谐共生，互利共荣。正是这些精神，使东风日产生产出不同创新的产品，成为中国产品线最丰富的合资乘用车企业，在市场上赢得不菲战绩。东风汽车公司是中国汽车合资链条最长的企业，早先与日产、本田、PSA、起亚、台湾裕隆先后建立起了合资关系，而在近两年，东风又牵手法国雷诺、瑞典

T公司、瑞典沃尔沃、德国格特拉克等构建了国际合作，而不久前，东风又入股了PSA。在这些国际合资合作中，东风没有抱残守缺，而是一直以兼容并蓄、海纳百川的文化自信，让这些企业自觉融入东风文化。东风公司的发展历程提炼出东风公司的文化因子，这就是团结合作、融会贯通、勤劳务实、无私奉献、开拓进取、宽容博爱等，这些独特的文化因子便组建成了东风的企业文化。在如此声势浩大的国际合资合作面前，没有一个核心的企业文化去统领与跨国公司的合资合作，是不行的，是要乱方寸的，是要被不同的外资文化搅乱思绪的，为此，东风选择了"和"。也难怪，东风汽车集团董事长徐平在解释"和"文化战略的时候，认为，"企业文化要入脑、入心"。融合共生，成为当今车企最大的经营特色，任何企业都不能闭门造车，产业链全球化，要求企业更加注重以"和"为本，精诚合作。

——"利人利己"的责任。东风公司联合中国道路交通安全协会、中国汽车文化促进会发布了《中国汽车公民文明公约》，希望发挥每一位驾驶者和行人的力量，用行动来打造汽车社会的文明力量，这是我国首个以构建和谐汽车社会为主旨的中国汽车公民行为公约。我国已连续五年成为全球汽车产销最大国，汽车保有量快速提升，汽车社会势不可当，但汽车文明程度并不高。东风公司党委副书记周强表示，作为中国汽车行业骨干企业之一，东风公司在推动中国汽车工业健康、快速发展的同时，更要积极承担社会责任，成为汽车文明社会的推动者，致力于人、车、自然和社会的和谐。东风公司推行《中国汽车公民文明公约》，实施"润"计划，积极履行企业社会责任。在湖北省恩施自治州，东风通过"碳平衡"经济生态林建设项目，不仅提升了当地农林产业"自主造血"能力，而且开创了汽车企业自愿减排新模式。在湖北省宜昌市贫困山区，东风"润苗行动"在继续捐建希望小学的同时，还为山区孩子提供衣、食、住、行、学五个方面的资助，从而成为一项全方位、体系化的助学活动。不同的地域，共同的情怀。从大兴安岭特大森林火灾扑救现场到长江抗洪抢险一线，从四川汶川特大地震紧急救援到云南鲁甸灾后恢复重建，东风车总是一路疾驰，东风人总是迎难而上。东风将积极把社会责任理念融入公司战略和全价值链管理之中，通过全面实施"润"计划，不断丰富社会履责的形式与内容，凝聚新动力，实现东风品牌与社会责任品牌的双提升。2015年，东风汽车公司在上海首次公开发布了企业的《商业道德公约》，用这份伦理道德宪章来约束和规范东风公司和所有利益相关者的行为，积极打造更加规范的商业生态圈，建立一个诚实守信、公正公平、透明公开的市场经济秩序。作为一个跨地域、跨所有制、跨文化的汽车产业航母集群，东风公司积极实施企业"和"文化的发展战略规划，引领商业圈的道德伦理体系建设，推动公司产业的强劲发展，谱写我国物质文明和精神文明建设的新篇章，实现汽车强国家强的愿景，尽快实现中国梦。

第十章 文化战略——以创新的意识形态构建独特的文化品牌

第一节 引言与合理内核

通过对多个著名品牌案例的研究，发现创新模式的缺陷，在此基础上，本章创立了足以弥补主流模式欠缺的文化战略理论，成功激活了多个垂死挣扎的品牌。在实践的基础上，本章确立了文化创新模式以及适用于创新的组织形式。

本章的研究包含三个方面：首先是创立一种文化创新的理论；其次是将理论进行适当调整，从而作为一个实践框架去服务于战略的开发；最后确定公司应该如何组织进行文化创新。为了建立文化创新理论，对历史上文化创新的案例即我们所称的品牌系谱做了学术研究。本章的分析是建立在社会文化理论基础上的，这些理论是学术研究方法的核心，但在以前却对创新理论几乎没有影响，这些理论包括历史学、政治学、媒体研究学、社会学、文化人类学以及地理学等。我们采用了一种案例比较的理论，从而建构理论模型的方法，在管理学和社会科学中，这是一项常见的研究技术。品牌文化以及通过案例比较发展理论对文化创新的组织结构进行了细致的学术考察，这就需要分析大量案例，推进到更为精细的层面，并且对 11 个杰出创新项目的组织细节加以理论重构。在咨询和品牌传播工作中，将这些理论进行了适当修改从而形成了一种文化战略模式，这一模式既可以用于创立新的商业项目，也可用于重新激活陷入休眠中的企业。文化创新同样可以用于社会和环境问题。例如，设计一个有助于环境可持续发展的企业，或者设计一个新品牌来促进南半球的经济发展。尽管本章主要聚焦于商业应用，但现有工作的相当一部分都在关注社会创新的开发利用。本章讨论了四个在社会创新方面先行的企业案例，它们包括本杰瑞、巴塔哥尼亚、肥胎啤酒和自由职业者工会，这些案例显示了文化战略模式如何被社会企业家和社会企业应用于社会变革。

关于市场创新，一直被工程师和经济学家的世界观左右着，他们认为市场创新就是开发一个"更佳捕鼠器"，市场将因此而关注它。这个功能主义的观点当然有它的道理，但它已经被视为进行创新的途径，所以"更佳捕鼠器"的方法就造成了另一种非常不同的创新世界观的丧失，那就是宣扬一个更好的意识形态市场同样会予以关注。商业世界之外的人们早就懂得创新的意识形态能够获得市场力量，这些文化的创新者们依靠所称为的故事和文化密码，极大地改变了饮食偏好，称这一现象为文化创新。无论是企业家还是职业经理人，都想要发动下一个大事件，利用创新的理念激发消费者的共鸣，从而建立一个利润丰厚的新业务，这是他们的神圣目标。他们督促管理者们聚焦于深谋远虑的战略性的目标，为了避免在现有市场中陷入内讧式的争夺，管理者们应该将眼光投向新的市场空间，也就是他们所说的"白色空间"，只有这样才能创造并抓住市场显露出来的机会。

市场经济中，存在两种竞争市场状态，一种是在已经存在很多竞争者的市场中寻找竞争优势，这种模式称之为红海战略；另一种是在竞争相对较弱的市场中寻找竞争优势，这种模式称之为蓝海战略。红海战略中的市场竞争已经达到一个白热化状态，企业的产品和服务同质化程度很高，企业在这种市场中寻找突破口，最终会带来微薄的利润甚至可能还是亏本的结果，这种情况下，相同行业的企业就不要打入这个市场。蓝海战略强调的是企业通过自身企业的产品、技术、服务、管理、营销等多方面的创新，完善和改进现有的体系，降低企业成本，吸引更多的消费群体，改变销售模式，提升产品服务等，通过创新的手段从竞争激烈的红海跳出，进入一个适合自身企业发展的蓝海市场，最终达到企业盈利的目的，同时这种创新行为模式得到消费者的广泛认可，给消费者带来更多更好的服务和体验。然而打造一个蓝海空间是一场持久战，刚开始，会有很多企业跟风效仿，出现红海市场的状况，只有企业一直遥遥领先，并不断提升自己，才会开辟出一个属于自己企业的蓝海空间，保持良好的盈利状态。

对于绝大多数创新专家来说，未来的机会意味着一件事，那就是新技术的商业化，同时，"混搭"创新主张渐成影响，可以通过尚未形成的独特的价值组合来加以利用，这两种"最佳捕鼠器"的创新模式，都是基于经济学和工程师的世界观，蓝海存在于对真正具有新颖及突破性特征的产品和服务有潜在需求的地方。相比技术创新和混搭创新来说，一些成功的企业中的每一个企业所做的创新都是很小的创新，但不同凡响的是它们的产品所代表的意识形态，这种意识形态借助故事和文化密码形成了鲜明的文化表述。

注意力份额营销的两种策略（理性利益营销模式和感性利益营销模式），无论是提供功利利益还是提供感性利益，作为创新工具都是相当有局限性的，因为它仅扎根于心理学。这两种方式都暗示说，营销就是在消费者头脑中建立某个品牌与消费者认可的价值利益点之间的联系，在这样的观念下，品牌与利益点不仅都是长久稳定的，而且都和社会语境无关。由于这种品牌战略的核心部分与社会和历史缺乏联系，注意力份额营销只能将激起消费者共鸣的任务交给从事创意的搭档们，这些创意人员被要求向品牌中注入"潮流""声誉""酷"之类的内涵，努力将这些词汇与品牌产生关联。

关于文化创新是如何产生作用的，在总结了十多年的研究成果基础上，提出了文化创新理论，对20多项重要文化创新进行了详细的历史分析。对这些不同案例进行了系统的对比，从而建立了一套理论用以解释为何这些创新获得了成功。这一部分评析了以下七个案例：耐克、杰克·丹尼尔、本杰瑞、星巴克、巴塔哥尼亚、维他命水和万宝路。其中，耐克、星巴克和万宝路这三个品牌，被视为突破性品牌推广的典型，它们的故事被当作品牌管理的传说已经流传了几十年，本章的研究直接对这种传统智慧构成了挑战，通过对七个案例进行分析来向读者说明这一创新模式是如何运作的，同时还介绍了其中的关键概念。

企业的文化创新最重要的就是给企业所有相关者传达一种创新的文化理念，这种文化理念涵盖了一种新型的企业意识形态，通过恰当的语言形式使得文化理念变得生动形象。蓝海战略属于一种文化范畴，是一种潜意识的形态需求，而不是功能战略。技术创新模式和混搭创新模式的商机一直存在市场中，只不过处于休眠状态。直到恰当的新技术或者富于创造性的混搭产品出现时，它才会出现。这两种模式假定了人们通常更在乎产品的功能性。企业意识形态的需求产生于企业发生重大的事件或历史变故，导致企业需要彻底重塑其原有的传统文化，这些重大变化疏离甚至解散了企业与消费者之间的联系，使得消费者为了满足自身需求不得不去进行一种新的替代性选择。对于企业来说，尤其是对于有着特定消费的人群来说，这是一种新的机遇和挑战。同样地，文化创新战略对于这类商机的反应方式与"更佳捕鼠器"战略从根本上不同。文化创新是一种新型的文化理念，企业通过企业品牌、产品服务将这种文化理念传达给消费者。我们一直强调，有影响力的文化表述可以通过多种多样的方式来实现，比如产品设计（本杰瑞、星巴克、维他命水）、平面广告（杰克·丹尼尔）、游击营销（本杰瑞、导火线音乐电视网）、公司经营方针（本杰瑞、肥胎啤酒、自由职业者工会）、零售设计（星巴克）、产品包装（星巴克、维他命水）、服务境遇（星巴克）、命名（维他命水）、户外媒体广告（自由职业者工会）、电视广告（耐克、万宝路、净蓝验孕、肥胎啤酒、李维斯、体育电视台）。对于文化创新来说，所有的消费者接触点都是等效的。意识形态机遇为市场创新提供了最肥沃的土壤。然而这种机遇还没有被认识到，毕竟在营销管理思想中，经济学、工程学和心理学的影响太大。它们虽然属于不同的学科，却有着相同的前提，就是要简化这个世界，所以它们有意识地忽略文化语境和历史变迁。这些理论删除了人类生活所有零乱烦琐的细节，为的是提供一个简洁的模式以便大公司按图索骥地应用。正是在社会生活中那些烦琐而难测度的层面，蕴藏着某些伟大的创新机遇。在过去，文化创新一直都是一个不确定的事件，本章的目的也正在于将它转变为一个系统的学科，该部分就勾勒出了这个学科的理论基础，但是仍然需要做大量的工作来将一个历来受关注的学术模式转化为有前瞻性的战略框架。

本章的"文化战略"概述了文化战略模式的应用，它是通过一系列独特的文化研究提炼而成的。文化创新能否成为一种系统的事业追求？什么样的战略能够指引公司和企业家识别并利用这些意识形态性的商机？什么样的研究方法最适合了解这种战略开发？在这一部分，解释如何使文化创新理论成为一个可以利用的战略武器，即我们所谓的"文化战略"。在过去，文化创新是一件偶然的碰运气的事，幸运的发现者实在太稀罕了。文化创新理论开启了一扇通往新战略的大门，它能够显著地提高成功的概率。但是运用文化战略创新，必须重新思考"战略"是什么。战略是指导行动的一个蓝图，但战略通常被想象成一些高度抽象的通用术语。在传统的创新战略中，比较详细的和语境化的指导意见往往被排除在外，因为这种细微差别被认为不属于战略的范畴。文化创新是在面对一个特定的历史节点，用更好的文化表达来诠释这个历史节点下的一种理念。所以文化战略必须针对这些更加特定的历史与语境目标做出回应。因为文化战略决定了品牌的文化表述的细节，所以它也为品牌推广中一直被视为是"创意"的环节提供了相当多的体系和指导意义，而这在之前一直都是由创意专业人员凭知觉来掌握的。本章将文化创新理论转化为一个可执行的战略框架，称其为文化战略模式。文化战略是一张详尽的蓝图，指导着一个文化创新的开发。详细论述每一阶段的方法，而这些方法都是直接从这一文化战略理论中提炼出来的，是由一整套系统的文化研究的方法支持的。这套模式为数十家公司开发文化战略，包括百事公司、百富门（Brown-Forman）、微软、宝马（BMW）、百加得（Bacardi）以及可口可乐公司。曾用文化战略模式推出过新品牌（比如斯维佳、真理频道、绿色星球），用它重新激活过在困境中艰难挣扎的品牌（比如可口可乐、迈克硬柠檬水、大地段、科友豆巴），也用它帮助某些品牌成功地维持住了作为文化引领者的历史地位（比如迷你、万事达、杰克·丹尼尔、本杰瑞、激浪）。文化战略是一个与绝大部分公司所采用的传统战略完全不同的一种战略，目前，战略仍然是一个抽象的词语，为了让文化创新行之有效，战略就必须明确确定高度语境化的机遇，并且必须指引具体的文化内容。

当创新为其所服务的市场提供了更好的经济价值的时候，创新就成功了。推动社会变迁不可避免地包含了一种意识形态的斗争——用一种新的意识形态挑战旧的意识形态。一个新的意识形态要想得到理解，它就必须向参与者和支持者提供显著的文化和社会价值，而不仅仅是经济价值。我们研究过和参与过的大量社会案例表明，社会和文化价值至少不亚于那些可以赤裸裸地计算的理性利益。此外，正如我们在本章中所强调的，人们对产品功能利益的感知受到附着在产品身上的社会和文化价值的强烈影响。要使得社会创新的努力成功，就必须通过文化战略模式发掘创新概念中的意义和价值。如果一种战略将社会问题仅当作只需考虑功能和花费的实用问题来解决，它的失败将是必然的。

关于文化创新的组织——为什么品牌官僚体制会经常性地导致创新失败，以及为什么在失败之后，品牌官僚体制仍然牢牢地扎根在大的消费产品和服务的公司里。对文化创新案例的深入研究，揭示出阻止公司进行文化创新的组织性障碍，并且找到打开文化创新之门的钥匙。公司和企业家应该如何组织起来去寻求文化创新？这种组织形式如何不同于传统的组织结构？管理专家早就认识到组织结构既有可能促进创新，也有可能阻碍创新。本章就是想让大家明白，为什么全世界最优秀的消费品营销公司，比如宝洁、联合利华以及可口可乐，通常在文化创新方面失败了。在研究中发现，蓝筹公司惯常应用的创新流程在文化创新中实际上也是有缺陷的。找到创新的文化表述是一个完全不同于使用一个"更佳捕鼠器"商业化的任务。文化创新需要一种新的组织形式。在本章，进行了一个机构性的评价，明确指出大公司有缺陷的体制逻辑使文化创新偏离轨道，称之为品牌官僚体制。"似科学"（sciency），意思是"某种似乎科学的东西——是我们希望相信其存在的科学"。专业化的营销公司梦想着将营销中人性的方面转化成一种可预测的机械的科学，为此他们创造了所谓的"似科学"营销（sciency marketing）。"似科学"营销就是固定地使用科学的术语和方法来应对所有营销问题，这便是品牌官僚体制的基础。科学主义的方法如今主导了整个市场，不仅应用于它作用发挥良好的领域，而且也被用在那些它根本不适合的领域。在定价、促销和营销力量配置等方面，科学营销是非常有效的，因此将科学方法运用于这些领域当得起"科学营销"的名称，但是如果在无法发挥作用的产品意识形态领域坚持运用营销科学的方法，那就不是一个有效的管理。这种将追求正确性和稳定性的科学误用于意识形态领域的做法，我们称其为"似科学"营销。我们研究的所有取得了成功的文化创新项目都源自一种非正式的组织结构，详细讨论能够促进文化创断的替代性组织结构，这种替代性的组织结构潜藏于之前研究过的文化创新案例中，并将这种新的组织形式称为文化工作室。这种文化工作室，它与品牌官僚体制恰好形成对比。小公司和创业企业在文化创新上有一种天然的优势，因为它们还没有陷入品牌官僚体制的泥潭。大公司如果想在市场创新方面取得突破，也有必要抛开品牌官僚体制，换一种不同的方式来组织创新。在品牌官僚体制主导的专业化大型营销公司中，文化工作室常常以隐蔽的形式存在，通常情形是：当公司处于危难时刻，打破常规的举动会被容许，此时若有一位有独特经历的人，他有能力赋予某个项目团队足够的自治权，文化工作室就产生了，这种类型的文化工作室通常是短命的，因为品牌官僚机构终究会重新掌控他们的自治空间。在一些小公司和创业型企业中，并没有设立MBA驱动下的品牌营销部门，那里的文化工作室可以以"公开"的组织形式存在，为了追求创新目标，参与者们甚至可以反复试验、寻找最佳的组织方式。

第二节　创新与贡献

一、企业文化创新理念

企业的文化创新就是一个企业为了传达它的新理念所创新的一种文化表达。如同我们已经论证的那样，一些成功的企业品牌，具有强大的影响力和商业价值，正是因为它们做出了正确的创新文化表达。我们要加强对文化创新的理解，首先应该理解这些文化表达会给消费者带来什么价值，这些价值的意义有多大，接着我们需要理解这种文化表达是怎样以一种新的蓝海为目标，即我们所说的意识形态机遇，通过更加常规的创新产品和市场营销战略来超越竞争者。

文化表达是一个关键因素。纵观历史，人们对"正确的"文化表达是高度重视的，因为这些文化表达对于人们在社会中帮助他们更好地生活和工作方面，发挥着重要的作用。文化表达就是一个给生活指明方向的灯，帮助我们正确地理解这个世界，以及我们在这个世界中所处的地位，告诉我们哪些是有意义的，以及道德和人性是什么，我们应该去奋斗什么，应该摒弃哪些行为习惯等。文化表达是一个人身份的代表，更好地体现了我们的身份地位。在社会中，一个良好的文化表达，丰富了我们的生活，使我们的生活更加有意义。无论是从国家、社会、企业和环境层面，还是个人健康、伦理、工作和成功方面，这些正确的文化表达提供了更多的指引和帮助，使得我们走向成功。

一些文化表达通过规则、行为、教育以及其他一些社会的风俗习惯进行传递和传播，但是在现代社会这些方式已经在很大程度上被大众媒体和商业取代了。自20世纪初以来，西方社会的各大公司就已经相互竞争，将这丰富资源的经济价值金钱化，而品牌已成为以文化表述开展市场营销的最重要的商业工具。

文化表达是由意识形态故事和文化密码构成的。考虑一下杰克·丹尼尔和万宝路的例子，威士忌和香烟这两种产品长久以来都致力于寻求某种最好的文化表达，这两种文化都比较在意一种重要的价值观体现，那就是男人魅力。杰克·丹尼尔和万宝路都提供了关于男人魅力的创新文化表达，我们曾经指出，两个品牌都是通过更好的意识形态故事和文化密码超越了竞争对手。

企业的一种意识形态应该是被员工和消费者广泛认可的一种价值观念，同时被市场也相当认可的一种文化观念，这些意识形态塑造了企业的经营理念和行为方式。企业坚持这种意识形态，使得企业在经营过程中选择正确的发展道路，从而提高企业的社会地位。企业的品牌是企业某种意识形态的体现，而这种意识形态又是消费者选择该品牌的基础，是企业产品和服务的核心文化观念。然而，意识形态只是企业的一种观念，而不是一种生动形象的表达，企业应该通过更多更好的表现方式体现企业的意识形态。企业的意识形态与企业直接的经营销售不同，为了让不同消费者都能更好地体验，企业通过文化表达的方式更好地服务消费者。企业只有在意识形态的基础上，用故事和文化密码的方法来传达信息，这样，企业的意识形态才能真正融入文化中。

这里说的故事应该是有教育意义的故事，它能很好地体现企业的意识形态。20世纪50年代到60年代在美国的商业领域，这个国家历史上的拓荒男人魅力的重新激活，是通过两个不同的故事加以戏剧化地呈现的。在这两个故事中都产生了重要的文化创新。杰克·丹尼尔选中的故事源于山区的乡巴佬亚文化，它将未经历工业化和战后意识形态浸染的田纳西偏远森林中的乡间酿酒坊浪漫化了。杰克·丹尼尔固执地保持着拓荒男性的魅力并为此自豪，正如他们酿造的威士忌一样历久弥新。万宝路的文化故事来源于美国西部的牧场亚文化，牧场文化使得万宝路塑造了一个经典的牛仔故事，这些牛仔们个个都勤奋工作，无论是在变化无常的气候下，还是在荒野凄凉的草原上，每个人都充满着斗志，个个能力超群，从骨子里透出了男性的魅力。正是因为企业将它们的意识形态融入故事中，让员工、消费者和社会更好地理解，最后达到一致的认同。如果企业的意识形态仅靠一句简单的口号来体现，也将很难融入更多人的内心。

企业要想通过一个故事来达到大众的认可和赞同，就必须用最合适、最吸引眼球的文化内容来组成企业的文化表达，这就是"文化密码"，这些文化密码是企业独具特色的，能够体现企业的核心文化理念。企业所有的行为都应该由一种文化表达所指引，而这种文化表达已经融入企业战略规划、文化塑造、品牌提升、经营销售、管理规范等各个方面，这些文化表达不是临时得到的，而应该是在企业发展历史进程中逐渐提炼出来的一些元素。企业通过临时拼凑的内容不能全面诠释企业的文化表达，只有经历过岁月的洗礼，以历史文化为背景，才能总结出适合企业发展、满足消费者需求，适应社会的文化表达。一组良好的企业文化密码可以为社会、员工和消费者提供一个深入了解企业的机会，让这些企业相关者们能够轻快简洁地理解企业的深层次内涵。

如果选择了浅薄无知的、笨拙的或缺乏战略的文化密码，即便将企业最合适的意识形态融入最有潜力的故事中，其结果也不会是好的。企业必须精确而巧妙地使用文化密码来做到更好的文化表达。为了表明古老的工艺优于现代化的机器，杰克·丹尼尔的广告将橡木桶的制作和碳层提醇工艺浪漫化了。这个广告充分表现了对男人魅力的赞美，同时表达了对现代人们的一种麻木和反感，广告邀请了一些南方男人，他们穿着老式的劳动布工装，充满了乡土气息，但是能够看得出他们肌肉发达，身材强健，透露出十足的男性魅力。为了强调他们的工作环境，广告选择了工人制作木桶，提醇碳层的场景，展现出他们在户外辛勤劳动。为了表现"有一说一"的质朴交谈胜过城里人的花言巧语，广告文字表述采用了民间风格的地方习语，所有这些密码相互作用，以一种简单的方式诠释了意欲表达的内容。

文化密码的巧妙使用对于万宝路的成功同样至关重要。在万宝路案例中，李奥·贝纳花费了十年之久才找到正确的牛仔密码——牛仔生活在牧场上，没有老板，没有机器，依靠经验和勤劳来完成令人筋疲力尽的而且经常有危险的工作，他们自得其乐。寻找到密码之后才有了故事的腾飞。对于万宝路和杰克·丹尼尔来说，在用故事向目标消费者传达他们所渴求的意识形态之前，必须首先找到正确的文化密码。

文化创新必须包含意识形态、故事和文化密码三个内容。首先应该选择正确的意识形态，在这一意识形态基础上增添合适的故事，使得文化表达更让人们接受，最后再通过符合自身的，具有历史沉淀的文化密码来进行表达，这样一个文化创新才算成功了。

二、文化战略六个阶段的模式

我们用六种互补的文化分析形式来构建文化战略模式，它们像拼图一样被拼装在一起，实际上，文化战略的发展是在这六种分析和比较的循环往复中进行的，这些真实的排列在一起的连续的实验性分析使得这一理论的解释越来越清晰。在每一个模式版本中，我们的战略研究人员都将排除一些选项，进一步提炼出更满意的战略，通过三角定位建立了在文化战略这个方向上的信心。

第一个阶段：描绘产品市场的文化正统。

我们的文化战略必须在正确的文化中航行，正确的文化应该包括三个方面——意识形态、故事和文化密码，通过正确的文化最终组建成企业的文化战略，市场上现有的品牌努力用它来创造消费者价值。文化密码存在于任何市场活动之中，从产品设计、包装到零售方式、市场沟通、服务手册，一直到媒体报道中的公司首席执行官的演讲。在这一部分所涉及的案例中，我们将讨论四种不同的文化正统，它们在各自的产品市场上制造了红海。它们分别是：验孕产品市场的父权制医学意识形态（净蓝验孕）、精酿啤酒产品市场的手工艺性——世界主义意识形态（肥胎啤酒）、MTV 主导的音乐电视市场的"新新人类梦想一夜成名"的意识形态（导火线音乐电视）以及健康保险市场上的公司专业主义意识形态（自由职业者工会）。

第二个阶段：辨识消解正确文化体系中的社会断裂。

社会的变化最终会瓦解消费者对于传统产品的企业文化认同，社会时刻都面临着发生这种改变，这些改变动摇了企业现有的意识形态，同时也改变了消费者重新渴望的新的意识形态。这种破坏性的社会改变产生的原因可以是技术变革，也可以是经济、社会结构和人口变化，还可以由社会运动或者大众传媒的力量促成。有的企业因为人口变化导致了社会断裂，有的因为社会经济导致了社会断裂，有的因为社会运动导致了社会断裂，还有的因为在大众传媒带领下发生了社会断裂。

第三个阶段：发掘意识形态机遇。

一旦我们能够具体指出社会断裂之所在，就可以精确地得到社会断裂如何影响相关商品消费者的细节。在这一阶段，我们应该进入消费者的内心，深层次地了解社会断裂下消费者新的意识形态需求。社会断裂使得消费者的需求发生了变化，同时对企业来说，也是一个机遇，企业只有真正抓住最能够吸引消费者的意识形态需求，才能在整个大环境下取得胜利。有的企业在社会断裂情况下，意识形态由男权主义向女权主义过

渡，有的企业由重视个人主义向集体主义转变等。

第四个阶段：采集合适的原始素材。

文化创新从来就不是拼凑而来的，我们应该去寻找具有历史意义的原始材料。这些素材往往是在企业历史进程中，不断总结再总结的情况下结合故事所提炼出来的。企业的文化创新不是对"下一个十年也许会发生什么"的未来主义幻想或者头脑风暴中的想象。相反，为了把握意识形态机遇，成功的企业文化创新总是不停地进行完善，不断地对意识形态、故事和文化密码进行研究和探讨。意识形态机遇常常会给创新者提供强烈的线索去发现最合适的原始素材。有些时候，故事就根植于社会运动或者亚文化之中，因此正确的原始素材其实是很明显的。

第五个阶段：运用文化战术。

我们在研究和咨询工作中开发了一系列具体的技巧作为文化战略的战术装备。在特定情况下，这些战术的威力是巨大的。因此我们应该回顾企业发展进程中的战术清单，看一看是否有一个好的合适的似乎很有前途的战术可以引入战略模式中。本章我们将要回顾六种战术，包括：

（1）激发意识形态爆发点（本杰瑞）；

（2）使公司故事化（杰克·丹尼尔、娱乐与体育节目电视网）；

（3）复兴反潮流的意识形态（杰克·丹尼尔、万宝路）；

（4）文化资本滴漏（星巴克、维他命水）；

（5）跨越文化鸿沟（耐克、星巴克）；

（6）文化柔术（本杰瑞）。

第六个阶段：构建文化战略。

我们通篇都在强调，文化战略需用一个与存在于"更佳捕鼠器"模式和注意力份额营销模式中的传统战略不同的方式。这是因为，文化战略要求人们辨识在特定历史条件和特定社会语境中发生的特定的意识形态机遇，它还要求人们用包含了特定意识形态、故事和文化密码的特定文化表述对这一机遇做出回应。不仅因为文化战略的组成元素必须是不同的，而且重要的是，文化战略整体上必须更为具体，还需要更具指导性。传统战略围绕着一般性的消费者利益点或者情感词汇做文章，而文化战略则要指引每一个创新参与者，在创新的每一个组成部分都设计出独特的文化表述。这一尖锐的实验是测试战略模式是否能够指引创新设计中的设计人员朝向一个前途光明的文化表述并警告他们离开文化的死胡同。一般的战略指导书常常只是几页纸，上面是一些由形象构成的概要图示（盒子、房子、脑袋、钥匙等），但这样的战略设计对于要达到的目标来说太模糊了。文化战略需要详细的文本，根据意识形态、故事和文化密码做出具体而精微的指导。对于文化创新来说，细节是至关重要的。

三、品牌官僚体制

什么是品牌官僚体制？

为什么专业化的市场营销公司会如此固执地坚持几乎不起任何作用的品牌创新的方法呢？当商业遭遇文化的时候，官僚体制如何导致功能性障碍的结果。本章概述了品牌官僚主义的体制逻辑概念。

（一）可计算的规则

"可计算的规则"是官僚体制的首要特征。管理庞大而复杂的项目，诸如战争、生产技术复杂的产品、为地理分布分散的人群提供服务等，都要求控制一套简化了的并且标准化了的管理工具。对于现代市场营销来说，可计算的规则包含了以下三个主要层面：

1. 抽象与简化

官僚体制要求对品牌和消费者有一个简单的启发式描述，这样经理们才能迅速把握管理上的问题、分享信息，并做出有效的决策。无论是品牌还是消费者，都要用简明而通用的语言加以表述，以便任何一个经理人不管他对于该品牌是否有具体的了解，都可以迅速理解品牌和客户。于是，品牌战略问题就被简化成了短短的一组形容词和短语，通常正好适合一个页面的篇幅，甚至经常被进一步缩减为一句话。

2. 标准化的程序以便保持一致性和可控性

在官僚体制中，一致性是通过由客观规则和标准化的流程来保证的。品牌官僚体制促使形成一种单一的机械的逻辑，这种逻辑统一地适用于任何情况下的任何一个品牌的研究、战略和创意开发。

3. 科学管理与定量化

科学管理是官僚体制的核心特征，因为科学能够为问题的标准化、问题的监控及其最终解决提供正当化的方法和手段。官僚体制应用科学逻辑持续地改进程序从而提高效率。自从泰罗主义管理原则在 20 世纪 20 年代兴起之后，运用科学原理解决管理问题就成为改进官僚体制效率的主要方法。从 20 世纪 80 年代的产品质量控制革命到 20 世纪 90 年代的流程工艺风暴，再到 21 世纪初行为激励模式的应用，无一不体现了科学管理的影响。科学管理对品牌官僚体制的发展同样是极其重要的，我们将在下文讨论其影响。

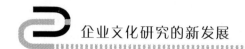

（二）理性化的管理

官僚体制通过高度的理性化发挥作用，并由极其擅长客观运用犹如规范一样的流程的经理们来具体实施。大公司都发明了各自的管理系统，将始终如一的决策制定的流程贯彻至市场营销。理想状态下，市场经理是可以相互替换的。在品牌官僚体制中，所挑选出来的经理们经过了社会适应性训练，他们可以始终如一地运用相同的流程从而做出相同的决定。对品牌官僚体制而言，合理化管理的三个特质极为重要。

1. 专用的专门知识

官僚体制在本质上是组织和管理复杂项目的一种方式，它将复杂的市场事务分解成各种专业任务。官僚体制要求管理者们善于高效地完他们的任务，并通过专业化来实现这个目标，也就是将每一项的任务单元化，设立岗位和部门来管理每一项任务，然后在这些岗位上安排的人员都"受过专门训练并通过持续实践来提高他们的专门知识"。

2. 命令的等级链

品牌官僚体制运用精心策划的流程以及监督和服从的等级体系，围绕着一整套的命令体系来管理。官僚化的结构与雇主控制着的各种管理手段的中心紧密地连接着。专业化的市场营销组织所依赖的是一个等级化的命令链，在这个链条中，组织中各种各样的任务被整合在统一而稳定的管理链条上。在营销公司中，品牌经理表面上看负有盈亏的责任，但事实上他们位于金字塔的底部，高管们控制着所有重大的决策以确保组织始终如一地朝着目标发展。

3. 去人性化的规则运用

官僚体制由职业化的员工构成，他们忠诚于组织中合理化流程所设定的岗位。为了让官僚体制运转顺利，这种管理必须是非人性化的，必须将来自人类情绪和个人习性的"干扰"降至最低。韦伯写道，官僚体制发展得越完善，它就越是去人性化的，也就越接近彻底地将难以计算的爱、恨以及任何纯粹个人化的、非理性的和感性的元素从事业中剔除。但是，品牌官僚体制的去人性化特质与文化创新是相矛盾的，因为文化创新要求对贯穿社会的集体"非理性"的渴求做出细致入微的理解，以及用完全人性化的文化表述对这些渴求做出回应的能力。品牌官僚体制在探索创新的过程中必须解决一个基本的问题：一旦你被剥除了人性，你如何将人性放回去？

（三）品牌官僚体制扼杀了创新

几乎在所有专业的消费产品营销公司中，品牌官僚体制都主导着创新过程。成功的文化创新需要在整个创新过程的每个环节都细致入微地分析社会的文化变迁。文化创新需要经过五个关键步骤：

（1）分析当前产品市场上隐含的文化正统；

（2）社会断裂创造了对新的文化表述的需求，通过分析社会断裂来发掘意识形态机遇；

（3）锁定创新所需要的合适的原始素材并且理解它们，这些素材将在亚文化、社会运动和媒体故事中挖掘；

（4）为创新制定文化战略，应该明确创新的意识形态、故事和文化密码；

（5）设计创新：在营销组合中创造一种清晰易懂的文化表述，将文化战略付诸实施。

品牌官僚体制组织下的创新在每个阶段都注定要失败。似科学营销和命令控制管理模式导致它们在研究和概念阶段就系统地剥离了文化。在文化内容不可或缺且极端重要的设计阶段，品牌官僚体制所建立的却是战略性地丧失"文化注入"的流程。

第三节　点评：观点的碰撞与交融

本章提出一种产品创新模式，这种模式能够突破企业文化战略与战术的一些不易解决的问题，这种文化创新模式给我国企业带来新的发展思路和创新机遇，为文化创业者提供一个可以选择的道路，打开了我国企业领导者的眼界。我们多年来对多个成功或失败的品牌企业进行了全面而深入的分析和研究，还与多个企业的领导者、员工和客户进行面对面的访谈，发现了现存的一些以"蓝海战略"为代表的大众创新模式存在着一些严重的短板，因此本章提出了一种新的品牌创新模式——"文化战略"模式。

当今最具影响力的品牌战略著作认为，创新在于产品功能的突破。然而，本章通过对多个成功或失败企业进行分析，结合企业领导者和消费者的访谈，总结得出功能主义创新模式已不能满足现代企业的发展需求，因为它忽略了社会的瞬息万变以及企业历史进程中的意识形态改变。本章提出一种创新模式——文化战略，这个发展模式考虑了社会和企业变化中意识形态的状态，并竭力推广用于实践。在实践活动检验的基础上，确立了文化创新模式，并提出了适用于企业文化创新的组织形式。

在市场竞争越来越激烈的今天，单纯依靠技术改进和技术创新已经无法保证持久的市场领先地位，新产品一旦上市，很快就会被模仿甚至抄袭，建立在经济学和工程学世

界观基础上的蓝海战略对此无计可施，唯有文化战略才能弥补蓝海战略的致命缺陷。

这是本章具有里程碑意义的品牌战略的宝典，对于管理者、企业家或是社会活动家们而言，它都是有益的指南。同时，本章也是应用性的学术理论著作，源于一门充满生机的市场营销学科，即消费者文化理论（CCT），尽管这一理论还不太为学术界之外的人们所熟知，但是，近年来它已经激发产生了一些市场营销和消费者研究领域最令人激动也是最精妙的理念。

（1）《中国好声音》为什么会在诸多选秀类节目的竞争中异军突起并屡屡创造收视奇迹？真的是那四把转椅和四位导师发挥的奇效吗？

（2）郭敬明的电影《小时代》为什么在遭遇无数争议的同时却依然吸引那么多年轻人的追捧？

（3）星巴克为何在20世纪90年代从华尔街的宠儿快速沦为投资者的弃儿？

（4）已经被巨型企业占领的市场，新设企业以及小企业如何才能赢得市场机会？

（5）企业如何才能一直保持自己在市场中的领先地位呢？

……

本章告诉我们这些成功的品牌如何通过发现和植入文化密码，形成文化创新而使产品在市场竞争中超越对手占据领先地位。本章所倡导的文化战略模式应该作为企业突破自身发展的品牌营销模式。

文化创新战略的提出，其实是对企业品牌进行一个合适的文化表达。文化创新战略应该遵循社会和企业历史变化特性，因为这两个因素是企业需要文化创新的驱动力，也是消费者对于新的意识形态的潜在需求。所以文化创新的第一步永远是要敏锐地识别社会的变化，特别是大众文化需求与意识形态的潜在改变。当我们清楚地明白发生什么变化后，我们就需要采取正确的表达方式。

本章最大的价值在于将一直以来创意领域认为极具偶然性的文化创新理论化，并且在此理论基础上建立起具有可操作性的创新模式，给所有企业尤其是文化创意企业提供了一个有价值的突破思维。本章分析了诸如耐克、星巴克、万宝路、李维斯等大量耳熟能详的品牌的成功与失败的实例，不仅让读者了解这些品牌成败的原因，而且对品牌发展过程中的社会历史变迁进行了翔实的描述，使读者犹如身临其境，将会激起读者一口气读完的强烈愿望。本章还能教给读者如何进行品牌文化创新的方法，给所有的读者带来关于创新驱动的新思路。品牌成功的关键不是产品创新，而是文化创新。

在品牌与文化之间存在着不可分割的紧密联系，也就是说，颇具独立性的品牌与社会历史文化之间有着千丝万缕的依存性的联系。本章系统地阐述了品牌与文化的关系，提出了文化创新的基本理念。

有些企业还只是停留在功能主义模式的企业发展理念中，没有认真分析和考虑历史和社会的变迁，对于企业、对于消费者带来的影响。新时代的企业创新不应该局限于企业产品和服务的创新，而应该从更高层次的文化层面展开深入的探讨，并认真对待。有些企业更倾向于迎合大公司的品牌官僚体制，有意识地忽略了相关的文化语境和历史变迁，将人类社会生活所有零乱烦琐的细节加以删除，使得产品的价值可以被归纳为诸如"新颖""活力""天然""健康"等关键词，以便大公司各层级管理者无须费时和费心了解品牌创新的详细信息，就可以快速地做出是否批准创新方案的相关决定。

一个企业要想真正打造有价值、有突破性的文化创新，必须在当下实时发展的情况下，结合社会发展变迁以及企业自身历史进程所带来的新的意识形态，企业确定的意识形态必须满足社会变迁给消费者带来的需求变化。然后，企业应该赋予这个意识形态一个故事，这个故事能够表达出企业要表达的意识形态，紧接着企业应该去寻找能够体现和表达这种意识形态的文化密码，最终组建成一个创新的文化模式。当然，赋予意识形态的故事不能是为了符合主题的虚假编写和杜撰，而应该是在消费者能够广泛接触到、贴近生活的事物中寻找故事素材，并对这些素材进行筛选整理，进行适当的创造性改编，让更多的消费者对这种意识形态达到认同，最终成为企业的忠实客户。

企业必须到社会、市场、消费群体里寻找意识形态，才能挖掘出对企业真正有价值的意识形态，企业应该摒弃旧有主流的经营模式，对多个文化群体进行深入分析，总结出共同价位和共同文化的基本取向，并对基本取向的特征和行为方式进行深入的考察和研究，从而提出精准的符合时代变迁影响下消费群体的意识形态需求。

第四节　本章小结

世界上许多优秀的企业都拥有一个知名的品牌，标有这些品牌的产品受到成千上万广大消费者的支持和青睐，这给企业带来丰厚的利润，而这些产品正是体现了企业的文化，传递了企业的精神，得到了目标市场和消费群体的高度认可。一个成功的品牌产品是一种身份的代表，其应该具有良好的功能性，同时还应该代表和传递着某种文化，消费者通过购买这些产品满足自己精神上的需求和满足感，还带着一些优越和自豪感。企业将自己要表达的理念、价值观、使命以及民族文化等无形地融入这些产品中，深刻影

响着国内外消费者的行为模式。

技术创新型产品的研发，起初会被其他企业迅速效仿、复制和超越，企业只有保持持续的创新力，才能在最后取得自己的一席之地，进入属于自己的蓝海领域。当消费者在面对多种多样的产品和不同品牌的相似产品下，除非消费者具备专业的知识，否则他们不能很好地区分这些产品，往往无法正确选择合适的产品，仅能凭借自身的消费习惯和经验。其实大部分企业都面临着竞争的压力，找不到突破口，它们不断地对产品进行创新，然而被超越后再创新，一直不断地恶性循环，给企业造成了很大的压力，始终无法跳出"红海"，进入"蓝海"。

不论是企业还是研究企业的专家们，都对企业发展的创新模式进行着长久而深入的探索和研究，他们都认为企业应该以功能为主导的创新才是企业提升品牌地位的唯一因素。正是在这种共识和观念指引下，企业就始终围绕产品的功能进行一次又一次的创新和改进，却始终跳不出"红海"进入"蓝海"，进入一个怪圈的循环。深入研究这个现象，肯定是因为这种主流的创新模式存在着一定的局限性，从而影响了企业质的发展，因此无法带领企业实现真正的创新。

企业管理中的主流创新模式全都沿袭了主要的经济学教科书的市场观，将"更佳捕鼠器"视为创新的驱动力。不仅如此，这些模式也忽略了创新可以在文化层面上进行，而不仅局限于具体的产品和服务的细节。这些模式相似之处还在于它们全都忽略了历史与社会的变迁，而本章对于创新的研究以及接受的咨询项目中对创新的运用，全都利用了这种社会变迁所导致的新兴的机遇，在本章中所建构的文化战略模式弥补了管理学和市场营销学的欠缺。

创立了一个强有力的文化创新的全新理论。成熟市场中的品牌营销陷入了一种称之为"文化正统"的文化模仿形式。社会的历史变迁形成了对新文化的需求，而这一需求成为颠覆文化正统的"意识形态机遇"。文化创新将隐含于亚文化中的文化内容略加调整和改动。从而跨越了根深蒂固的文化正统以回应这种新的需求。

"文化战略"为经理人和企业家如何利用意识形态机遇提供了指南：

（1）经理人如何才能利用文化进行创新从而超越其竞争对手？

（2）企业家如何才能鉴别那些被大公司忽略的新的市场机遇？

（3）资金不足的企业如何战胜行业巨头？

（4）技术企业如何能够避免商品化倾向？

（5）社会企业如何拓展业务以吸引资深社会活动家以外的消费者？

（6）亚文化品牌如何能够跨越"文化鸿沟"，而取得大众市场的成功？

（7）全球品牌如何利用跨文化战略以取得当地市场的成功？

（8）组织机构如何能够避免品牌官僚体制的陷阱而使自己的企业创新？

当今，全球经济越发不稳定，我国乃至全世界都呈现出复杂和深刻的变动，与之对应的，也会给企业带来新的市场环境，社会也会面临大的变迁。在这种情况下，我国企业尤其是跨国企业，应该扩大企业的发展眼界，品牌正是企业充分的文化表达，同时也是企业与消费者的精神纽带。从全球的视角考虑，重塑企业的创新模式，紧密关注社会、市场和消费者的意识形态变动，从而改进自身企业的品牌竞争力。站在文化的角度，打造适合企业自身发展，又符合社会和消费者新意识形态需求的文化创新战略，提升企业品牌影响力。

品牌犹如生命，自有其沉浮与枯荣。那些历久弥新的经典品牌，那些出奇制胜的新锐品牌，皆以各自的骄人业绩向世人昭示着这样一个真理——品牌的创造，不分先后，只论高下。企业应该深入分析世界经济形势，善于抓住文化创新的机会，评估企业品牌在不同文化背景、市场经济体制和社会环境下的发展情况，赋予意识形态生动的故事和文化密码，打造出企业的文化创新模式，提升企业在国际上的地位和影响力。

● 案例：青岛啤酒的文化营销

青岛啤酒股份有限公司（以下简称"青岛啤酒"）的前身是1903年8月由德国商人和英国商人合资在青岛创建的日耳曼啤酒公司青岛股份公司，它是中国历史悠久的啤酒制造厂商，2008年北京奥运会官方赞助商。根据世界品牌实验室的研究数据，2010年青岛啤酒的品牌价值达到426.18亿元，居中国啤酒行业首位，跻身世界品牌500强。青岛啤酒几乎囊括了1949年中华人民共和国成立以来所举办的啤酒质量评比的所有金奖并在世界各地举办的国际评比大赛中多次荣获金奖。青岛啤酒以"成为拥有全球影响力品牌的国际化大公司"为愿景，始终牢记回馈社会，关注社区和公众的需要，做有责任感的企业公民。

和大多数中国企业相比，青岛啤酒企业文化最不可模仿和不可复制的地方就在于，它有着真正的"历史"。"历史"是需要有时间的沉淀、沧海桑田的磨濯和陈陈相因的传承的。2004年8月，青岛啤酒董事长李桂荣在一篇题为《对青岛啤酒企业文化的再思考》的文章中写道："在一百多年的发展历程中，青岛啤酒企业文化经历了自发、自觉和提升三个阶段，逐渐形成了以表层形象文化、中层制度文化以及深层价值理念为核心的完整的企业文化体系。"这是对青岛啤酒企业文化的发展历程第一次进行分析和界定。在青岛啤酒的大兼并中，文化整合发挥了不可忽视的作用。青岛啤酒实施"大名牌发展战略",通过"高起点发展,低成本扩张",实现了跳跃式、超常规发展,在国内18个省、市、自治区建立了啤酒生产基地,构筑了遍布全国和全球的营销网络,年啤酒生产能力、品牌价值、产销量、利税总额、市场占有率、出口等多项指标均居国内同行业首位。青岛啤酒扩张的成功得益于许多方面,其中文化整合起到了关键作用。文化整合统一了被并购子公司的经营观念和价值理念,为企业改革、发展打下了良好基础,使前后40多家进入青岛啤酒的子公司都成为生力军,形成推动青岛啤酒发展的巨大合力。资本的扩张说到底也是文化的扩张,先进的理念、成功的品牌、优秀的管理等"轻资产"的输入是扩张成功的关键。20世纪90年代,青岛啤酒面临的危机主要是规模危机。公司制定了推进规模扩张、实现市场化运作的重大战略,40多家企业陆续加入青岛啤酒大家庭。不同的企业文化短兵相接,必然要碰撞冲突,给企业的经营管理和发展带来了巨大困难。

青岛啤酒文化是青岛啤酒的灵魂,是青岛啤酒的核心竞争力之一。青岛啤酒在"锐意进取,奉献社会"核心理念的指导下,设计并导入了CI战略,形成了"科学严格的管理与和谐的人际关系相统一"的青岛啤酒管理模式和"热爱青岛啤酒,献身青岛啤酒"的团队精神,建立了比较完整的企业文化体系。通过反思青岛啤酒自身发展壮大的经验,公司领导层深深地感到:企业并购之后的整合是一场革命,其中最难的是观念的转变,而要转变人的观念,关键又在于灌输、整合、创新青岛啤酒文化。通过具体的整合实践,青岛啤酒人认识到了"文化整合不应仅是青岛啤酒文化的单向输出,而应是母、子公司优秀文化的兼收并蓄,共同创新"。文化整合的实质是对双方企业文化的评判、选择、提升和优化的过程。对被并购企业优质文化的挖掘、吸收,既是对子公司的充分尊重,也是文化创新的源泉之一。如"新鲜度管理"是青岛啤酒对啤酒行业营销理念的一个重要贡献,华南事业部将其推而广之,不仅体现在营销环节,更体现在经营管理的各方面、各个环节都要讲究"新鲜度",突出一个"快"字,围绕市场建立快速反应机制。通过企业文化整合,母公司与子公司互相汲取文化营养,双方不断调整,共同成长。

青岛啤酒文化包括精神、制度、物质三个层面。精神层面包括愿景、使命、核心价值观、理念、宗旨、精神等,是文化的核心和灵魂,是企业的"心"。制度层由精神层转化而来,目前有200多项制度,190余项流程,还包括公关活动、营销活动等,将文化进行科学的、规范化的培育,表现出公司强大的不依赖任何人的制度执行力，是企业的"手"。物质层包括公司的视觉识别系统、物质环境、产品造型包装设计、企业文化传播网络等，是精神层的载体，也是文化最为外在直观的系统，是企业的"脸"。从精神层到物质层，由抽象到具体，由神到形，执行中也有意会、言传、行贯的偏重。其愿景位于文化框架的最上方，青岛啤酒文化是愿景领航的文化，对于市场具有引导功能；使命紧随其后，阐明了青岛啤酒存在的理由和价值。这两项是顺势而为：因为不管青岛啤酒是否做好了充分的准备，啤酒市场已经是一个国际化的市场，成为国际化的大公司是市场的客观要求；同时，啤酒的好坏由专家鉴定的时代已经过去了，必须满足消费者的喜好才会使企业生存发展，所以使命强调了消费者导向。核心价值观是青岛啤酒所推崇的基本理念和信仰，体现公司的境界和原则，使命即青岛啤酒的核心价值观。青岛啤酒的核心价值观是基于青岛啤酒公司区别于其他组织的独特的文化细胞形成的，既有传承，又有创新，在矛盾中寻求标准，使文化细胞更加健康和有适应性，对员工具有凝聚功能。理念群由核心价值观派生而出，阐明了公司在不同方面的观念立场，有激励功能。这一部分是明道，即阐明青岛啤酒生存发展之道。

　　随着世界经济一体化的高速融合，谁把顾客奉为上帝，以优质的产品和服务赢得顾客，谁就是市场竞争中的胜者。青岛啤酒相信消费者的信念是来自其本身，因为消费者对品牌价值与品质的认知，将决定青岛啤酒的未来。以"顾客价值为导向"，青岛啤酒在梳理发展指导思想时正式提出一项做大做强的新战略，这一战略的核心是由生产型企业向服务型企业过渡，通过实现为股民、为职工、为消费者服务，来进一步转变机制，真正地与市场接轨，以形成新的企业竞争优势。把青岛啤酒这一具有百年历史的中国民族品牌发展成为世界啤酒行业的强者，再创百年辉煌，这是几代青岛啤酒人的梦想，青岛啤酒认为，公司的机制转变比眼前几个经营数字的好转更重要。青岛啤酒认为，摆正企业利益和消费者利益的关系，处理好盈利和服务的关系，是青岛啤酒发展中的重要指导思想。青岛啤酒提出以"顾客价值导向"为中心的创新经营模式，认为营销理念现代化、销售信息自动化、营销管理专业化、物流配送科学化、销售网络精细化的目的，就是一切以消费者为中心，如何为消费者在第一时间内提供高质量的服务。

第十一章　企业文化：伦理学与生活

第一节　引言与合理内核

本章对描述伦理学、规范伦理学和分析伦理学进行了科学的研究，在本国伦理基础上，汲取东方伦理学的精华，构建"人道主义伦理学"体系。倡导人生价值、善良慈爱、公平公正、诚实守信和个人自由的伦理道德原则，为企业伦理、媒体伦理、环境伦理、职业伦理、人生伦理等广泛的社会伦理问题提供了应对之道。

本章关于伦理的相关概念，不仅描述出道德的若干重要特征，也给出了基本实用的道德定义。什么是道德？世界为什么需要有道德？道德基本上是讨论和解决人的问题，讨论人与其他存在物（包括人和非人）的关系。道德讨论了人应该怎样对待其他存在物，以促进共同和谐的生存与发展，在整个发展过程中做到扬善抑恶、扶正祛邪。本章区分了伦理学与美学、道德与礼貌的区别。在讨论道德的应用时，一般考虑三个方面，即道德与自然、个体道德和社会道德。运用理性反思，区分了道德与法律。在认可或奉行一些习惯、传统、道德体系、规则和伦理学理论前，我们都应该经过仔细的分析和批判的评价，然后才能继续践行。基于自身的利益、传统理论、人类的共同需要，我们认识到人类应该以合作和有意义的方式一起生活，因此人类是需要有道德的。不管伦理学可能达到的大众化程度如何，也不管是表面的大众化还是实际的大众化，伦理学肯定应当成为我们生活的最重要的方面。

关于两种主要的伦理学观点——结果论（目的论）的道德伦理和非结果论（义务论）的道德伦理。它们包含很多传统的道德理论，这些理论所关注的不是人们为什么要有道德，而是如何实现道德。几乎所有的现代道德理论，都是以这种或那种方式从我们自己的伦理学传统中发展而来。如果我们能得益于这一传统，道德研究就绝不是从零开始了。伦理学史上有两种主要理论，即结果论（以行为结果为基础或关心结果的）和非结果论（不以行为结果为基础或不关心结果的）。这两种理论传统上分别被称为"目的论"和"义务论"，本章分别称之为结果论和非结果论，因为后两个概念准确地表明了两种理论的真正区别。两种主要的结果论的道德理论是伦理利己主义和功利主义。它们都认为，人们应该以将要带来好结果的方式行动；其区别在于，它们对谁应从这些好结果中获益的看法不同。伦理利己主义者实质上是说，人们应该为了自己的自身利益而行动；而功利主义者实质上是说，人们应该为一切相关者的利益而行动。相对于利己主义而言，功利主义是个进步，因为它努力考虑到任何道德行为的一切相关者。然而同时，它又陷入了判定什么会对别人有好处的困境，而利己主义没有这个难题。行为功利主义的问题在于，没有任何道德规则或指南可供遵循，人们每碰到一种境遇，都必须判定什么对所有人是公正的。规则功利主义的问题在于，必须弄清什么规则确实适用于一切人和一切境遇，尽管它避免了每遇到新情况均须重新开始考量的不确定状态。功利主义相对于伦理利己主义的另一个长处在于，它特别适合于助人职业的从业者，因为它关心对每一个人的好结果的最大化。伦理利己主义者和功利主义者从各自对待结果的对立观点出发，都可能做出不重复的决定，最要紧的是彻底地弄清这两种道德理论的不同点和优劣势。

关于美德伦理学的理论，表述了这种理论同结果论道德理论或非结果论道德理论的区别，解释并分析了德性、美德和恶等重要术语和概念。美德伦理学已经是一种重要的道德理论，这种理论的特征是目的论的，其本质上不同于其他一些理论，因为它不太关注结果、直觉或规则，它更关注如何通过做好事，当好人，做一个具有"德性"的人，来发展人的内在道德品质即美德。美德伦理学能够造就善良的人，使人的理性与情感相统一，这个理论强调了一切事物适度的重要性，不但从外部而且从人的内心探索人的道德发展，这是美德伦理学的优点。美德伦理学使我们认识到，全面的道德理论一定要了解认识道德品质，然而，现代道德伦理并没有做到这一点，这些理论没有告诉我们在具体境遇下应该做什么，因而美德伦理学是不完善的理论。也就是说，美德伦理没有给予我们在合适的行为下正确的指令。而且，更重要的是，我们所生活的世界正日益走向非传统化，美德伦理学理论没有帮助我们分析道德问题，并且有效地进行道德推理。

关于"绝对主义与相对主义""自由与决定论"和"奖赏与惩罚"。在考察综合体系的道德建设之前，先解决深刻影响道德体系之确立的三大难题——"绝对主义与相对主义""自由与决定论"和"奖赏与惩罚"。绝对主义与相对主义的论争对于道德是相当重要的，它影响到道德，特别是道德责任。传统的道德强调绝对，而所谓"新道德"认为没有什么绝对，道德不道德仅是相对于具体的文化、团体或个人而言的。由于一些限制条件，考虑到文化的和个人的自由，我们也许就没有确立起绝对来，但是我们也不会全然接受完全相对的价值论。然而，在超道德领域和道德领域，似乎都存在着绝对，但有些绝对显得过于笼统，以致不适用于我们自己所处的具体境遇，因而成了确立可能含有例外的基本原则的基础。可是，由于这种原则是基本的，所以其例外必须得到充分证明；规定不合理的例外，就会导致不道德行为。这些基本原则，又充当了使人尽可能严格地遵照已知的真命题去行动的手段。一切规范道德体系都依赖于其创立者所提出的绝对，然而，这并不意味着道德是相对的。人们能否自由地做出道德决策并付诸行动？自由和决定论本身，其实并不是道德的问题，而是个形而上问题，这与其实在的本质有关。然而，有关人的自由不自由以及自由或不自由的程度问题，对于可否认为人有道德责任、甚至可否为人类确定道德体系，却具有重大意义。在这场论争中唯一能站住脚的观点，似乎是非严格决定论，这种理论认为普遍的因果关系是同人的自由和谐一致的、得到有力论证的现实理论。我们的自由是有限的，许多时候我们掌控不了自己的行为。我们可能患有盗癖之类心理强迫症，因而不能认为我们对偷盗行为负有道德责任，因为我们是被迫偷窃，不由自主。我们可能在枪口之下被迫去做明知不道德的事情，我们也可能被迫不能做出道德善举。家庭对待我们的方式、我们的遗传缺陷、我们出生的时代、当时的文化与经济水平，所有这些因素都可能强烈地影响了我们，都可能在很大程度上决定了我们的性格。若承认这种观点，那么，必要时追究人们的道德责任就确有意义了，根据行为对人们进行赞扬、谴责、奖赏和惩罚也就有意义了。在予以赞扬或谴责之前，我们当然应该谨慎地判明人们的行为不是出于不可掌控的强制或强迫。然而，查明人们的行动是自由的，再来谈论道德责任及其附带的奖赏和惩罚就是有意义的。我们描述了奖赏与惩罚同公正的关系，并概述了奖赏与惩罚的理论有三个，其是回报论、功利论和赔偿论，这三种理论各有优缺点，又由于当分别用它们来解决奖赏和惩罚问题时所存在的困难，因而某种妥协方案或某种合理的综合或许是可行的办法，某种类型的综合法似乎既适用于奖赏又适用于惩罚，这就是要利用回报主义、功利主义和赔偿论这三种主要理论的原则，考虑到对好处和坏处进行分配时的境遇和背景，但绝不忽略在可能情况下采用需要和平等主义分配方法的重要性。

关于构建道德体系的基本设想和基本原则，本章提出、证明并详细阐述公正或公平原则，将再次提起公平公正分配的问题。本章认为，努力综合这些体系的精华而排除其糟粕，具有重要意义，谈到的"合理综合"法，努力综合前已考察过的所有道德体系和理论——结果论的、非结果论的、利己主义的和利他主义的——的精华，从而得出普遍的道德根据，同时解决或排除它们的难题。寻求更大的交汇处，使得上述所有理论和体系的精华都能富有意义地发挥作用，而冲突和对立则减少到最低程度。本章阐明了确立道德体系时必须解决的主要争论的普遍性道德问题，阐述并证明了道德伦理的五条基本原则（人生价值原则、善良慈爱原则、公正公平原则、诚实守信原则和个人自由原则），并概述了这些原则的主次先后顺序，运用这五项基本原则考察了实践活动，验证了人道主义伦理学体系是如何起作用的。

关于说谎、欺骗、背约与偷窃的含义，了解了这些道德问题之所以重要的原因，分别说明了这些道德问题的赞成和反对的理由。一些违背人类道德的行为是被人类最不可接受的，比如说谎、欺骗、背约与偷窃的道德问题。很多行为通常并不直接违反人生价值原则，但肯定违背了诚实守信、公正公平和善良慈爱的原则，有的甚至还违背了个人自由原则，因为这些行为往往给予行为实施者不正当的自由，从而剥夺了行为受害者的自由。对本章论述的道德问题的重要性，无论怎样强调都不会过分，因为违反这些道德原则，就会给我们日常生活的每个层面和每项活动带来影响。它们影响着我们生活的某些领域，在所有人际关系中均起着作用，因而需要详加审视。本章对这些问题尽可能充分地予以陈述，给出赞成和反对说谎的理由，并援引实例说明这些理由的应用。

实话、诚实、信守诺言和协定以及尊重他人财物等准则的具体的或应用性的例证，旨在说明如何将伦理学运用于社会和人类生活的特殊方面，同时说明道德问题和争端如何影响生活于社会不同层级的各领域的人们。事实上，在企业等领域出现的道德问题，已重新激起人们对伦理学的兴趣。在企业伦理领域，虚假广告或误导性广告属于说谎。以低劣材料制造产品即包含欺骗。当雇主或雇员不信守经过谈判达成的协定时，就产生了背约问题。当雇主或雇员在自己的公司小偷小摸或贪污时，当公司盗取雇员的财物或相互盗取理念时，偷窃便是描述此类行为的恰当术语。如同其他伦理学领域一样，企业伦理也涉及确立和维持人们之间必不可少的重大关系，具体到这种情况下的"人们"，指的是雇主、雇员、股东、企业和消费者。如同在其他领域一样，本章主张的五条道德原则，也适用于企业伦理。我们介绍了企业伦理与媒体伦理，概述了对这些伦理进行教育和培养的原因，还将权利、义务、公正、说实话和诚实具体地应用于企业伦理，阐述了雇主与雇员、企业与消费者之间的权利和义务。还对一些广告、企业、媒体、环境、赞助性行动、逆向歧视和性骚扰、法人贪婪等方面的道德问题进行了分析，并且说明了媒体是如何影响着我们的生活。最后，我们描述了有关环境的伦理问题，认识到环境伦理的有关争论的问题，说明了我们对自然环境及其中万物（植物、动物）的态度之根据，阐明了我们负有保存与保护自然的道德义务，提出了对于利用与开发自然环境及其万物持赞成与反对态度的理由，并且强调了非西方道德观对于解决环境的重要性。温和观点总的说来认同整体主义的观点，认为自然和人类密切相关，并要求人类以敬畏之心对待自然；然而，它并不反对为了人类利益而利用自然，但是坚持认为在这样做时应当小心谨慎，在这一过程中要顾及环境与动物的保存和保护，并留意不要过度利用两者之中的任何一方。这三种关于人类及其与自然关系的观点，或许可通过对动物权利和人类对动物的道德义务的论述得到绝妙展现。

第二节 创新与贡献

一、儒家道德自我修养

儒家的五种人伦关系，即古人说的君臣、父子、兄弟、夫妇、朋友五种。要用忠、孝、悌、忍、善为"五伦"关系准则。孔子在《论语》中说："道之以政，齐之以刑，民免而无耻；道之以德，齐之以礼，有耻且格。"

五种人伦关系的双方都是要遵守一定的约束和规矩。作为臣子的，就要忠于职守，为君的，就要以奖赏给他们相应的待遇；作为父亲的，要关心儿子，尽到自己的义务，给予其保护和教育，反过来，作为儿子的，就要恪尽孝道，接受父亲的教诲和指导，长子还要按照传统礼仪对父亲遵守孝道；身为一家之长的男人，要主外，主动承担照顾家庭，为家卖力的责任，作为妻子的，要主内，积极料理家务，照顾好家里的老人和小孩；为兄的，要照顾好自己的弟妹，为弟的，就要尊敬兄长；朋友之间，要互相尊重，讲信、讲义，这是五种人伦关系中唯一的非等级制的关系。

五种基本人伦关系的实质说明，在我们对其他人表达自己尊重的时候，并非每个人都是平等的。等级制度是存在的，服从更高等级的意见是合乎体统的。随着时间的推移、年龄的增长，我们每个人的关系及其相应的角色和责任也都在变化着，儿子逐渐承担着丈夫和父亲的责任，女儿逐渐承担着妻子和母亲的责任。在儒家的五种人伦关系中，每一个人都明确自己与其他人的关系地位，而美德的意义只有在人际关系中才有存在的价值。显然，儒家所谓的美德是社会性的。

儒家的和文化。不论是个人生活的小事，还是上升到国家的大事，中国传统思想就是追求和实现最大的和谐。根据这种传统的和谐理念，代表儒家思想的两个德就是"仁"和"礼"，"仁"即人性、仁慈、善行、德性、人道等；"礼"即典礼、习俗、礼仪、礼节。我们中国人的人格建立在仁义、道德、诚信的基础上。"仁"字拆开来看，两个人才成仁，一个人都只顾及自己，没有人爱也不会爱人。

老子阐述道："天地不仁，以万物为刍狗；圣人不仁，以百姓为刍狗。"（老子《道德经》第五章），这句话单从字面意思来看，好像是在说天和地不那么仁慈，把天下万物视作刍狗，任其自生自灭，毫不怜惜；治国理政的圣人也不那么仁慈，把百姓当作刍狗，也任其自生自灭，从不怜惜他们。其实他所说的"天地不仁""圣人不仁"中的"仁"，不是一般意义上的"仁慈"，而是一种大仁大慈。这种大仁大慈的突出特点是视万物、百姓如一体，顺应自然规律、社会规律、人生规律而一体视之，不妄加侵扰，不事事干涉，让自然万物和天下百姓在自然状态下春华秋实，进化生发。"仁"是儒家的主要美德，它突出并强化了个人与社群之间的自然关系。实际上，"仁"试图使个人利益和社群利益相协调。然而，在任何情况下，整体利益是居第一位的。

"礼"，即礼仪、礼节。如果一个人要成为企业或组织的正式成员，就必须养成"礼"这一儒家美德，而一个组织本身的构建也是按照"礼"的仪式进行的。荀子是一位儒学大家，他继承了儒家思想的礼治思想，他主张"礼"的作用在于"养情"而"节欲"。他认为，人人都有自然欲望，这是自然合理的，一般人与圣人并无区别，守门之人与国君并无区别；但是在"礼"规定下不同的人应该有不同的享受。在一个企业或组织内，"礼"包含了一切富有意义的角色和各种生活方式，这些角色和生活方式通过风俗习惯和传统代代相传。美德"仁"的培养使得一个人在处理人际关系时，有着正确的意向性观念，那么，"礼"则使得一个人在任何具体境遇下都能展现出得体的行为，从在公司领导者面前的表现，到着装，到就餐场合的规矩礼节，到问候方式等都跟"礼"有着千丝万缕的联系。礼与仁的关系就是——"礼是仁慈人道的具体化表达"。"礼"是中国传统文化的一个体现，也是一个组织所要求的个人行为举止的得体适宜，其表现方式不能仅停留在表面形式上，而应该是真正由衷的个人表达。

总之，儒家学派认为，美德是自我通过道德修养来表现，直到美德发展成为一种习惯和人品。在这整个修养过程中，不仅是成为一个所谓好人的过程，实质上也是成为一个完整人的过程。这种道德理想体现在人的身上，就是人们所说的"君子"，也就是"优秀的人""有教养的人"或"真正明智的善人"。

二、道德伦理的五项基本原则

（一）人生价值原则

生命本身是没有价值的，关键在于如何赋予生命何种价值，并且应该怎样最大程度地让生命拥有价值，实现自我发展和自我创造。我们都应该敬畏生命，人生无常，生命很脆弱，我们应该带着感恩的心，珍惜自己的生命。同时，人应尊重生命，也应接受死亡。任何道德体系，如果没有两面性（肯定的或否定的）或两者兼而有之的陈述，表达对照顾和保护人的生命的关切，那么，它就不起作用或不能存在。生命的重要性是道德的最基本、最必需的原则，只有活着的人才有权利谈道德。

在所有的存在方式中，生命这一体现形式是最高形式的，也是最智慧的。敬畏生命就是尊重生命伦理，这种生命伦理不仅限于人类，也包括一切动物和植物，我们一定要对人的生命有着某种关切。实际上，连最原始的社会也有着某种形式来规定杀人的原则，虽然所有这些规则体系在某些情况下准许杀人，但大部分都含有反对残害人命的严厉戒律。敬畏生命是必然的、普遍的、绝对的生命伦理原则，许多体系将戒杀这一观念代入人的生命，再扩及所有生物，所有体系都关心对人的生命的照顾保护。正如罗曼·罗兰所说，生命不是一个可以孤立成长的个体；它一面成长，一面收集沿途的繁花茂叶。当我们对生命有着敬畏之心时，世界才会在我们面前呈现出它的无限生机，反过来，我们才会无时无刻感受到生命的高贵与美丽。

（二）善良慈爱原则

凡是使生命扩大而又使心灵健全的一切便是善良的；凡是使生命缩减而又加以危害和压榨的一切便是坏的。

——（美）杰克·伦敦

善良慈爱原则呈现出两个独立原则，第一个就是善事原则，人们应该每时每刻保持善良的本心，积极努力做善事；第二个就是止恶原则，人们应该具有辨别善恶，防止和避免恶害的能力。道德意味着"善良"是什么，怎样做才是正确的，在每一个道德体系中都蕴含着善良的原则。换句话说，其实所有的道德体系都建立在善良的基础之上，都要求我们努力做个"善良"的人，努力去做正确的事和行为。同时，我们还应该努力让自己不成为恶人，辨别善恶，避免做出不正确的行为。由于人们对做好人和做好事很关切，所有衍生出"道德"和"不道德"的定义。在现实中，善良慈爱原则要求人们努力做到不做坏事，扬善抑恶，不对他人和社会造成损害，同时有能力制止坏事，防止损害。伦理学家们要求人们努力行善、做正当的事，避免和制止邪恶和不正当之事。

善良是世上最美好最高贵的品德，但是也最需要情商和智慧。善良应该有它的原则和规矩，善良本身没有错，但需要懂得适可而止，也不应该是道德绑架的理由。真正的善良并不是有求必应，不是一股脑儿的帮忙，不是迁就，应该是在有判断的基础上，做出睿智、适度的行为。

（三）公平公正原则

公平公正原则实质上关心的是如何在公平合理的基础上对好处和坏处进行分配。在人们中间分配好处和坏处时，每个人都应该公平公正地对待他人。人们应该努力做好人、做正当的事；但这是不够的，还要努力分配由此获得的好处。"不患寡而患不均，不患贫而患不安"出自《论语·季氏》，这句话反映出孔子的反战思想，意思是说无论是诸侯或者大夫，不担心财富不多，只是担心财富分配不均匀；不担忧人民太少，只担忧境内不安定。这句话也符合社会主义的公平公正思想。这里的"均"，不是简单平均，而是各得其分，是在公正的分配制度下得到自己应得的份额。朱熹对这句话的解释是："均，谓各得其分；安，谓上下相安。"这种思想给后代人带来很大的影响，甚至成为人们的社会心理。同时，这种思想也有其消极的一面，但仍有适应现代社会的一面，现代社会的稳定实际上也是要靠一定的均衡，如果贫富差距过于悬殊，社会就可能分崩离析。

在解释公平、正义的伦理价值时指出，公平、正义为什么能成为美德，这需要行为实施者的同情心，正是由于行为者公共利益的同情才使得大力赞成公正的践行，也正是这种赞成才促使公平公正成为一种美德。平等原则是公平公正的一种观念，而有些人总认为每个人对幸福的权利都是平等的，对于一切追求幸福的工具的权利是平等的。人们凭着自己辛勤的劳动，从自然获得应得的财富，但是人们对它们的享受和占有却不 赞成，这样就很容易造成人与人之间的矛盾和人与社会之间的冲突。于是人们就寻找 解决的方法，在一个组织中通过契约达成协议，使得那些财富得到稳定的占有和安全的享受。

（四）诚实守信原则

诚实守信原则是公正或公平原则的延伸。在任何道德体系中，在两个人或更多人之间的任何道德关系中，富有意义的交往都是完全必要的，这也就要求互不说谎。对于商业企业来说，诚信是立身之本。这就要求，商业企业在经营活动中必须做到信守道义和诺言，做到重义轻利，以诚信为本。对于商业企业来说，诚信经营是企业的生命，也是企业在市场上长久发展的一张"金名片"。在企业价值观的塑造中，"诚"是企业的聚心之魂，"信"则是企业立足之本。

"诚信"二字必须立为企业生存、发展的标签，对于企业来说，诚信是立身之本，生命之源。企业在经营活动中必须做到信守道义和诺言，做到重义轻利，以诚信为本。企业要不断教育员工，不求销售业绩最大，只求服务口碑最好，把精力都用在为客户服务上。为人要讲诚信，做企业更要讲诚信，企业若想持续地发展，诚信是企业最好的经营理念，心怀水一样的德行，才能担负起造福于民的社会责任。

企业要永续发展，必须确立"诚信为本，跨越发展"的经营理念，通过强化员工"知法、守法、用法"的法制意识，全面增强员工的诚信意识和信用风险意识，还把培育"真诚、公正、守法、敬业"的员工队伍，作为长期坚持的基础性工作。企业中所有的道德都依赖于人与人之间所达成的协议，如果人们不诚实不真诚地去履行协议，那么这场交易无疑是失败的。

（五）个人自由原则

个人自由原则并不是说人们在身高、体重或智力上是相等的，而是说人们在道德问题上每个人是平等的。这一原则表明，人们作为具有独特差异性的个人，必须拥有选择自己道德修养的方式或方法的自由，当然，个人的道德自由必然受到其他四条原则的制约，即：照顾和保护人的生命的必要性，去恶扬善的必要性，分配均匀，公平公正待人的必要性，诚实守信的必要性。

在我们这样多元化的社会中，大多数人们还是会考虑到自己的欲望、需求及其所期望的事情，尽可能满足自己的欲望，让自己身心舒畅，摒弃道德的约束，坚持绝对的自由原则，一切服从自己的内心。并且他们还希望，一个人的自由原理是绝对的，只有在不严重妨碍别人的条件下才是正确的。然而，自由本身和道德自由都不是绝对的。一个人的自由的界限，是受到其他四个基本原则影响的。

个人自由是相对的，每个人都希望社会给予自己的自由是最大的空间，同时社会还要保障每个人的自由不受侵犯。然而，最大的空间也是有条件、有限度的。当人们追求自己自由最大化的时候，难免就与其他人或者社会发生冲突。法律上限制个人自由有四种原则，不伤害原则、不冒犯原则、家长主义原则和道德主义原则，这四种原则具有一

定的合理性，但是在整个社会正常运转中，为了满足之前的四个原则，也就限制了个人所谓的绝对自由。

三、新全球经济与国际企业

21 世纪已经发生了史无前例的全球性变革，这一变革为企业构建了充满活力的经营环境。彻底的、迅速的和革命性的变革带来了包括伦理难题在内的许多新挑战。在新的全球经济中，全球性大公司都是跨国公司。跨国公司是在许多"东道"国运作经营的强大机构。当前，围绕适用于世界性企业的道德类型及其特征问题，正进行着一场大讨论。

企业伦理学家托马斯·唐纳森指出："我们一跨出国门，清晰的道德常常就显得模糊了。没有共同观点的背景，没有熟悉的法律和司法程序阐明道德行为的标准，道德的确定性就成了难以捉摸的东西。"任何伦理学家的道德标准不能普遍适用于全球性企业，不论是本国的道德标准还是东道国的标准，跨国公司都不应该在违反公民权利和政治权利的国家投资设厂，发达国家的公司不应该把不符合环境、安全和其他企业标准的工厂迁至发展中国家，任何国家的公司都应该寻求发展与保持全球完整性。跨国公司不应该制定一种语言或者一种表述来代表公司的行为准则，没有任何文化的伦理标准优越于其他文化。这些都证实了文化的相对主义，同时也被称为伦理（或道德）相对主义或文化特殊性。相对主义是主张有许多道德规范而不止一个规范的观点。因此，道德为文化所制约，面对不同的具体状况，应根据文化的不同，道德也应该不同。

与此相反的观点是伦理（或道德）绝对主义，也被称为文化普适性。文化普适论者遵照西方传统的启蒙观点，认为关于行为之善恶特性的基本真理可以做出客观阐释。绝对论者认为，道德原则独立于地点和环境，适用于一切人，许多此类道德概念在诸如《联合国人权宣言》等国际公认的文件里已经有了明确普遍的表达。此外，人们认为正确理解的伦理标准是一个独立的领域。

最明确的道德原则包括：对他人的欺骗、欺诈、剥削、虐待、损害或偷盗行为都是道德上的恶；我们在道德上有责任尊重他人的权利，包括他人的自由和幸福，有责任帮助那些急需帮助的人，有责任追求普遍利益，不仅追求我们的自身利益和自我中心的快乐，还要为社会更加公正、更加人道而斗争。

由于没有跨文化的价值体系，具有不同文化的民族因基本差异而继续处于分离状态，全球一体化经济的观念受到损害。

在国际企业界，在文化特殊主义和文化普遍主义这两种极端观点之间，跨国公司应如何进行谈判呢？显然，希望发展与保持全球完整性的公司必须承认并坚持普遍公认的道德原则和人类核心价值。本章证明和重申的五条道德原则（即尊重人的生命、努力行善止恶、公平公正处理好分配劳动所得、诚实守信以及个人自由），十分适宜于在国际领域充当公司责任的指导原则。

同时，国际企业承认和尊重文化价值和当地传统也很重要。据此，道德原则必须应用于一种文化背景之中。正确进行的道德推理表明，尽管文化价值和地方传统存在差异，但差异并不必然地表明善恶是非的判断。事实上，在合乎道德的框架之内，尊重文化差异可以改进人们的工作方式和相互联系的方式。

企业的道德必须平衡两种命令：企业成就和人类价值。全球一体化市场经济的发展给企业提供了历史机遇，同时也提出了有关道德价值在企业与经济发展中的地位的永恒问题。

第三节 点评：观点的碰撞与交融

在当今全球化社会里，许多社会基本问题充满了道德争议。在过去的 15 年间，中国始终致力于促进美中关系，对跨文化的学习和理解始终予以强烈关注。本章详细地阐述了西方道德理论，同时纳入了包括儒家和道家之道德观在内的非西方观点，引进独具特色的基于家族之"孝敬"概念的儒家道德理论——"角色伦理"，这种理论在西方是空缺的。面对当今世界的道德危机，用伦理学理论来解释日常的生活，引导和鼓励道德主体的反思、批判和创新，这是本章的最大特色。本章不仅被哲学或伦理学专业师生所喜爱，也广受非专业读者的喜欢，正受到世界范围内读者群的爱戴和追捧。正如中国伦理学专家周辅成先生所说，本章体现的"知行合一"的为学为人之道，必将在广大中国读者当中引起灵魂深处的共鸣。

本章通过对描述伦理学、规范伦理学和分析伦理学的研究，致力于在人类社会生活中广泛应用伦理学，把人生价值、善良慈善、公平公正、诚实守信和个人自由原则作为道德管理的五项基本原则，是重视知行合一的伦理学，在仁义礼智信的基础上，高举人道主义伦理旗帜，践行知行合一。本章还培养了人们的正义感和健全的人格，把追求真善美作为人生的最高价值，贴近人们的生活，开导身陷道德困惑的人们，帮助每一个道德主体在生活中遇到的道德问题，解决道德困惑，进而完善社会的道德风气，推动了全社会的道德化和公正化。本章还结合古代文学与现代伦理学的精华，将儒家伦理的中庸、和谐与仁义相融合的道德理论，并将孔子和亚里士多德视为美德伦理学的两大代表人物，博古通今，创造了东西方文化精神的和谐共鸣，可以为读者讲述贯通古今、融汇中西的道德伦理。

历史上的中外伦理学，有很多派别都不注意理论与实践的结合，有的甚至将两者完全分离——讲理论完全不注重实践，或讲实践而不重视理论。甚至还有的把两者视为互相对立的关系，将伦理学置于理性哲学之外，而本章强调了理论与实践的密切联系。然而，随着时代的变化，新现象和新事物的出现，学术界中新的理论出现，尤其是伦理学领域也发生了很大变化，人们可以根据数学、逻辑、理性思维讲说伦理学，也可以根据心理学或唯心论来讲一套重实践的新伦理学。这就是以罗素为代表的逻辑性伦理学，以杜威为代表的以心理学为基础，以意志与行为为结果的实用伦理学思潮。不论是什么初心，只要行为导致的结果是好的就是善，结果不好的就是恶。然而几十年前这两种代表性的学术流派现在也已经过时陈旧了。现在流行的是元伦理学和规范伦理学之分，但仔细研究其中的含义，其本质仍然是理论和实践谁轻谁重的问题，也就是中国古人所说的知行问题的旧问题、新论述。

本章主张要综合描述伦理学、规范伦理学和分析伦理学的理论知识，同时也要着重强调把知识转化为行动，在人类社会中普遍用伦理学来解决问题。这正与中国哲学史和伦理学史上经常强调的"知行合一"论不谋而合，也符合我国自 1978 年以来一直强调"实践是检验真理的唯一标准"的新伦理学浪潮。

同时，本章还提倡当今伦理学必须要注重人道主义和个人的价值与权利。国家、社会和企业要重视个人或人性或人道主义问题，将自己个人的问题融入组织中，一个国家或企业真正的尊重个人，那么反过来个人必然会极力拥护他的国家或企业，为之带来自己的努力和贡献。任何事情都要讲道德或伦理学，就必须要遵守一些基本的原则，首先要敬畏生命，重视人的生命是宝贵的；其次要去恶扬善，强调每个行为必须是善良的，还要尊重按劳分配，重视公平公正的分配原则，同时讲诚信，遵守不说谎的原则；最后在相对的情况下，我们要重视个人的自由。这几项基本原则正是人类道德的具体实现，也是古圣人强调"知行合一"道德论的最终结果，如果我们每个人都按照这些原则和理念去生活，整个国家将呈现出和谐美满的状态。同时，这也与我国传统文化所讲的仁义道德相吻合，本章介绍了中国儒家学派关于中庸、和谐、仁礼合一的道德理论，并极力融合东西方文化，将我国的孔子和西方的亚里士多德作为道德伦理学的两大代表人物进行描述。

　　本章描述的人道主义伦理学中的生命价值、善良慈爱、公平公正、诚实守信和个人自由五个基本原则，人道主义伦理学考虑到最大程度的多样性与差异性，同时也为保护所有人的生命提供充分的稳定与秩序，以便人们探索自己的形形色色的道德前景。同时，人道主义伦理学鼓励批判、反思、综合和创新，允许不同的道德体系观点，接受真实的、自由的讨论，最终达到共鸣。只要言之成理而非依仗权势，只要始终认真恪守五条原则，那么，一个道德体系力图说服别人接受其观点就是正当的。在这种态度的基础上，也就没有严格说教式的伦理学，也没有强调人本主义的伦理学，最终得到的是一种融合了这两种极端，介于这两者之间的一种新的伦理学，本章主张的这种"人道主义伦理学"，也就毫无疑问地吻合了新时代发展的大趋势。

　　本章尤其强调了伦理学作为生活中的实用性，在人类生活的各个方面，把伦理学视为必不可少，最重要的一点，正确的伦理向导促进了人类共同生活的福祉、发展以及其人类创造性和价值。在生活中，人们学会合理正确地遵守道德伦理，远比改善人们的生活质量、改善生活环境更重要。人道主义理论所强调的这些道德原则，体现了公平公正、自由、诚实守信、人权等伦理价值。本章论述内容范围宽广，在坚持理论体系、基本原则和道德方法之一惯性的前提下，满足了在这个危机强和变革快的时代的基本道德需要。从而使之有效地发挥伦理学的基本功能，贴近人们的生活，为人们在生活中提供道德引领，为那些身陷道德困惑的人们指点方向。

第四节　本章小结

　　有公正的地方才有道德，没有公正的地方，也就没有了伦理学，公正便是伦理学的使命。任何一种人类道德体系，都将公正论作为重要的论证理论。人们有了道德理念，就要讲道德做好事，做正当之事、公正之事。所以，人道主义理论的五条道德原则的重要性排列顺序依次是：生命价值，善良慈爱，公平公正，再是诚实守信和个人自由。

　　自 20 世纪末以来，我国老一辈伦理学家曾多次指出，新时代的伦理学不能只是停留在关爱他人、利益他人的学习和研究，还应该成为社会的公正伦理，一个社会如果没有公平公正，它将比一个没有爱的社会更为冷酷、麻木和残忍。实际上，在西方，自罗尔斯 1971 年出版的《公正论》(*A Theory of Justice*，或译为《正义论》) 以来，社会公正理论已经成为学术界重要的研究理论，为此，伦理学在很大意义上成为社会公正理论研究和学习的重要课程。

本章在论述生命伦理、企业伦理、媒体伦理、环境伦理等社会伦理问题时，界定了什么是社会公正或社会的公平正义，确认了有关各方的权利和义务（在环境伦理中甚至要确认动物权利）。谈论权利与义务的关系是必须的，因为公正原则的要义，就是要恰当地处理权利和义务的关系。因此，要准确地界定公平正义特别是作为"社会主义制度的首要价值"的正义。一个人的责任不仅体现在为自己本人，而且应该是为每一个履行自己义务的人维护自己拥有的权利。权利与义务是一对共生的关系，有拥有权利的存在，就一定有要履行的义务。这就是伦理学的使命，指引人们追求公平正义的使命。人权和公民权的首要内容是自由和平等。

伦理高层次觉悟，就是站在大爱的前提下，觉悟国家或他人的觉悟。尤其是改革开放以来，经历了社会主义市场经济体制的动荡洗礼，2004年3月，《中华人民共和国宪法》将"国家尊重和保障人权"条款载入其中，这是我国在漫长的历史过程中形成的文明成果，也是我们人类共同追求的价值观。伦理的觉悟，就是为人们要求人权和公民权，同时追求权利义务的统一结合，这就是追求公平正义的现代道德觉悟。

中国传统的封建文化是以儒学为核心，这一封建文化统治了中国长达两千多年的历史，其实质是不讲权利的专制主义文化、奴役人民的臣民文化，在中国历史上是一段无人权和自由观念的社会文化。19世纪末20世纪初，公平、自由、正义、人权、民主等理念传入了中国，一直被当时的封建社会主体所排斥和消解。一大批先进知识分子用新潮的思想与旧社会文化抗衡，以自由、公平、人权等民主主义的新文化、新道德，猛烈地鞭策了封建专制主义的陈旧思想理念，启发了中国人的伦理觉悟，推动了整个中国道德文化的进步和变革。

然而，旧时代大批先进知识分子所期盼的中国人的伦理觉悟，至今还没有实现理想中的期盼。在整个中国由传统向现代社会转型的过程中，经济或政治的变革不是最艰难的，文化的变革才是社会发展进程中最根本、最有决定意义的变革，也是由传统封建文化向现代道德伦理文化的转型。

就当前而论，虽然已经有了人权的宪法保障，人类共同追求的价值观中也包含了民主、公正、自由、人权、正义等理念，但是，我国公民还是缺乏伦理觉悟，这也造成了我国与先进发达国家的差距。要想缩小乃至消除这个最大差距，从根本意义上看，我国要实施长期的公民伦理教育，只有伦理教育发展和成熟了，才能从根本上消除这种差距。通过一代代的伦理教育灌输，使我国坚守了几千年旧有思想的人们摒弃守旧的观念，增强现代意识，塑造有伦理觉悟的人们，使之成为一个独立、自由的，能主动追求自己的幸福，能自食其力创造属于自己的财富，培育创新型精神文明的人们。胡锦涛2007年10月在党的十七大报告中明确提出"加强公民意识教育，树立社会主义民主法治、自由平等、公平正义理念"的科学伦理学，既是我国现代文化建设的首要任务，也是我国繁荣发展的根本保障。

● **案例：浙江龙泉——借助千年地域文化，推动当地产业发展**

龙泉市，位于浙江省的西南部，龙泉因剑而得名，凭瓷而生辉。正因如此，龙泉自古人文昌盛，被称为著名的青瓷之都、宝剑之邦。2006年，时任浙江省委书记习近平同志到丽水调研，提出"绿水青山就是金山银山"，龙泉市就一直秉持生态立市的政策至今，始终坚守着"绿水青山就是金山银山"这一原则，大力开发剑瓷文化产业，得以带动整个市的经济发展。"青瓷胜美玉，宝剑出龙泉。"龙泉青瓷、龙泉宝剑举世无双，青瓷和宝剑都具有长久的文化历史，一瓷一剑不仅是中国文化的瑰宝，更是龙泉市经济发展的支撑产业。

龙泉的青瓷和龙泉宝剑是当地的传统产业，是龙泉市文化软实力的重要内容，也是当地独具特色的文化产业，它有着得天独厚的地域性、独特性和稀缺性，给当地的旅游业发展带来了无穷的魅力。龙泉的青瓷和宝剑产业作为当地的主要文化产业，文化做强大了，整个龙泉经济就发展强大了，文化欣荣，整个龙泉就繁荣了。秉持这一思想理念，龙泉市依托当地历史悠久的剑瓷文化，打造文化创意产业，弘扬文化，培育产业，促进龙泉市共同进步的目标，将剑瓷文化创意产业做大做强做精，打造龙泉经济发展的新名片。剑瓷文化创意产业的支柱作用逐步发展，使得龙泉市文化创意产业逐渐规模化、集约化，影响力和竞争力逐年提升。在文化创意产业发展过程中，龙泉市积极实施"科技强剑瓷、品牌立剑瓷、文创兴剑瓷"战略，通过走剑瓷兴市、产业强市的绿色生态发展之路，大力推行生态经济化、经济生态化、文化经济化、经济文化化，推动文化科技创新、文化创意设计"双轮驱动"发展。

感受到文化带来的富民效应之后，龙泉生态文化成为经济发展的强劲引擎，依托生态、文化优势，生态立市，剑瓷兴市，把"龙泉"打造成为国际文化品牌。按照"文化产业化、产业文化化"的发展思路，以"日用瓷艺术化、艺术瓷高端化"为发展方向，培育一批陶瓷龙头企业、规模企业和文创企业，努力打造世界级的日用青瓷、文化青瓷和科技青瓷制造基地；推动剑瓷产业向高端艺术品发展，向多元化方向发展，建设世界高端刀剑生产基地，努力打造"世界龙泉青瓷之都""中国龙泉宝剑之邦"。

龙泉剑瓷产业的核心价值观贯穿于产业整个活动过程的始终，形成了龙泉剑瓷产业特有的核心价值观，它引导和规范着产业和员工的行为，激励和支撑着龙泉剑瓷产业不断创造辉煌，成为行业当之无愧的领先者。"文创兴剑瓷、科技强剑瓷、品牌立剑瓷"正是龙泉剑瓷产业核心价值观的高度提炼和概括。

——文化创意。文化创意产业是一种以创造力为核心的新兴产业，在经济全球化背景下强调了创新的重要性，一种文化产业团体凭借个人或团队通过技术、创意和产业化的方式进行研发和销售。龙泉青瓷和宝剑产业是文化创意产业，这个产业的最核心价值就是其"创造力"，这个创新就在于人的创造力，并最大限度地发挥了人的创造力，同时与剑瓷产品完美结合起来。

要求剑瓷产业保持与时俱进、持续改善的精神。创新能力必须突破，具有竞争力的产业，其资源配置的效率也更高，通过创新才能建立龙泉的优势产业，做到产业转型的文化化、文化创意的园区化、文化园区的景区化，龙泉市政府积极搭建文创平台，推动剑瓷产业全域化发展，树立了文化融合发展的理念，积极将剑瓷文化融入产业的培育、产品的制作、旅游业的发展等各个方面，提升剑瓷产品的文化内涵和文化附加值。还通过提炼青瓷宝剑文化，打造青瓷文化创意基地，建设青瓷宝剑产业园、剑村瓷谷创意园，同时还加强向国内和国外剑瓷文化产业学习的机会，从异域文化中汲取营养；向传统学习，从本土文化中汲取精华。使得非物质文化遗产在文化创新、艺术创新、科学创新各个新领域中都将发挥重要作用。

——强化科技。振兴之路，科研先行。龙泉市实施市校合作战略，是为了解决青瓷宝剑产业化过程中存在的技术问题。青瓷宝剑产业十分注重高科技和工艺的创新结合，通过建立青瓷、宝剑科技创新平台，开发应用高新技术，融合剑瓷产业，探索新潮的推广形式，比如3D立体打印、纳米青瓷等高端技术。技术创新是龙泉发展剑瓷的一大法宝，以龙泉宝剑省级区域科技创新服务中心、龙渊古剑研究所以及中国浙江网上技术市场——青瓷、宝剑专业技术市场为主要技术支撑，组织开展龙泉宝剑的研究，培育宝剑传统锻制技艺传承人和可持续发展的技能操作型人才，形成产学研结合的技术创新体系。

借助龙泉的宝地，剑瓷大师的技艺是无人能敌的，龙泉的剑瓷必须走上一条正确的产业道路，势必要通过高科技来强大强壮青瓷的发展，让龙泉的剑瓷家喻户晓，使得龙泉的剑瓷走向世界。龙泉剑瓷产业牢牢把握科技发展这个第一生产力，用科学发展观来统筹安排剑瓷的振兴，以科技为先导发展剑瓷，走科技兴瓷之路，结下了累累硕果。已经实现了由普通剑瓷向高档剑瓷发展，由单件剑瓷向成套剑瓷和系列剑瓷发展。通过实施科技兴剑瓷的经营理念，在为传统剑瓷的振兴注入生机的同时，也促进了剑瓷产业的结构调整和产品的更新，让剑瓷初步形成了一个做大做强日用剑瓷、放开搞活艺术剑瓷的全新剑瓷发展格局。也正是因为科技兴瓷的文化理念，使剑瓷的传统制作工艺技术水平得到明显提升，并在国内外保持领先水平，使新兴剑瓷产业化进程加快，剑瓷产品和技术得到迅速发展，龙泉剑瓷产业真正成为规模大、水平高、市场竞争力强的支柱产业，使龙泉剑瓷产业的地位在新的历史条件和背景下，得到了进一步巩固、确立和提升，并得到国内外同行业的认可。

——提升品牌。通过科技创新和技术改造，对进入市场的传统品种进行深层次的技术研发，从技术和文化上增加品牌含金量。龙泉青瓷、宝剑以家庭作坊和中小企业为主的局面，充分发挥龙泉青瓷、宝剑作为世界级和国家级非物质文化遗产的品牌价值，采取保护传统技艺和知识产权等方式，鼓励创作代表龙泉"非遗"文化的艺术精品，提升产品文化影响力；鼓励剑瓷企业开发具有自有品牌和自主知识产权的中高端产品，鼓励龙头企业向高加工要求、高附加值方向发展，实现增量突破，开创龙泉青瓷宝剑产业发展的新局面。龙泉剑瓷产业为了提升自身的品牌，不仅做到了对产业、企业、社会、人员负责，积极用于承担责任，勇于担当，还懂得感恩，乐于回报。

第十二章 企业文化：经济学、伦理学和生态学的平衡

第一节 引言与合理内核

本章主要围绕社会与自然的关系，企业的发展要在大自然中找到平衡点，打造可持续发展的生态链，应该建立一个使得个人、企业和社会更好协同发展的相处模式，这个模式能促使经济、社会和环境之间取得平衡。

本章在社会与企业的发展、企业与个人的发展之间架起一个平衡的体系，研究了企业、社会、大自然的关系，构建一个良性生态发展模式，使得全球的经济与道德之间保持平衡。在全球化时代，本章通过许多成功企业实践案例告诉我们，在面对企业内外部冲突、融合合作企业的不同文化以及解决企业成员关心的问题上，企业领导者应该怎样去重视团队协作问题，如何解决复杂多变的矛盾，如何在事态变化不定的情况下，把握时局，做出最优质的决策。本章不论是对企业领导者和管理者，还是对企业的基层成员都有着值得学习和借鉴地方，本章将重点探讨构成管理"新范式"的"全球"理念和方法。

新企业范式概述、旧范式的相关传统管理理论，再到新范式的特征，这涉及管理者们甚为熟稔的两种管理方式，美国（西方）方式和日本（东方）方式。这样的新范式管理者要拥有个人自我驾驭能力（能力超群且出类拔萃）——从犹豫不定到自我驾驭，能够实现社会协同（注重流程和联系）——从矛盾冲突到社会协调，组织学习（继往开来和发展壮大）——从管理的复杂性到组织的学习性，并有利于可持续发展（信息时代人类发展）——从变化到可持续性。新范式管理者的特征可以概括为具有领导才能和自我

驾驭能力，拥有敏锐的直觉和伟大的愿景。管理思想的演化是从旧范式（"北方""西方"和"东方"的理念和方法）到"全球化"新范式的方向发展。

关于新范式思维以及其思考的基本特点——新范式必须能够面对前所未有的复杂局势，必须能够同时处理现代社会中迥然不同甚至相互冲突的发展阶段中的问题。它必须有能力有技巧来对付形形色色进化中的熔炉，同时，能够保证整个有机体的完整统一和健康发展。如今，旧范式日趋瓦解，世界正经历着深刻变革带来的阵阵剧痛。政治家、学者、商人以及所有具备责任心的公民，都在探寻新秩序的曙光——新范式。

关于新范式思维的商业应用，作为一名管理者如何从犹疑不定到游刃有余；作为单个管理者，如何确立正确的愿景。

关于如何走向自我驾驭，首先要学会自我管理，明确自己作为一个独特个体的真正潜能，然后去挖掘这些潜能，牢记各个方面所具有的无限潜力，你就可以改变现状，谋求发展，成长为一个有个性、更全面、生活更丰富的人。进行自我管理的 "新范式"途径，其关键在于，你作为一个人，就像一粒蕴含着巨大潜力的"种子"。企业的发展状况和领导的管理水平有着密切的关系，而领导的管理水平又与自我修养密切相关，领导的自我修养越高，能力越强，其管理水平才会达到一个新的高度。自我驾驭以及通过分离式参与进行管理，这是通向新范式管理者的路。新范式的管理方法也不再是单一的管理，而是从整合和转化的高度进行统一协调，它既满足了我们人类的基本自我需求，同时也会满足我们超越的无我意识需求。管理大师应该能够承担以下多重任务：凝聚、推动、协同、共同创造。作为一名管理者，需要领导大家在企业的经济和技术目标与社会的生态和持续发展之间，通过共同的愿景和努力，进行适当的平衡和整合。为了更好地理解其中的复杂性，实现目标和任务的协调，管理者需要进一步发展分离式管理的意识，加强相关知识和技能的学习，培养正确的观念，发展高层次的创造力。

根据愿景型领导的权威人物沃伦·本尼斯（Warren Bennis）的学说，主要讲述了愿景型领导的特点。沃伦·本尼斯在该领域的研究是世界闻名的，他的预想理论依据的是他在美国的经历。所有愿景型领导者在选择、合成并且明确表达出关于未来的合适的愿景方面都得心应手，这也是他们多年来形成的一种品质。用合成法为组织确立一个合适的方向非常复杂，因为形成一个愿景需要具备多方面的能力。愿景型领导者要求具有：向前看的眼光；向后看的能力；世界性的眼光；深度洞察力；边缘眼光；修正能力。此外，愿景型领导者还必须决定：提出愿景的合适时机；愿景的简单程度和复杂程度；与激进的变革相比，愿景在多大程度上体现出与过去的持续性；愿景所包含的乐观和悲观因素；愿景的现实性和可靠性以及愿景对组织产生的潜在影响。愿景型领导者可能会产生关于未来的新见解，而且善于综合这些见解并明确地表达出来，但是只有当这个愿景在组织内被成功地传播开来，并且作为一条指导原则被有效地制度化以后才能发挥作用。

本章把眼光投向了欧洲，不过却受到了东方的"直觉"影响。"共同预想"由两个部分概括，一个是思考性的预想，另一个是直觉性的预想，这个所谓的"共同预想"结合了两个部分的预想，最终形成一个综合性的愿景，这个愿景就是我们付出行动的强有力基础，也表明预想是一个持续进行的过程。把思考性的、直觉性的和综合性的预想这三种程序结合起来就可以维持事业的高峰，这也是新范式管理者一直以来可望而不可即的目标，它包含了三个方面的内容：形成一种理解在外部环境中所见到的事物的能力；内省自己的内部"环境"或者说出内心的动力，以形成所谓的洞察力；最后，把洞察力和外部眼界进行整合，这种结合或者合成会产生一种所谓的独特的"内省"。

关于共同愿景的建立以及如何把愿景转化为行动。追溯愿景产生的历史根源：第一，它的自然文化和经济的源头；第二，产品和技术的历史根源；第三，创始人的根本动机和指导思想。把已得的愿景与潜在的背景相联系，从而发现它的意义和价值所在。构建愿景和背景之间的有机结合，并使之概念化，从而以实践性的语言对产品和组织进行定义。驾驭企业员工的意志和动机以把公司向前推进，使其发展壮大并保证盈利，以便获得足够的资源把它的原则付诸实施，来满足人们的需求，完成组织的使命。在组织中培养一种家庭氛围，使大家产生共同的价值观和归属感，但仍然鼓励个人自主性和创造性的发挥，在公司的大背景下，员工可以追求自己的理想。确保愿景能够不断地在行动中得以体现，通过行动，愿景将最终转变为现实；愿景的真正力量就可以实现，地球的资源得以转化。

关于螺旋式整合的员工管理，三个螺旋式模板：Z模板（控制智慧）；Y模板（支持人、技术和系统）；X模板（重要职能的最自然的形式和流程）为螺旋式管理者提供了定制、整合和提升公司运营的工具，一个人的工作可能会涉及这三个螺旋式模板的所有方面。一个组织的核心人才应该具备六种智能模式（对世界的感知力，序列计划构建能力，复杂计划执行能力，创业能力，转换能力，转化能力）以备不时之需。作为在这样一个急剧变革的环境中运营和发展的新型公司，无论其过去的领导方式经过如何的改进和包装，都阻挡不住对新型领导方式的迫切要求。这种领导者必须能够使国际市场与地方经营相融合，反之亦然，他们必须能够接受新思想、新策略以及新技术。这种新型公司的领导者必须在不断进行调整和融合的组织中，鼓励信息共享和创新。也许最重要的是，他们必须要重视道德行为、诚实正直和公平公正。同时，他们要对科层制和办公室政治不屑一顾，要容忍甚至享受一些不羁的举动。对于那些工作出色、生产出高质量产品和服务以及勇于迎接挑战的人，他们必须能够给予人性化的认可、持续的培训和良好的生活条件作为奖励。同时，还要为整个人类负责。

从螺旋式整合实现社会协同的实践，转向其他在管理合资公司中的应用。在当今世界，公司合资和其他合作形式非常盛行。现实中，合作一旦发生，两个体制政策各不相同的企业就必须一起发展成为一个新的大企业，采取单一体制，实施全新的政策和组织原则，公司合并永远是社会激烈变革的过程。合并是一场有计划的革命，革命或者成功或者失败，两者之间毫无妥协可言，失败的合并是一场灾难，成功的合并则是一次新生。合并前，确定总体愿景预测、规划及形势分析，进行合并时，必须明确最高管理层的位置和任务，合并一旦发生，就开始确立新的商业目标和进行商业重组，下一步就是尽快根据合并后公司的生产能力，研究两家公司的技术流程，且对两家公司的资产进行评估，随后，设立一个数据处理中心，确保信息中心得到一致的统一，这些确定后，管理层需要了解新组织结构的总体计划和大概的实现时间。

从组织讲到合资企业，重点探讨了在南非诞生和发展起来的一种新型制度——工业民主。从第一世界转向第三世界，从发达国家转向发展中国家。作为新范式管理者，要致力于发展劳资双方之间相互依存的关系，以便能在制定和实施公司经济政策中发挥关键作用，通过解决企业内部权力的再分配，在民主化的过程中采取积极主动的姿态。新范式管理者必须重视上述工业民主的典型例子，如果我们真正想成为自己命运的主人，那么我们必须积极主动地向命运发起挑战，而不是屈从于命运的设计。其实，我们只需要在机遇出现的时候抓住它，同时，我们要认识到，只有某些地方的某些公司在某些时间内才能实现接近于成熟的工业民主。我们的企业不断发展变化。因此，新范式管理者的体制基础就是学习型组织。

关于组织发展的一些理念，特别是组织形式、管理体系和管理方式的发展，区分了变化、成长和发展的概念。发展是一个不可逆转的不连续的过程，这个过程按照一般模式起始、分化，在更复杂模式中以整合的顺序进行，这是一个渐进的过程，起先的步骤或层次作为子系统处于休眠状态，发展过程导致了多层次结构的形成、经济领域的组织发展，这也就是企业的发展，企业是具有明确目标的组织，包含着经济、技术和社会子系统。发展阶段——初创阶段的企业是指仍然由企业创始人经营的企业，企业是创始人创造性举措的产物，专制的管理方式、直接的沟通渠道、以人为本的组织方式、即兴的工作方式、家庭般的工作队伍及已知的客户和市场。分化阶段——实用的组织程序的目的是确保效率最大化，其主要组织原则有机械化、标准化、专门化和协调性。整合阶段——是社会子系统的发展和它与已发展的经济和技术子系统的整合，是以人类的一个观念为基础的，即人们深信每个人都能够（并且愿意）进行自身发展，工作的真正满足感是与工作中人们能否实现自我价值密切相关的，这导致一个全新的组织理念的产生，它使组织中的每个雇员都能够而且愿意发挥自己的聪明才智为整体利益服务。然而，这个目标的实现不是一蹴而就的。

本章介绍了学习型组织的理论和实践，以及如何建设学习型组织。一个组织内，管理者、制度和文化三者健康有序、彼此依赖、共同发展。在垂直方向，三者都处于学习和发展的持续进化过程中（向上），并进行不断的创新和创造性的转化（向下）。在水平方向，三者都参与到了共同和相互学习的互动进程之中。创新型学习：学习包含着出发和回归，出发自探索开始，以创新结束；回归自愿景开始，以行动结束；探索的作用，是一种体力的交易；集团的作用是一种社会的交易，包括了挑战和支持的不断互换；智力的作用强调了学习要先于变化的思想，激发他人解决问题的能力和学习行为；商业的作用是一种情感的交易，能够迅速适应环境的变化。组织承担一种协调作用，促进组织在社会、技术和商业领域的学习；组织的发动作用使一系列技术给随后的研究和开发新产物带来贡献；组织的创造作用引导新产品的发明，创建学习型组织使得自己的产品走向全球；最后，再回归到创新。

关于全面素质教育中有关的组织学习内容。对于新范式管理者来说，"全面素质学习"相对"全面质量管理"是一个更为确切的说法。学习是作为一个人的自然延伸，管理则是学习的外化。美德包含对自己的责任，学习则是获得美德的途径；美德也包含对别人的责任，管理是完成这个责任的途径。素质架起了自己与内部世界和外部世界之间的桥梁。管理则成为人类"存在"的延伸，表现在内在的学习和外在的素质中。学习和管理的所有元素在表面上是各自独立的，但其内在却是统一的整体。在一个组织内，整体包含在每一个部分当中，这种整体在任何一个部分的反映和表现就是素质的精髓所在。而且，每个部分对整体的反应强度越大，就说明素质越完备。当素质和学习以全新的方式结合起来，没有哪个部分会游离于整体之外单独存在。作为管理者和组织，伴随着学习和发展，需要改变我们的制度、把它从反应型和分子型，或者适应型、前摄型或职能型，转化成分子型和最终的全新实体。学习是一个内在的过程，而外在的表现就是素质的生成。

关于"必备的组织"的过程，研究组织的主次分成，或说科层制。管理组织的核心就是科层制的意义和构建，这也是组织的基础所在，这种分层方式完全是人类的发明创造。在组织的每一个层级都包含各种不同复杂程度的任务。在任何组织中，管理者的首要任务就是要建立有效的任务组织，确保在合适的组织中由有能力的人员来完成相应复杂程度的任务。管理者能够处理越来越高度抽象性的问题，他们能够帮助所在组织阶层的演化。同时，任何组织都具有不同程度的"必备的组织性"。因此，这将使企业的成员不仅能够管理胜任一定复杂程度的任务，而且能够在学习中不断发展和成熟。管理学习反映了个体在发展成熟的过程中，能够处理越来越高层次的复杂性。而且，当组织阶层和认知能力相一致的时候，组织也能够进行学习和发展。

在一个组织良性循环和恶性循环过程中，应该积极努力规范公司的理念，避免公司走歪路。利润有两种，一种是指私人所得，另一种是指衡量公司和其股东之间相互满意程度的粗略标准。后者使西方国家的经济发展遥遥领先。不完善的反馈回路聊胜于无，不过多重反馈自然更加有效。只有当利润作为衡量价值的多重渠道之一才具有战略意义，这也是通向可持续发展的唯一途径。如果只关注企业的利润率而不去提高组织的学习性，不仅会导致雇员工作积极性和创造性的降低，还会让他们迷失生活的方向，难以发现生活的意义。而且，对单一目标的追求注定要以失败告终，因为商业中并没有一个纯粹明确的价值观的存在。并不是反对作为经济发展的必要成分的利润，而是反对不合格的商品所产生的利润。在财富创造的各种价值观的战略协同中，盈利是一个至关重要的元素，既不应该羞于谈利润，也不能对其过分追捧。与其说利润是策略制定的核心，还不如说它是经济成功的标志。

如何实现可持续发展，其所表现的形式又是怎样的？传统的经济发展形式是不可持续的，它建立在一系列特定的假定和信念的基础之上。认识到可持续发展的必要性，要求我们与工业革命以来的传统发展模式下的假定和信念彻底决裂。我们需要在一系列新的假定和信念的指引下走向可持续发展的道路。成功与否主要取决于我们的企业，是他们控制着人类的技能、材料、金融和技术资源，这些是实现变革的重要因素。可持续发展是一个复杂的概念，从企业的角度可以作如下表述：使用可再生能源而非不可再生能源；使用的技术要有利于促进环境和谐，保持生态稳定以及促进技能提高。对系统进行整体设计，尽量减少浪费；尽量使产品经久耐用，便于修理并能够循环利用，以最大限度地减少稀缺资源的消耗；尽量使用非能源或密集型材料，同时又能够提高生活质量的服务。

在向信息社会的发展过程中，协同经济不会立刻替代现行的经济体制，自由经济的很多元素将会在很长时期内继续存在。从当前经济向协同经济的转变是一个渐进的过程，指的是在信息社会，经济的核心将是协同经济体制，具有协同生产、资源共享、自觉协同、自发奉献等特点。具有这种协同精神的新范式管理者，将会拥有崭新的独特视角。信息社会是围绕信息价值生产而发展起来的社会，因此与围绕实物价值生产而发展起来的农业社会和工业社会相比存在根本差异，更确切地说，"信息社会"指的是信息是社会中经济需求的核心；经济和社会本身围绕着核心——信息价值的生产和使用——增长和发展；信息作为一种经济产品，其重要性超过了实物、能源和服务。这种经济结构就可以称之为"以信息为轴心的经济"。

在新范式指导下企业应该如何经营。在新范式的指导下经营企业意味着要转变管理者和组织在旧范式下的观念、目标和结构。新范式的精髓：管理的任务就是在组织内创造一种氛围、文化和环境，使组织和个人在一个创造性的、一体化的团队的发展进程中共同进步、和谐发展，实现组织目标和个人价值。真正需要的是加强自我管理，由此在内心创造足够的能量来应付这个变化不定和矛盾不断的现实世界。对于每个人都适用的唯一的"主义"就是"实用主义"。这意味着祛除任何对意识形态或价值观的偏见，不论东方的还是西方的，南方的还是北方的，应把它们有机地结合起来。综合、协同或者"双赢"的方式通过从大局出发，把握任何情况下任何问题或矛盾发生的背景，就能够形成超越彼此对立或冲突的利益之上的理解。

第二节 创新与贡献

一、企业战略管理从旧的范式到新的范式

从社会学观点而言，范式可以理解为，一个被大众认同程度很高的习惯，一个思维的体系。尽管不同学科的专家对范式有着不同的理解，但是正因为这些差异的存在，让我们能够更进一步地去理解它。总体来说，本章把范式定义为一个理论体系，它包括了必要的因素和不同因素组合下所导致的不同结构及功能。

企业战略管理新范式就是在企业战略管理领域充分地使用这一理论。本章认为，企业战略管理新范式是在多个战略因素组合发展过程中一个起到协调的系统。战略因素的不同组合最终导致企业战略管理范式的不同表现形式。因为每个不同的结构都是由不同的因素组合在一起的，产生的化学功效也是不同的。企业的发展受到企业内部环境和外部环境的影响，同样，企业的战略管理范式也就要根据内部和外部环境的变化及时进行

调整。一般的领导者和优秀的领导者之间存在能力的差别主要体现在自我驾驭能力上，对于一个团队来说，优秀的团队社会协同性高，而对于组织成员来说，人与人之间的差别在于学习能力。

企业在自我发展的过程中，不断地积累资源，增强实力，随着外部环境的变化，也表现出一定的适应性。由于内部环境和外部环境的变化，企业为了适应新环境的变化，不得不对企业的发展目标、企业组织架构和企业营销策略等进行大的修整和完善，这个时候就需要进行合理的战略管理。战略管理新范式的形成是企业为了适应环境所做出的应对之策，考虑企业的发展需要，不得不对企业进行重大调整，制定新的经营战略规划，以获得更大利益。当然，在转型的过程中，由于产业结构的不稳定性，顾客期望的多样性和技术变化的不确定性等多方面的因素，会对企业战略管理造成大的压力，企业领导者也会面临很多困惑。

企业发展过程中，其战略管理新范式的形成主要受到内部环境和外部环境两个方面的影响。

(一) 企业外部环境影响

企业外部环境的不稳定性对企业发展造成一定的影响，也就对企业战略管理新范式的形成有着影响。外部环境的影响主要包括三个方面——顾客需求、技术研发能力和市场竞争环境。

1. 日益多样化的顾客需求

随着全球经济的迅猛发展，人们的物质和精神需求日益增长，与时俱进，消费者的需求也越来越多样化，为了满足消费者多方面的需求，各个企业都面临着很大的压力，同时遇到的同行竞争也越来越多，消费者心理越发成熟。这些消费者从最初仅关心产品的质量到关心产品的性价比，一直到现在的个性化需求，时刻影响着企业的营销战略。全球经济市场呈现出的共同特点就是缩短了产品的生命周期，要满足消费者多样化与个性化的需求。企业的中心思想就是围绕客户的需求，而企业的外部市场需求逐渐从产品的基本功能，转向要求赋予产品更多样化的附加值。为了满足消费者的需求，企业就要根据市场不断推出差异化的新产品。

消费者需求的不断变化使得企业战略管理范式也跟着变化。在旧的战略管理范式中，企业仅需要提供价格低、具有基本功能的产品来满足顾客的需求，对于企业来说，这种产品价格低、种类少，但是质量好；而在新的战略管理范式中，企业必须不断更新自己的产品和服务，通过差异化的产品来满足顾客多方面的需求。企业战略管理范式的改变对企业各方面的能力提出了更高的要求，由从过去高成本、低价格、少种类的营销模式转向多样化和个性化的模式。企业只有建立和培育自己的核心竞争力，才能吸引和扩大更多的消费者，满足消费者不断变化的需求，从传统的基础竞争范式转向以核心能力为基础的竞争新范式。

2. 企业技术研发能力

企业技术研发水平与企业的产品竞争力是一种互相因果的关系。一个企业研发水平弱，那么该企业的产品竞争力就会弱。企业就会陷入一个恶性发展的怪圈，技术水平低导致产品市场竞争力弱，就会影响企业的绩效，绩效差了，企业再次投入就会少，对应的技术研发就会少，就会影响技术的产出，最终拉低了整个技术的水平。我国大多数企业都在这个怪圈中不断地循环，一直没有挣脱出这个怪圈进入良性循环，达到通过高的技术水平来增强企业产品竞争力，从而带动整个企业的发展，再次高成本地投入，研发和引进更多的高新技术，带动技术产出，提高企业的技术水平。应该加大力度培育自身的核心技术能力，这是我国企业面临发展的最大一个难题。

3. 市场环境变化

近十年来，世界在技术和市场两个方面发生了大的变化，整个世界的企业都极力向全球化靠近，而这种全球化趋势主要是靠技术来推动的，要求企业加快现代技术的步伐，增强技术的创新性，同时新的技术也会给企业带来成本和复杂程度的增加。同时，全球化市场的变化主要将焦点放在了企业的核心竞争力上，谁拥有强劲的核心竞争力，使得企业把目光从产品成本转向产品性能、质量乃至新产品开发速度上来，而且，市场的占有不仅是在国内，而是覆盖到全球。

我国企业在追求全球化经营的过程中，难免会卷入全球的竞争市场，应该认识到自主创新的重要性，企业只有自主创新，尤其是企业的核心技术创新和知识产权技术创新，拥有强有力的核心竞争力，才能在这个充满竞争的世界立于不败之地。目前我国大多数企业的核心技术都是依赖其他国家的技术，不能够掌控企业自身的发展方向，企业产品都处于技术的下游。全球化的影响给予中国企业很多机会，但是，由于国外上游技术产品大量进入中国市场，也给企业带来很大的冲击和生存压力。因此，我国企业必须打破自满的态度，真正觉醒起来，每个企业必须尽快形成自主知识产权的技术和产品，这样才不会在整个全球化市场中被淘汰。同时，企业在全球竞争的成功与发展主要是提高技术创新能力，培育自己的核心能力。自主技术的掌握，技术创新能力的提高，都要以核心能力为基础。能否建立和培育核心能力，是中国企业在全球竞争中能否生存和发展的关键。

（二）企业内部环境的影响

企业内部的不稳定随时会给新的范式带来变动，比如企业目标、企业结构、企业资源、企业战略和企业绩效等方面有了变化，就会促进企业战略管理范式的转型和升级。内源性的波动因素，是企业战略管理范式变动的最具有说服力的原因。

二、企业战略管理新范式形成途径

（一）建立新的企业发展模型

企业建立新的发展模型必须遵循归零原则，站在一个全新的高度。企业在长期生产实践中具备丰富的经验，尤其是成功的经验，这些经验会促进企业特色文化管理方式的形成以及增强管理方式的稳定性。有这些经验还不够，企业的外部环境是随时变动的，所以企业必须在充分了解和掌握市场环境变化的基础上，制定出全新的、符合当前社会市场环境的发展模型。

（二）创建学习型组织

不管是企业内部，还是企业外部，其环境的变化是瞬息万变的，企业只有创建学习型组织，学习和适应环境对企业的变化，不断调整企业的发展战略，才能应对不断变化的市场环境。创建学习型组织包括三个方面，第一个方面是组织结构的变化，企业为了内外部信息交流得更顺畅和便捷以及输出和反馈的速度，应该将原先严格的垂直层级型的组织结构转变成为宽松的扁平网络型；第二个方面是正确的管理授权方式，企业战略管理新范式必须以权力为支持点，否则无实际意义；第三个方面是企业文化的形成，企业应该打破传统的文化模式，建设创新型以及贴近现代化的企业文化。企业战略管理新范式的形成，需要相应的企业文化做支撑，否则容易偏离正确发展的轨道，同时还需要精益求精和坚忍不拔的精神。

新的经济时代需要更多的新技术和新知识，企业要想保持持续的核心竞争优势，就必须抓住更多的新技术和新知识，就必须比竞争者具备更快、更高效的学习能力，建立学习型组织，让整个企业处于不断学习和完善的状态，不断吸收和引进新时代需要的技术和知识。建立学习型组织使得企业能够不断地创新、获取和传递知识，并不断调整自身的经营行为，满足新时代的发展需求。企业应该培育和提高自己的学习能力，选择合适的学习模式，帮助企业在不同阶段的发展都能找到更好的解决办法。其中最关键的一种学习模式就是创新性模式，企业要想在新时代激烈的竞争环境中生存和发展，就必须以创新型的技术作为突破点，不断研发出新的产品，满足新时代消费者的多样化需求。因此，企业应该打破传统的经营行为和习惯性的战略规划，在不违背企业核心价值观的同时，快速建立适应新时代发展要求的行为和战略思想。新时代的战略管理范式，企业应该建立学习型组织，选择正确的学习模式来提高整个企业的学习能力，使得企业能够做出正确的决策，让新的知识、技术和观念融入企业中。

（三）无形资源的价值

俗话说："无形胜有形"，有时候无形的东西比有形的东西更具有价值，带来的好处更多。企业应该不断地利用和积累企业的无形价值，强调无形价值的重要性。相比企业其他有形资源来说，无形资源应该是企业最有价值和最具有发展潜力的企业资源，也是企业战略管理新范式形成的基础。企业应该高度重视无形资源的价值，更要加强对它的利用和积累。

旧有的战略管理范式主要是把战略定位放在战略管理重点考虑的地位上，但这种战略管理容易被其他竞争者复制和模仿，从而会影响企业的长久发展。新经济时代下，企业只有形成并长久保有一定的差异性，才会在激烈的竞争中不被淘汰，差异性资源是企业拥有长久竞争力的核心。因此，企业战略管理的重点是应该培育更多的差质性资源，提高企业的核心竞争能力。企业的核心竞争力是企业独有的一个以信息和知识为基础的体系。企业的核心竞争能力应该具备一定的价值性——相比其他竞争者来说，能帮助企业创造更多的价值，降低企业的运营成本；差异性——这是企业取得成功的关键因素，是与其他竞争者不同的一种核心能力，这种能力能够给企业带来差异性的收益；不可交易性——这种核心能力是其他竞争者难以模仿，也很难通过市场交易得到；不可替代性——这种核心能力是不容易被替代的，或者说替代威胁很小。

（四）建立合理的绩效评价体系

新时代企业战略管理新范式要求企业建立全面、科学的绩效评估体系。企业通过绩效体系管理企业，反过来合理的绩效评价体系也必然是服务于企业，同时建立合理的绩效评估体系也有利于企业核心竞争力的形成。合理的绩效评估体系可以完善企业的财务指标体系，同时还应该包括一些非财务性质的评价因素，虽然一些非财务性质的评价因素不能以货币来计量，但是从整体上来看，更符合新时代企业经营的一些新观念和价值观，同时还有利于企业自身的改革发展，也利于企业战略管理和核心竞争力的形成。企业合理的绩效评价体系应该将员工的热情度、学习和创新能力以及职业发展能力等一些无形资产的评价纳入该体系中，这些无形资产的评价是企业未来发展取得成功的关键，同时也有利于企业核心竞争力的形成。

三、团队学习的重要地位

学习型组织要求企业的团队进行不断地学习，是为了发展企业中每个成员的多方面能力，以整体配合协作并且实现企业共同目标。

（1）学习型组织的成功建立主要依靠的就是团队的学习。企业与个人之间主要依靠团队这个纽带来开展工作，企业战略管理新范式和核心竞争力的形成依赖于团队中每一个成员能力的发挥。建立学习型的组织就是要从学习型个人开始抓起，逐渐发展成一个学习型的团队，进而再到一个学习型组织。

团队学习有利于团队每一个成员的学习和沟通交流，从而带动新思想的形成，共同进步。这种团队学习模式不仅促进成员的个人成长，还有利于提高整个团队的核心竞争力。企业中每一个团队都高要求自己团队学习的风气和标准，那么以团队为单位的整个组织就会变成一个高水准的组织，进而实现整个组织都学习的局面，从而形成真正的学习型组织。

团队是学习型组织的一个基本单位，以单位为发展基础，一个高标准要求的团队，才能发展出拥有强大学习能力的组织。一个团队不学习，不完善自己，团队建设的滞后就会带动一个组织的落后，一个组织也就不会学习，最终也就不可能达到真正的学习型组织。

（2）团队学习如果发挥功效好，对企业起到的作用就大。团队学习应该充分发挥每一位成员的学习能力，不能用等级差异压制成员们学习，避免行使权力命令员工们学习，而应该是出自员工的自主和自愿原则，从而打造一个内部相对稳定的学习环境。团队学习能够凝聚团队更多的力量和热情，发挥和挖掘每一个成员的学习能力，使每个成员都能在一个有序的集体中，平等有效地学习到知识。

新型的团队学习模式一改旧有的封闭式学习方法和模式，与传统的个体学习模式相比，团队集体式的学习让学习者们活跃起来，思想不再僵化，眼界更加开阔，能够善于倾听他人的意见，学到更多不同视角下的观点和看法。团队学习模式能够培养每一个成员学习的自主性、独立性和创新性，使得他们养成一种善于自我思考的好的学习习惯。

同时还能够使每一位成员在已经学到的知识基础上，结合其他人的观念，不断地参透融合形成自己创新的观点，这都是个体学习无法达到的效果。在团队学习中，不同观点的争论可以使得问题更集中和明确化，将肤浅的问题深入化，通过成员不断的分析探讨，抓住问题的实质，找到解决问题的最佳方法，得出最有信服力的结论，让成员们在沟通和探讨的过程中达到思想的高度统一。

团队学习是一个组织的单位活动，也是一个组织完善组织发展模式，建立目标任务的途径和手段。团队学习是学习型组织的基础，学习型组织要求团队中每一个成员具有独立的自主思考能力，只有加强团队的学习能力，使得其取得更好的突破和效果，组织才能成为真正的学习型组织。

四、加强团队建设的思路

（1）合理组建优秀团队。每个企业的领导者们都应该识大体，以全局和大局为坚守原则，有效地结合统一原则与政策的可操作性，使得企业既坚持了经营原则，又将政策灵活地实施了。企业组建优秀的团队，应该考虑横向与纵向的发展，一切以实际为出发点，多方面地考虑团队的成熟性，对成员的要求也应该从他们的多方面综合衡量，把人作为第一生产要求。科学合理地组建团队人员，首先要特别清晰自己团队的定位，再去招收跟自己团队性质吻合的人员。并且在各个团队中应该事先明确工作岗位说明，细化职责分工，每一个工作要协同发展，避免设置重叠的办事机构、烦琐的岗位说明和重复的职能部门。

（2）确保团队的良性沟通。在团队内部，领导应该不断适应新时代的发展需要，首先要建立一个和谐健康的团队，团队应该保证沟通的顺畅，做到分工明确和团结共进，确保信息和思想快速地共享和交流，建立一个沟通良好的新型人际关系，这是企业快速发展的助推器。上下级一定要以尊重彼此、关心理解他人为前提。团队成员要通过内部的深度会谈、观点分享，统一思想，协调配合，相互寻求帮助，真诚帮助他人，促进和谐团队建设。与团队外部的沟通，领导与他人之间要以诚相待，真诚合作，取长补短，以和谐发展为首要执行要素。

不论是内部团队，还是外部团队，都应该做到一视同仁，不应该有大小和级别的差异，也不能因为工种和类别的不同，受到不同的待遇。应该全方位地加强联系，增进彼此的感情，共同努力学习，互相配合和支持，保证信息共享的及时性，以及感情交流的顺畅性。凝聚所有成员的心，共同朝着团队的目标任务奋进，良好的大局意识，齐心协力，快速发展。

（3）良好的团队领导机制。作为团队的领导者，应该有更严格的职业道德素养，以及相匹配的领导机制。团队领导者应该有能力独当一面，制定团队的短期规划和长远规划，并努力去实践，同时还要研究解决团队已经发生或可能会发生的重大问题，根据团队成员结合不断提出更优秀的改善方案，不断完善团队的学习能力。

（4）完善团队奖惩制度。一个合理的动力机制可以调动组织所有成员的热情，发挥成员最大的学习潜力，从而带动整个组织的快速发展。一个公平公正的奖惩制度可以激励成员的满意度，将团队成员的学习情况纳入考核体系中，与个人的晋升、奖惩、职称等联系起来，发掘能力强、素养高、学识丰富的团队成员，优先提拔和重用这类成员，其重点是注重人的学习能力。按照团队工作性质，高效激励每个成员内心的真实需求，使每个成员都能真正学习到知识，最大限度地激发个体和团队的潜能，让团队成员提高学习的意识，认识到学习的重要性，从最开始的没耐心学习，到最后逐渐形成一种良好的学习习惯，避免成员的形式主义现象。

（5）合理的管理实施方案。团队应该根据自身的情况建立相应的学习体系，制定一个全面的学习计划和实施方案。结合多种学习模式，团队应该建立一个大众化而多样性的学习计划，确保更多的成员能够学习到多样的知识。同时还应该细化每个阶段的学习任务，提出相应的奖惩制度，改善集体学习的方法，增强学习计划的针对性和实践性，让更多的成员能够接受并且发挥最大的学习能力。团队还应该对学习体系进行大量投资，创造更多的条件，让更多的成员积极融入学习的氛围。增加经费的投入，提高团队学习活动的硬件和软件配套设施，不断完善学习体系的不足，充分利用新时代的媒体手段和信息化技术，为成员们搭建一个学习平台，丰富他们的知识，不断提高团队学习的信息化水平。

（6）平等的学习交流。团队成员之间要敞开心扉、互相分享和充分学习，在互相思想碰撞的沟通中，搭建一个平等的交流机制促进信息资源的共享，提高团队成员的创新能力，形成一个更全面更优质的共识，从而增加了整个团队的集体智慧，同时提高了整个团队的效能。

第三节　点评：观点的碰撞与交融

领导学是个热门的话题，早在 20 世纪 80 年代的时候，就有企业开始实践和学习领导学行为。发展至今，随着企业领导不断对知识的渗透和总结，也得出了很多新的领导理论，从最开始零散的知识架构，不断由表层的知识挖掘到问题的实质内层，最初只有少许的人对领导学进行深入的研究，现在企业面对的舞台越来越大，作为企业的领导们都开始关注自身的行为和魅力，领导学理论也不断地发生着变革，并得到了大量的研究成果。全新的时代，为了与世界对话和接轨，相关的专家学者和企业界领导者们都逐渐意识到 21 世纪领导学理论是个值得研究的领域，也是全球化企业实践创新化发展的迫切需要。

人类进入 21 世纪，全球化的浪潮不断席卷而来，向管理者提出新的挑战。正如沃伦·本尼斯所预言的，在未来的社会，真正的挑战是如何支配管理每个人的才干和技能来推动我们的社会进步。他把这种"挑战"称之为"领导力"。沃伦·本尼斯，著名工商管理学教授，闻名全美的组织发展、领导力和变革领域的权威，他曾经担任过四任美国总统的顾问，包括肯尼迪和里根政府，并出版了 20 余本有关领导能力的书。沃伦·本尼斯在他的《领导者》一书中首先提出了一个问题：领导者（leader）和管理者（manager）的主要区别是什么?他给出的答案是：领导者是做正确的事情（决策）的人，而管理者是把事情（决策）正确执行的人。

就是在这样的思想指导下，本章超出了一般管理者的思维方式，从全球的视角着手探讨如何在新范式的指导下进行领导，从而引导了一种跨越国界、超越不同文化的全新的管理理念。它超越了西方（美国）和东方（日本）的主要的管理思想，使管理者从跨文化的角度进行自我驾驭，实现团队协同，促成组织学习和实现全球可持续发展，最终形成经济价值、道德价值和生态价值的融合，而这种融合本身使我们超越了领导，走向一种崭新的企业管理形式。

这些"全球化"的管理者应该致力于一种平衡架构，寻求一个企业与社会、企业与生态协同发展的模式。企业领导者们不仅要学习东方文化，还要借鉴西方的文化，融合出一个适合我国企业现代化发展的模式，不断超越自我，使得企业与社会、领导与成员、组织和个人平衡发展。本章重点研究了新范式背景下的个人、团队、组织和社会，这种新范式本身就超越了传统意义的领导，并能够确保经济学、伦理学和生态学的持续平衡。

领导力不仅来源于个人驾驭，而且产生于团队协同。然而，它并不能一定促成组织学习和可持续发展的结果。事实上，个人驾驭、团队协同、组织学习和可持续发展的结合需要一种崭新的价值观念来实现。这种观念和意识超越了单纯的企业领导，与经济学和伦理学紧密联系，并且平衡了经济学、伦理学和生态学。这里，"生态学"不仅是组织学习的象征，而且是可持续性的物质基础。

一个人有自己的"心态"或价值观，一个社会或文化也有共同的范式：一些把社会系统牢固联系在一起的基本假定。这些假定从未显山露水，但是它们的存在却不容置疑。一种范式一旦形成，它便无孔不入，影响着我们生活的各个方面。但是，最终，当外界的新信息不断冲击我们的思想世界，旧范式的地位便逐渐发生动摇。新旧范式交替之际，混乱碰撞、嘈杂无序的局面是不可避免的。新范式就是这样从人们思想的大熔炉里衍生出的。就像任何有机体的 DNA 由遗传代码构成一样，范式由一个基本的工具箱和一系列指令构成。每个新范式就是通过这些指令和变量在特殊熔炉造就的条件下形成的。有机体是指一个人、团队、组织，或者更大的社会体系，比如文化群落、社区、社团和民族。条件是指各种环境因素（包括所有先前范式的残余形式）和新范式出现的可能性。

对于一个具有西方传统、以经济为导向的管理者来说，有效的管理就是对资源的有效分配。如果一个公司以财务数字衡量的产出超过了其投入的商业价值，那么经济价值就增加了。本章所面向的"全球化"的管理者在对这种经济现实要给予应有关注的同时，必须要能走得更远。对于一个具有东方传统、以社会为导向的管理者（他们往往在亚洲尤其是日本的大型生产企业工作）来说，财富创造要求组织为市场开发和提供的产品和服务不仅是物质效用和金融资本的结合体，而且还要融入人类的价值观。究其本质，这种价值的融合是对目标和意义的探寻所激发出的一种道德结论的过程。

全球化的管理者在思考这种道德行为的同时，必须还要再前进一步，最终必须要在社会价值、企业价值和生态价值之间取得平衡。如果说所谓的静态的价值模式把社会、企业和生态区分开来，那么动态的模式则把三者相互融合。这种融合使我们超越了领导，而走向一种崭新的企业管理形式。"广泛的、全球化的生态哲学是一种融合性的、多层次的、规范性的程序哲学，它使个人能够实现自我价值，使宇宙能够实现共生"。

第四节　本章小结

一、新全球范式

（一）新范式主要构成

新范式主要由以下部分构成：①世界观。世界是什么样的？是风光旖旎的雨林、神秘莫测的村落、险象环生的丛林、正义化身的教堂，还是充满机遇的市场、温暖贴心的社区、自然居住地、地球村，或者是兼而有之？②命令和控制中心。命令和控制中心是关键部分，是重力中心，它负责向有机体发送信息和命令，在正确的时间给出正确的编码信息。新范式下告诫我们要寻找最合适的动机，制定合理的奖惩比例，正确教育自己的成员，坚守正义原则和合理的晋升标准。

（二）新范式的管理特征

新范式管理者要拥有个人自我驾驭能力（能力超群且出类拔萃），能够实现社会协同（注重流程和联系），组织学习（继往开来和发展壮大），并有利于可持续发展（信息时代人类发展）。新范式管理者的特征可以概括为具有领导才能和自我驾驭能力，拥有敏锐的直觉和伟大的愿景。

（三）新范式思考者的基本特点

新范式思维下的领导者应该有着开放、不僵化的思维，用求同存异的眼光去处理企业发展中的问题，领导者应该有大局观，认清事情发展的本质和联系，积极为消费者和大众服务，壮大企业的规模和发展，积极接受新鲜事物和新潮思想，大胆创新，不使企业落后。领导者应该具有远大的眼界，有勇有谋、勇敢坚强、能力高超、积极、幽默等特征。这些 21 世纪的新范式思考者特点明显，他们对权势地位不屑一顾，对复仇雪耻嗤之以鼻。新范式思考者尊崇贤能，追求自治和个人自由，喜欢挑战前所未知的事情。他们对事业不会无条件地盲目忠诚，也从不作无谓的自我牺牲。他们是自己的主人，却并不自私自利，也不乏道德感和责任心。新范式思考者并非十全十美，但他们不会任人摆布，他们从事自己认为值得做的事业，并会为之无私奉献。

二、可持续发展的重要性

可持续发展和不可持续发展的总体差别在于一个道德选择，是"人生在世，及时行乐"，还是"让我们负责任地生活，以便将来别人也能生活"。这似乎像是一种自我约束，但其实也是自我解放，它的积极方面远远大于消极方面。

对于经济发展的载体——企业来说，它的消极方面似乎不是个好消息。它似乎剥夺了企业进行商业化的发明和创新的自由，但是，在重要变革中，旧事物当然要让位于新事物，有些事情我们就不能做。尽管我们对这些限制会深感遗憾，但是只要我们意识到这并非不合情理，那么也就容易接受了。今天我们的发展不能一味向大自然索取，不能让明天我们的后代子孙来承担这个后果。可持续发展的积极方面给我们带来了很多新的机遇。

可持续发展对整个工业和商业系统提出了挑战，促使它们在全新的假定和信念的基础上进行重新调整，这是个根本性的变革。有些人也许会认为可持续发展不过是住上隔热的房屋，给汽车装上接触式的消音器，从超市里购买所谓的"绿色"农产品。这仍然是传统意义上的变革，并未触及那些错误的假定和信念，其效果将是微乎其微的，顶多将后果向后推迟一代人而已，并不能从根本上解决问题。工业化国家长期需要的地下能源和不可再生材料的人均消耗量必须大规模削减。在欧洲要大约减少目前消耗水平的 1/3 才能达到可持续发展的要求，在美国这个比例更大。

可持续发展给世界商业社会所提出的挑战必须作为一个整体在根本假定和信念的水平上解决。只有这样，商业界才能有希望去证明它的可行性。证明责任要由商业界来承担，因为它自己控制着所需的大部分技术和生产能力。

可持续发展的未来充满了创造和变革，这是一个迥然不同的全新时代。创新将是这个时代的主旋律，行政管理将扮演支持者的角色，为人们和地区的需要服务。这个时代将充满动态管理的机遇。人类的发展到达了这样一个阶段，我们将来的技术进步越来越要建立在人类文明的合理需要的基础之上，而文明不再会为偶然的发明所随意驱使。

三、西方科学与东方智慧的结合

（一）和谐管理

在新范式下经营企业的关键在于在意识或认知的层次上进行管理，这意味着在对经济目标的追求过程中，把基本的价值观、道德行为和生态可持续性有机地结合起来。在新范式下经营企业要从自我管理开始。位于顶端的是世界体系或"主义"，在此，应该进行自我生活的创造和管理。20世纪在世界各地宣传和实践着几种不同的"主义"或意识形态，它们或成功或失败。事实上，它们代表着两种基本参数——价值观和意识形态——的不同组合。

这两种参数的组合纵轴涵盖了各种价值观，从东方文化看重的精神层面到主宰西方思想的物质层面，从自我牺牲精神到自我中心主义思想。横轴包括不同的意识形态，一方面是个人的自由，另一方面是社会的集体主义，从个人竞争到社会整合，或者从资本主义到社会主义。实际上，没有哪一种价值观或者"主义"能够关起门来完成它们的既定目标，即在平等和持久的基础上实现社会成长或者个人福利。要获得和谐，就必须把谋生的技术与生存的哲学相结合，管理的科学与艺术相统一，这样，才能超越普通管理者而修炼成为一位管理大师。

从最初对利润和权力的逐渐发展到近年来的以人为本，企业领导者也越来越关注于全球的生态问题。在组织内部，这表现为缔造以支持系统、网络和共同的价位观为基础的组织文化，而不再是以权力、金钱或者个人抱负为基础。

（二）合作自我

管理方式的背后就是思维方式，需要对我们的思维进行重新定位，超越自我中心主义和自我牺牲两个极端，实现"分离式参与"。这种管理方式能够最大限度地优化作为个人在组织和社会中的潜能，这样，"主宰"和"依赖"就被和谐的相互依存取而代之。在管理方式方面也经历着转变，从"控制和进攻型"（它不可避免会产生"失去的"威胁并且导致消极的压力）发展成为"关爱和联系型"。由此产生的团队精神和相互联系的意识，会使你不再把自己的同事看作竞争对手，而是成功的共同缔造者，这样彼此间就会滋生信任和积极的能量。这就是现代管理者所应该具备的素质和能力。

为了能够超越这种非此即彼的命题，使两者合二为一，就要把"如何去谋生的技术"（西方/北方的管理思想）与"如何去生活的技术"（东方/南方的哲学传统）结合起来。因此，需要综合企业的盈利潜能和个人的生活潜能。这不仅通过两者的共生来实现彼此的协同，还解决了新旧范式的悖论。换言之，应该不仅做到"有效率"，而且要做到"有效果"，不仅去正确地做事（好的管理者），还要做正确的事（好的领导者）。

（三）从现在做起

幸福永远不能从"外部"获得，它只来自自己的内心，道理似乎显而易见，但是越是显而易见的东西，往往越轻易被人熟视无睹。人生不仅仅是工作和占有，物欲不能把一切都淹没。这其实就是分离式参与的精髓，它是成功（拥有你喜欢的一切）和幸福（喜欢你拥有的一切）之间缺失的一环。分离式参与的管理方法帮助我们拥有我们喜欢的一切，同时又能让我们利用自己拥有的一切去赢得成功。

显然，运用分离式参与的方法去生活和管理需要勇气。必须勇于及时改变自己，勇于去拓展自己的空间。勇气是关键，但此时往往恐惧却油然而生。勇气并不是恐惧不存在，而是对恐惧的克服。因此，无所畏惧地去改变我们所能够改变的，心平气和地去接受我们所无法改变的，但要知道我们自身差距所在。有时候，完美就是与我们无法改变的不完美和谐相处。

● 案例：地域文化与企业的结合——广东康氏实业有限公司的文化特色

一个地域的文化是属于当地独有的文化，这种文化与其他地域文化相比较，有其自身典型性的独特性，随着时间的推移，该地域形成了独特的文化。每一种地域文化所表现的形式和状态，都深深地渗透进当地的经济发展、民众生活以及政策指导，都流露着强烈的地域风采。

广东康氏实业有限公司是一家集绣花产品开发、生产、销售、服务于一体的综合性实业公司，创建于20世纪80年代，这家企业位于我国首批开放的四大经济特区之一——汕头经济特区的南郊，该企业文化的形成受到了潮汕历史文化的影响。康氏公司的经营理念是"以人为本"和"欲造物、先塑人"，将"思路新、节奏快、步子稳"作为指导企业发展的实践思想，打造以"诚信、认真、学习、标准、创新"为精神的团队。康氏公司目前正在以进军上市公司为奋斗目标，以获取绣花深加工产业中数一数二的企业地位为发展愿景，正在全面加速产品升级和品牌升级。经过十余年的辛勤耕耘，公司在取得了重大发展的同时，受到当地的文化影响，铸就了具有自身特色的企业文化。

——业精于勤，荒于嬉；行成于，思毁于随。在汕头文化的发展进程中，韩愈为此做出了不可磨灭的功劳。韩愈在潮汕短短八个月的为官期间，受到了当地人们的爱戴和追捧，在这段时间里，他实实在在为老百姓办了很多事，解决了很多问题，将儒家积极入世的精神融入自己的生活中，感受别人的痛苦，解决别人的痛苦，极力地推动了当地经济、文化和民生的发展。

韩愈是一名以学习为主的知识分子，从小受到儒家思想的熏陶，将儒家积极入世的精神融入自己的一言一行，逐渐形成了很多儒家思想的精神，他的身上总是流露出自强奋进，坚强不屈的精气神，还有忧患意识，时刻为国家担忧，并积极努力实现自己的价值。儒家优秀的精神完全融入他的血液，不论是当官还是平常老百姓，他也都在追求实现自我价值。

业精于勤荒于嬉，这句话强调了生活中勤奋的重要性。一个人只有努力勤奋，才会达到所期望的高点，勤奋是通向成功大门的必备钥匙。韩愈在这种即使遭到被贬的情形下，还依旧保持积极乐观面对未来的态度，源于儒家思想的熏陶，最重要的是韩愈有着自我鞭策自我向上的精神。这种精神影响着潮汕的人们，在面对困难和人生问题的时候，拥有着坚强的韧劲，顽强的毅力，不怕苦不喊累的拼搏精神。

在这样的一个文化底蕴丰厚的环境里，康氏集团同样具有种种的向上精神，积极乐观，不怕苦不怕累，用勤奋向世人展现自我的能力。

——天地有正气，杂然赋流形。另一个影响潮汕文化的著名文人，就是文天祥。文天祥的英雄气概，为国献身的精神、有胆有识的智慧，给当地留下了一笔独具特色的历史文化遗产，让当地的政府、企业和人们都保留着这种精神，激励当地的文化事业发展。他在"是气所磅礴，凛冽万古存""天地有正气，杂然赋流形""时穷节乃见，一一垂丹青"等一些诗句中表达了他不怕死、爱国、顶天立地的精神以及宽广的胸怀。

汕尾、汕头两地现有的文化中，为了祭奠文天祥，当地人们举办海丰"开灯"和潮阳"烧塔"的民俗活动，经过岁月的洗礼，两地的诸多文化都受到这种精神的影响，与文天祥当年在此地经历的所有事迹有着息息相关的联系。两地政府打造文天祥旅游专线的思路也不谋而合。不难看出潮汕人们潜在意识里，都对文天祥有着崇高的尊敬和膜拜。他的精神同样鼓舞着人们，团结正气的意识贯穿于人们生活的每个细节。

在艰难困苦的时候，崇高的气节才能显示出来，这种气节永垂青史。文天祥正气凛然的气节，影响着每一个潮汕人。康氏集团的核心价值观就是：诚信、创新、责任、感恩、共赢。诚信和责任就正好是文天祥身上那种追寻真相，不徇私舞弊不欺骗不造假的原则。对员工，对顾客，对每一个跟企业息息相关的人员都做到公平公正的态度。

——知恩图报，善莫大焉。懂得感恩是康氏集团价值观的一个主要特色。这也是深深地受到当地文化的影响，在潮汕，你会发现每家每户都有供奉的神灵，每逢过节都有重要的仪式。每隔一段距离，都会看到大小不一的寺庙，里面总是有络绎不绝的人群在烧香拜佛，从小到老，从男到女，在潮汕，自小时候起，就灌输了烧香拜佛的理念，不为拜佛而拜佛，仅是一种风俗习惯和文化。

潮汕人的成功还有一个原因就是注重团结和感恩。他们懂得感恩和惜福，明白要先做一个好人，才能办得成好事的道理。最初，大家都很穷，只有团结一致，合理分配工作，才能获得财富，这样就形成了互相帮助团结的精神，并且一直延续到现在，这种笃定的人际关系是一种优势，也是其他地域文化所不能相比的。正因为这种重团结的思想，让他们无论在生活中，还是经商中，都比别人更容易获得成功，他们互相帮助，资源共享，互利共赢，总是能获得最便宜的货源，开发寻找到最优质的经营渠道。

每一个潮汕人都是有着自己的个性，但是他们都是有志气、有骨气、不愿意落后的，他们不怕苦不怕累，总是想赚取更多的财富，来改善自己的生活。他们心细胆大，创先争先，用自己的智慧和双手，不断地拼搏，将勤劳这个优秀的传统文化发扬到世界各地。潮汕人就是漂洋过海，经历了千辛万苦，靠着自己的勤奋才有了今天在国人以及国外人眼中的地位。大部分潮汕人都懂得感恩，爱着自己的家乡，在外团结和勤奋，将自己赚取的财富投资家乡建设。

康氏集团康辉宣董事长在致全体员工的一封信中说道：康氏集团是一个有战略、有目标、有未来、有胸怀、有格局的电脑刺绣公司，将致力于"成为国际花边行业的领跑者"。公司要求每一位员工，要热爱自己的家庭，孝敬父母，感恩身边的每一位人，任何时候、任何地点都不要做对不起父母、对不起天地良心的事情，因为"举头三尺有神明""人在做，天在看"。

从康总的发言中可以看到，康氏是一个有血有肉的大家庭大集体，传承了潮汕人民对信仰的拥护以及对万物的感恩之情。一个懂得感恩的人或者集体，不管他未来有怎样的发展，必将受到人们的拥护和爱戴，更何况一般这样的集团将走得更远更稳。

参考文献

中文：

[1] 包立峰：《以人为本企业文化的价值生态与建构》，上海三联书店 2013 年版。

[2] 毕楠、冯琳：《企业社会责任的价值创造研究——一个三维概念模型的构建》，《财经问题研究》2011 年第 3 期。

[3] 常江：《保证企业文化高效落地的策略研究》，《山西农业大学学报（社会科学版)》2013 年第 12 卷第 7 期。

[4] 陈少峰：《互联网文化产业环境下文化国企发展对策分析》，《北京联合大学学报（人文社会科学版)》2015 年第 1 期。

[5] 道格拉斯·霍尔特、道格拉斯·卡梅隆：《文化战略——以创新的意识形态构建独特的文化品牌》，汪凯译，商务印书馆 2013 年版。

[6] 杜欢政、王岩：《再生资源产业园区企业文化浅议》，《再生资源与循环经济》2013年第 6 期。

[7] 范周、周洁：《正确理解文化领域供给侧结构性改革》，《东岳论丛》2016 年第 37 卷第 10 期。

[8] 范周：《关于文化产业供给侧结构性改革的几点思考》，《人文天下》2016 年第 12 期。

[9] 菲利普·科特勒、南希·李：《企业的社会责任》，姜文波译，机械工业出版社 2011 年版。

[10] 胡刚：《浅谈国学与企业文化》，《企业家信息》2012 年第 2 期。

[11] 黄焕山：《企业文化的三大文化特征》，《北京市总工会职工大学学报》2002 年第 17 卷第 3 期。

[12] 黄群慧：《论中国工业的供给侧结构性改革》，《中国工业经济》2016 年第 9 期。

[13] 霍尔斯特·施泰因曼、阿尔伯特·勒尔：《企业伦理学基础》（当代经济伦理学名

著译丛），李兆雄译，上海社会科学院出版社 2001 年版。

[14] 焦洋：《企业文化与品牌文化关系研究》，首都经济贸易大学硕士学位论文，2009 年。

[15] 杰克·韦尔奇：《赢》，余江译，中信出版社 2005 年版。

[16] 杰克·韦尔奇：《杰克·韦尔奇自传》，中信出版社 2001 年版。

[17] 杰瑞·迈朗：《韦尔奇与张瑞敏》，中国工人出版社 2002 年版。

[18] 金思宇、张鸿钧：《中国特色企业文化建设案例第一卷》，中国经济出版社 2005年版。

[19] 卡特：《东风公司濒危的价值观》，西北大学出版社 2007 年版。

[20] 柯林斯·菲舍尔、艾伦·洛维尔：《经济伦理与价值观——个人、公司和国际透视》，范宁译，北京大学出版社 2009 年版。

[21] 李君成：《借力国学 创企业文化 留可用之才》，《城市开发》2010 年第 9 期。

[22] 李琦：《中国企业文化现状分析》，《北京市计划劳动管理干部学院学报》2002 年第 10 卷第 2 期。

[23] 李欣：《企业文化与核心竞争力关系研究——特色企业文化塑造》，中国海洋大学硕士学位论文，2006 年。

[24] 李志欣、赵继伦：《企业：一种文化共同体》，《才智》2011 年第 10 期。

[25] 李宗桂：《国学与时代精神》，《学术研究》2008 年第 3 期。

[26] 李宗桂：《中国文化概论》，中山大学出版社 1988 年版。

[27] 理查德·狄乔治：《国际商务中的诚信竞争》（当代经济伦理学名著译丛），翁绍军、马迅译，上海社会科学院出版社 2010 年版。

[28] 林鲁生：《孔子以"和"为目标的管理思想对现代企业管理的启示》，《现代企业文化》2008 年第 24 期。

[29] 刘光明、牛志松：《企业诚信缺失与重构》，《人民论坛》2012 年第 5 期。

[30] 刘光明、杨森：《企业质量管理与国家质量竞争力研究》，《浙江树人大学学报》2013 年第 13 卷第 1 期。

[31] 刘光明：《解读"心力管理"》，《企业管理》2011 年第 6 期。

[32] 刘光明：《企业文化》，经济管理出版社 2006 年版。

[33] 刘光明：《企业文化案例》，经济管理出版社 2007 年版。

[34] 刘光明：《企业文化史》，经济管理出版社 2010 年版。

[35] 刘光明：《企业文化世界名著导读》，经济管理出版社 2009 年版。

［36］刘光明：《企业文化塑造》，经济管理出版社 2006 年版。

［37］刘光明：《企业文化与企业人文指标体系》，经济管理出版社 2011 年版。

［38］刘光明：《企业文化再造：增强企业的核心竞争力》，《经济管理》2002 年第 7 期。

［39］刘光明：《企业信用与企业发展》，《经济世界》2003 年第 7 期。

［40］刘光明：《社会价值导向对企业文化的影响——第 16 届国际企业文化年会综述》，《中外企业文化》2003 年第 1 期。

［41］刘光明：《新编企业文化案例》，经济管理出版社 2011 年版。

［42］刘光明：《新商业伦理学》，经济管理出版社 2012 年版。

［43］刘光明：《以先进文化指导企业工作》，《开放时代》2000 年第 10 期。

［44］刘浩天：《孔子管理哲学中的"信"对现代企业管理的启示》，《管理观察》2015 年第 23 期。

［45］刘心武：《企业文化不是圣贤文化》，《大观》2014 年第 2 期。

［46］罗杰·康纳斯、汤姆·史密斯：《引爆责任感文化——帮助企业实现目标的金字塔法则》，白小伟译，浙江大学出版社 2012 年版。

［47］马勇、刘军：《丝绸之路旅游文化经济带全球发展战略研究》，《世界地理研究》2014 年第 2 期。

［48］孟宪梅：《企业文化对促进企业核心竞争力形成的价值分析》，《东方企业文化》2012 年第 1 期。

［49］潘承烈：《〈孙子兵法〉对企业商战的启迪》，《滨州学院学报》2006 年第 22 卷第 5 期。

［50］庞朴：《文化的民族性与时代性》，中国和平出版社 1988 年版。

［51］邱汉生：《四书集注简论》，中国社会科学出版社 1980 年版。

［52］热罗姆·巴莱、弗郎索瓦丝·德布里：《企业与伦理道德》，丽泉、侣程译，天津人民出版社 2006 年版。

［53］石秀珠：《从企业文化角度看员工压力调适》，《人力资源管理》2015 年第 5 期。

［54］史光起：《国学智慧与中国式管理》，《北方牧业》2011 年第 17 期。

［55］松下幸之助：《经营沉思录》，南海出版公司 2009 年版。

［56］松下幸之助：《经营的本质》，南海出版公司 2010 年版。

［57］孙国学：《论企业文化的四种力量》，《中国集体经济》2009 年第 12 期。

［58］孙淑娟：《国学概念之浅见》，《经济生活文摘月刊》2013 年第 1 期。

[59] 谭志会：《基于消费心理的文化品牌形象塑造研究》，中南大学硕士学位论文，2009 年。

[60] 汤瑛：《浅谈企业人力资源管理之"育人"和"留人"》，《经营管理者》2011 年第 10 期。

[61] 特伦斯·E. 迪尔、艾伦·A. 肯尼迪：《新企业文化——重获工作场所的活力》（当代世界学术名著），黄小勇、李原、孙健敏译，人民大学出版社 2009 年版。

[62] 万希：《中美企业文化建设的比较研究及其启示》，《广东商学院学报》2002 年第 4 期。

[63] 王超逸：《国学与企业文化管理》，中国经济出版社 2009 年版。

[64] 王清刚：《论企业内部控制的灵魂——从制度建设到道德与文化建设》，《中南财经政法大学学报》2014 年第 1 期。

[65] 魏杰：《中国企业文化创新》，中国发展出版社 2007 年版。

[66] 沃伦·本尼斯、希克迪希·帕瑞克、罗尼·雷瑟姆：《超越领导：经济学、伦理学和生态学的平衡》，刘芸、朱瑞博译，格致出版社 2008 年版。

[67] 吴维库：《国学智慧与企业家学习》，《企业管理》2017 年第 11 期。

[68] 西蒙·L. 多伦、萨尔瓦多·加西亚：《价值观管理——21 世纪企业生存之道》（当代世界学术名著），李超平译，人民大学出版社 2009 年版。

[69] 西蒙·布莱克本：《我们时代的伦理学》（牛津通识读本），梁曼莉译，译林出版社 2013 年版。

[70] 徐浩然：《企业文化的"文"与"化"》，《当代工人精品刊》2012 年第 7 期。

[71] 徐进、郭楚：《"命运共同体"概念辨析》，《战略决策研究》2016 年第 6 期。

[72] 徐静音、王俊杰：《孔子思想对现代企业管理的启示》，《江苏商论》2014 年第 12 期。

[73] 许冬香：《论企业生态道德责任》，《湖南商学院学报》2009 年第 16 卷第 1 期。

[74] 许明景：《内控与文化如何刚柔并济》，《施工企业管理》2012 年第 9 期。

[75] 薛顺福：《重视培育企业命运共同体意识》，《江苏商论》1992 年第 1 期。

[76] 雅克·蒂洛、基思·克拉斯曼：《伦理学与生活》，程立显、刘建译，世界图书出版社 2008 年版。

[77] 杨李：《〈道德经〉中的管理智慧探析》，西南大学硕士学位论文，2011 年。

[78] 姚志峰：《试论当代国学思潮的文化价值》，《人文天下》2016 年第 7 期。

[79] 叶生、陈育辉：《破解企业文化》，清华大学出版社 2006 年版。

［80］玉茗：《国学论商道：文化助管理——企业管理中的国学思想》，《现代企业文化》2014 年第 4 期。

［81］袁新涛：《"一带一路"建设的国家战略分析》，《理论月刊》2014 年第 11 期。

［82］约翰·M. 瑞斯特：《真正的伦理学——重审道德之基础》，向玉乔译，人民大学出版社 2012 年版。

［83］臧金霞：《企业道德——企业的核心竞争力》，南京工业大学硕士学位论文，2012 年。

［84］曾仕强：《易经管理的智慧（中国式管理全集）（精）》，北京联合出版社 2014 年版。

［85］张德、潘文君：《企业家应从传统文化中吸取营养》，《中国人力资源开发》2005 年第 10 期。

［86］张光明、金思宇：《中国特色企业文化建设案例第二卷》，中国电力出版社 2007 年版。

［87］张国荣、解纪茹：《将"国学"思想有效融入企业文化管理课程刍议》，《学周刊》2016 年第 1 期。

［88］张磊：《企业文化建设的路径——以华为的实践为例》，《经营与管理》2012 年第 2 期。

［89］张萌物、马尧：《"刚柔并济"——企业文化的本质》，《交通企业管理》2007 年第 22 卷第 8 期。

［90］张志丹：《道德：企业核心竞争力的内生变量》，《南京社会科学》2011 年第 7 期。

［91］张志丹：《论道德竞争力》，《道德与文明》2013 年第 3 期。

［92］赵化勇：《新丝绸之路》，中央广播电视出版社 2006 年版。

［93］郑晶晶：《资本主义与自由》，《商业文化月刊（下半月）》2011 年第 2 期。

［94］钟芙蓉：《论企业生态责任》，南京师范大学硕士学位论文，2010 年。

［95］钟祥斌：《道德也是推动力：国学与 36 个管理理念》，东方出版社 2007 年版。

［96］周忠英：《企业文化——未来企业的第一竞争力》，《商业研究》2004 年第 3 期。

英文：

［1］Boultwood, Brenda, Dominus, Marc, "Developing an Effective Risk Culture", *Electric Perspectives*, Vol.39, No.3, 2014, pp.57–58.

［2］Brunnermeier M K and Veldkamp L, "Leadership, Coordination, and Corporate Culture", *Review of Economic Studies*, Vol.80, No.2, 2013, pp.512-537.

［3］Cai CX and Liu Y, "New Landing Path of Enterprise Culture—From Employee Organizational Socialization Perspective", *Human Resources Development of China*, No. 13, 2013, pp.31-35.

［4］Colin C. Williams, "Uncoupling Enterprise Culture from Capitalism: Some Lessons from Moscow", *Journal of Enterprising Communities: People and Places in the Global Economy*, Vol.8, No.2, 2014, pp.111-125.

［5］De Haan J and Jansen D J, "Corporate Culture and Behaviour: A Survey", *Social Science Electronic Publishing*, Vol.7, No.1, 2011, pp.121-148.

［6］Dezhi Qin, Desen Zhao and Lan Yao, "Enterprise Culture and Technological Innovation Capability from the Perspective of Resources", *Cross-Cultural Communication*, Vol.9, No.6, 2013, pp.92-95.

［7］Feng Q G and Feng Y, "The Construction of the Value System of Enterprise Culture and Environmental Management", *Accounting Research*, No.8, 2013, pp.24-31.

［8］Franco Fiordelisi and Ornella Ricci, "Corporate Culture and CEO Turnover", *Journal of Corporate Finance*, Vol.28, 2013, pp.66-82.

［9］Gordon M, Lockwood M, Schirmer J, et al., "Adoption of Community Engagement in the Corporate Culture of Australian Forest Plantation Companies", *Australian Forestry*, Vol.76, No.1, 2013, pp.58-68.

［10］James E. DeSpain, "Our Common Values—Caterpillar's Enterprise Culture", *Foreign Investment in China*, No.2, 2000, pp.28-30.

［11］Jernej Belak, Mojca Duh, Matjaz Mulej, et al., "Requisitely Holistic Ethics Planning as Pre-condition for Enterprise Ethical Behaviour", *Kybernetes: The International Journal of Systems & Cybernetics*, Vol.39, No.1, 2010, pp.19-36.

［12］Jing Sun, "Enlightenment of GE Culture Change to Chinese Enterprise Culture Construction", *Cross-Cultural Communication*, Vol.8, No.2, 2012, pp.25-28.

［13］John P. Kotter and James L. Heskett, *Corporate Culture and Perforrnance*, New York: Free Press, 1992.

［14］Keat R and Abercrombie N, Enterprise Culture, London: Routledge, 1991, p.7.

［15］Kemp D and Owen J R, "Graaff S V D. Corporate Social Responsibility, Mining and 'Audit ulture'", *Journal of Cleaner Production*, Vol.24, 2012, pp.1–10.

[16] Lionel Wee and Ann Brooks, "Negotiating Gendered Subjectivity in the Enterprise Culture: Metaphor and Entrepreneurial Discourses", *Gender, Work & Organization*, Vol. 19, No.6, 2011, pp.573–591.

[17] Liu A F, "Analysis on the Differences between Chinese and American Enterprise Culture", *Sci-Tech Information Development & Economy*, No.2, 2009, pp.187–188.

[18] Nadine Dubruc, Sophie Peillon and Abdallah Farah, "The Impact of Servitization on Corporate Culture", Procedia Cirp, Vol.16, 2014, pp.289–294.

[19] Nadine Dubruc, Sophie Peillon and Abdallah Farah, "The Impact of Servitization on Corporate Culture", *Procedia CIRP*, Vol.16, 2014, pp.289–294.

[20] Ogbor J O, "Critical Theory and the Hegemony of Corporate Culture", *Journal of Organizational Change Management*, Vol.14, No.6, 2001, pp.590–608.

[21] Peng Z L, Wang H H and Wang X L, "A Comparative Study on Open Innovation and Close Innovation—Based on Resource Sharing Degree", *R & D Management*, No. 4, 2011, pp.35–41.

[22] Penrose E.T, "*The Theory of the Growth of the Firm*", New York: Wiley, 1959, pp.348–355.

[23] R.Himori, Enterprise and RegionalCulture, *Cultural Economics*, Vol.4, No. 4, 2005, pp.69–76.

[24] Sorensen. J B, "The Strength of Corporate Culture and there Liability of Firm Performance", *Administrative Science Quarterly*, Vol.47, No.1, 2002, p.70.

[25] Teemu Naarajärvi, "China, Russia and the Shanghai Cooperation Organisation: Blessing or Curse for New Regionalism in Central Asia?", *Asia Europe Journal*, Vol.10, No. 2, 2012, pp.113–126.

[26] Van Niekerk J F and Von Solms R, "Information Security Culture: A Management Perspective", *Computers & Security*, Vol.29, No.4, 2010, pp.476–486.

[27] Victor Hiller and Thierry Verdier, "Corporate Culture and Identity Investment in an Industry Equilibrium", *Journal of Economic Behavior and Organization*, Vol.103, 2014, pp.93–112.

[28] Wang Q L, "Research of Coal Enterprise Culture Innovation Development of Our Country in Current", *Coal Technology*, No.9, 2013, pp. 222–223.

［29］ Yelena Nikolayevna Zabortseva，"From the Forgotten Region to the 'Great Game' Region: On the Development of Geopolitics in Central Asia"，*Journal of Eurasian Studies*，Vol.3，No.2，2012，pp.168–176.

［30］ Zhaojiang Dong，"Enterprise Culture: The Headspring of the Enterprise Competition Ability"，*Open Journal of Social Sciences*，Vol.1，No.5，2013，pp.23–26.

［31］ Zichao Jia，"Enterprise Culture Evaluation Based on Fuzzy Comprehensive Evaluation"，*Management Science and Engineering*，Vol.8，No.2，2014，pp.42–45.

后　记

　　德国著名思想家马克斯·韦伯说过，经济现象与伦理文化是同一因果链的两个侧面。诺贝尔经济学奖得主保罗·克鲁格曼说：无道德约束的华尔街金融炒家兴风作浪，大发横财。不是说不能够做金融衍生产品，而是说不能够用人家的钱打赌，赢了是自己的，输了是别人的。金融危机的背后很大程度上是信心危机、诚信危机、人文危机。有人把当前条件下的经济称为信心经济，因为重建经济复苏的信心对世界经济显得尤为重要。一些西方大国长期靠大量借贷来维持高消费，通过银行利用高杠杆获取巨额利润，这样的运行模式一旦发生破裂，全世界就不可避免地陷入一场巨大的金融灾难。这种逆经济伦理的行为证明，成功的企业文化离不开正确的管理伦理和商业伦理，而违背了伦理的行为，就会导致企业的失败，这些现象都说明企业良好的运行离不开正确的企业文化。

　　如何改变我国某些企业、某些行业、某些领域存在的管理、技术等方面的落后现状？如何提高我国企业的整体素质？这些问题越来越紧迫地摆在我们面前。本书告诫我们，公司必须树立一种文化，文化的管理能够为日益复杂的新产品和不断变化的市场提供保障，文化的管理是企业未来最重要的管理工具。一个企业内部环境要具有不断创新的能力和凝聚力，其外部环境则要表现出强壮和威力，否则，公司将随时面临被瓦解和崩溃的危险，而其管理的重点也只能是对于新产品市场份额及销售额的一味关注。更重要的是，企业应该不断完善自己，制订短期和长期的战略计划，明确企业存在的目的以及其未来的规划和使命，这正是战略计划所要着重考虑的。但在大公司，任何一个企图这样做的人都十分明白，高级管理层本身在公司发展计划的过程中真正所做的努力却是多么的微乎其微。令人不解的是，许多管理咨询公司却能够在从未涉及公司核心问题的情况下比其管理层更能制订出公司计划。

　　企业发展的关键是要实现从产品到理念的转换。如今，产品已经从其原始的分类中彻底解放出来，更多的价值和更强的竞争力包含在产品之中，这种专业化市场由许多以知识为基础的公司组成它们通过持续不断的对话与市场交换着思想并传递着信息，而这种对话不仅推动了市场的发展也促进了公司本身更多地融入市场，这是一个高度市场化的社会，如果你想站在潮头，开放和迅速必不可少。所以我们必须对企业自身提出更高要求，通过企业文化来控制市场，附加在品牌的价值越高，消费者的参与程度就越高，对公司的要求也越高。品牌越是发展，复杂性就越大，因为，此时产品作为消费者购买原因的程度已经变得越来越小，拥有稳定强势品牌的公司，其重要任务在于品牌价值而不是实物产品本身。

在实现中华民族伟大复兴的进程中，每个企业都在学习企业文化的道路上任重道远。将文化的精髓融合到企业管理过程中，能够更好地发挥中国化企业的实践性，增强企业自主选择能力，提高我国企业在世界大国的品牌影响力和地位。中国是一个多民族大国，我国企业只有形成独具特色的中国企业文化，在全球化的浪潮中、现代化的过程中才不会被"化"掉。

《企业文化研究的新发展》一书成稿，离不开很多人的帮助和支持，在此一并深表谢忱！希望本书能为国学爱好者、企业经营者和广大读者，在增强文化自信道路上，重振中华民族的复兴，并对本书中存在的有关理论观点提出指正意见。

刘光明

2019 年 12 月 11 日